卓越·人力资源管理和社会保障系列教材

社保业务经办实务

（第二版）

张慧霞　编著

内容提要

本书没有过多的教条，而是通过大量的实际操作案例，以及业务活动中所要运用的图表深入浅出地告诉读者怎样做好社会保险经办业务。

本书是一本指导学生进行实际操作的教材，力求从理论和实践方法两个角度系统地介绍社会保险经办业务。本书根据社会保险业务的基本构成要素分为九个项目，分别是社保业务机构介绍、信息登记、费用征缴、账户管理和社会保险的待遇支付。每一个项目都由三个模块构成：第一模块为本岗位所需知识要点的介绍；第二模块为对工作任务的分析和操作步骤的讲解；第三模块为学生进行工作任务的演练和对较难工作任务的拓展。第一模块的政策知识要点要求学生知道完成工作任务的政策知识即可；第二模块是对典型化的工作任务和操作步骤的讲解和演示，让学生学会完成工作任务的流程，教材内容既有围绕一个案例完成一系列工作步骤的讲解，又穿插有片断化的练习，让学生既听讲解又进行短暂练习强化体验；第三模块则以学生的行动为主体，让学生根据所设计的工作任务情景进行项目训练，达到熟练掌握的程度。

本书适合实践型本科及高职高专类院校人力资源管理、社会保障和工商管理专业师生选作教材，同时也可作为企业的社保业务负责人或社保机构的业务经办人员的参考书。

丛书总主编　李　琦

编写成员（按姓氏笔画排序）

邓万里　石玉峰　田　辉　朱莉莉　刘红霞

许东黎　许晓青　孙立如　孙　林　李宝莹

李晓婷　杨俊峰　肖红梅　张奇峰　张海容

张慧霞　张耀嵩　郑振华　赵巍巍

前 言（第二版）

职业教育的培养重心是发掘学生能做什么，以及学习完成后能否完成一项工作任务或进行一项标准服务、能否进行一系列高水平的专业服务。职业教育的教学内容以实际岗位的典型工作任务为主，教学模式以学生的行动或行为为导向。教育理念的变革、教学内容的变化、教学模式的转换，决定了职业教育的教材必须进行变革，社会保险制度的实训教材也不例外。

目前市面上关于社会保险制度方面的教材并不少，在内容上有把中华人民共和国成立以来国家的社会保险政策汇编在一起进行解读的，有把国家与某地方的政策结合起来解读的，还有在政策后面象征性地增加几页业务表格，以体现教材的实务性的，这些教材改变了社会保险的宏观理论特征，增强了教学的实用性。但其存在的不足是，学生详读了这些教材后仍然不知道如何处理实际中社会保险的相关业务，还是不会做。因为这些教材只传授了政策是什么，却没有告知如何根据情境去执行这些政策。

编者在社会保险业务实训的教学过程中觉得：若要让学习者知道如何进行政策的操作，做一个合格的社保业务负责人，所传授的不仅仅是政策的内容，更重要的是相关业务的操作过程。学生对政策内容的掌握不仅要详细完备，而且还必须熟练业务操作流程，并在操作过程中不能有过失或遗漏。这决定了社会保险业务实训课程的教材不能再简单的只是社保政策的汇编，而应该是围绕社会保险的各项工作任务进行系统化的操作。目前编者很难找到能完全满足这样要求的一本教材，为了弥补这个缺失，编者根据自己的教学经验，编写了本书。

本书根据社会保险业务的基本构成要素分为九个项目，分别是社保业务机构介绍、信息登记、费用征缴、账户管理和四险[养老保险、失业保险、工伤保险、医疗（生育）保险]

的待遇支付。每一个项目都由三个模块构成：第一模块为本项目知识要点的介绍；第二模块为对工作任务的分析和操作步骤的讲解；第三模块为学生进行工作任务的演练和对较难工作任务的拓展。第一模块的政策知识要点要求学生知道完成工作任务的政策知识即可；第二模块是对典型化的工作任务和操作步骤的讲解和演示，让学生感知完成工作任务的流程，教材内容既有围绕一个案例完成一系列工作步骤的讲解，又穿插有片断化的练习，让学生既听讲解又进行短暂练习强化体验；第三模块则以学生的行动为主体，让学生根据所设计的工作任务情景进行项目训练，达到熟练掌握的程度。本教材的每一项目下的第二模块和第三模块是重点，在实际的教学过程中应占课时设计的4/5。

本书是职业院校的社会保障、人力资源管理和劳动经济专业或相关专业的实训课程的教材，最大的特色是学习者学完之后能够办理社会保险业务。无论是专业教师、学生、企业的社保业务负责人还是社保机构的业务经办人员，使用本书都是一个不错的选择。由于我国的社会保险政策和业务办理长期以来一直处于不断完善的状态，社会保险政策不时会有变化，同时各地区的社会保险业务政策也都存在较大差异，这些因素决定了本书可能不太适用于与国家的社会保险制度存在较大差异的地区，这也是作者能力所不及的。

本书的政策和业务经办知识主要来自编者在北京一些区（县）社保基金管理中心、职介/人才服务中心、企业等校企合作单位的长期实践，在此感谢这些校企合作单位的导师的无私教诲和指导。本书能够改版证明其能够满足教育和培训市场的需求，在此非常感谢复旦大学出版社的编辑们，感谢他们对本书多次的调整和修正，感谢他们对我这个编者的无限耐心和尊重。

编　者

2021年3月

目　录

项目 1　社会保险经办机构的基本介绍 ……………………………………… 1
　模块 1.1　社会保险政策的设计 …………………………………………… 1
　模块 1.2　办公机构的设置 ………………………………………………… 3
　模块 1.3　对社保经办机构的认知训练 …………………………………… 8

项目 2　社会保险信息的登记 ………………………………………………… 11
　模块 2.1　知识要点的回顾 ………………………………………………… 12
　模块 2.2　业务演示与讲解 ………………………………………………… 16
　模块 2.3　业务实训与演练 ………………………………………………… 51

项目 3　社会保险费用的征缴业务 …………………………………………… 53
　模块 3.1　知识要点的回顾 ………………………………………………… 55
　模块 3.2　业务演示与讲解 ………………………………………………… 70
　模块 3.3　业务实训与演练 ………………………………………………… 94

项目 4　个人账户的管理 ……………………………………………………… 99
　模块 4.1　知识要点的回顾 ………………………………………………… 100
　模块 4.2　业务演示与讲解 ………………………………………………… 118
　模块 4.3　业务实训与演练 ………………………………………………… 132

项目 5　养老保险待遇支付 …………………………………………………… 133
　模块 5.1　知识要点的回顾 ………………………………………………… 134

模块 5.2　业务演示与讲解 ……………………………………………………… 174
　　模块 5.3　业务实训与演练 ……………………………………………………… 185

项目 6　失业保险待遇支付 …………………………………………………………… 186
　　模块 6.1　知识要点的回顾 ……………………………………………………… 187
　　模块 6.2　业务演示与讲解 ……………………………………………………… 209
　　模块 6.3　业务实训与演练 ……………………………………………………… 213

项目 7　工伤保险待遇支付 …………………………………………………………… 214
　　模块 7.1　知识要点的回顾 ……………………………………………………… 215
　　模块 7.2　业务演示与讲解 ……………………………………………………… 241
　　模块 7.3　业务实训与演练 ……………………………………………………… 244

项目 8　医疗保险之生育保险待遇支付 ……………………………………………… 246
　　模块 8.1　知识要点的回顾 ……………………………………………………… 247
　　模块 8.2　业务演示与讲解 ……………………………………………………… 257
　　模块 8.3　业务实训与演练 ……………………………………………………… 262

项目 9　医疗保险待遇支付 …………………………………………………………… 263
　　模块 9.1　知识要点的回顾 ……………………………………………………… 264
　　模块 9.2　业务演示与讲解 ……………………………………………………… 278
　　模块 9.3　业务实训与演练 ……………………………………………………… 282

参考文献 ………………………………………………………………………………… 284

附录 ……………………………………………………………………………………… 285
　　附录 A　工伤保险行业风险分类表 …………………………………………… 285
　　附录 B　北京市历年社会平均工资、缴费基数和缴费比例一览表 ………… 287
　　附录 C　人民币银行利率表历史数据 ………………………………………… 294
　　附录 D　个人账户养老金计发月数表 ………………………………………… 295
　　附录 E　北京市 1985—2019 年社会平均工资 ……………………………… 296

项目 1

社会保险经办机构的基本介绍

学 习 内 容

模块 1.1　社会保险政策的设计
模块 1.2　办公机构的设置
模块 1.3　对社会保险业务机构的认知训练

实 训 目 标

- 了解社会保险的基本政策演变历史；
- 认清社会保险业务机构的职责分工；
- 确定社会保险业务部门的具体工作任务。

工作任务

为什么各区（县）的社会保险经办机构一般不接待个人，只接待参保单位的业务负责人？

模块 1.1　社会保险政策的设计

依据《中华人民共和国社会保险法》（简称《社会保险法》），国家建立基本养老保险、基本医疗保险、工伤保险、失业保险、生育保险等社会保险制度，中华人民共和国境内的用人单位和个人依法缴纳社会保险费，查询缴费记录，要求社会保险经办机构（简称"社保经办机构"）

提供社会保险咨询等相关服务。国家成立相应的社保经办机构,提供社会保险服务,负责社会保险登记、个人权益记录、社会保险待遇支付等工作。

1.1.1 养老保险的政策设计

1. 城镇职工养老保险

根据《国务院关于深化企业职工养老保险制度改革的通知》(国发〔1995〕6号)和《国务院关于建立统一的企业职工基本养老保险制度的决定》(国发〔1997〕26号),国家要建立"适用城镇各类企业职工和个体劳动者、资金来源多渠道、保障方式多层次、社会统筹与个人账户相结合、权利与义务相对应、管理服务社会化的养老保险体系",这意味着城镇企业职工养老保险制度是发展最早、在政策设计和制度建设上也最成熟的制度之一。这两个条例的基本内容是把养老保险的类型确定为"社会统筹"与"个人账户"相结合的社会保险制度,确定了社会养老保险的关系主体是由"国家"、"企业"和"个人"三方构成。国家一方由社保经办机构代表,负责费用的征缴、管理、支付和运营。社保经办机构由"各级人民政府"负责,社会保险事业的发展构成"各地区国民经济与社会发展计划"的一部分。企业作为社会保险基金的提供者,政策规定了所应承担的比例,所应拥有的权利和义务。个人作为社会保险基金的另一提供方,政策规定其所应承担的比例,以及个人能够享受养老保险的标准。与此同时,政策也规定了养老保险制度一般所覆盖的范围。此外,政策确定了基金的运营方式,待遇支付的社会化形式和社会保险基金的运行监督机制等内容。2011年《社会保险法》规定城镇职工的社会养老保险覆盖范围为城镇用人单位和职工,其中无雇工的个体工商户、未在用人单位参加基本养老保险的非全日制从业人员以及其他灵活就业人员也可以参加基本养老保险,由个人缴纳基本养老保险费,公务员和参照公务员法管理的工作人员的养老保险的管理办法则由国务院另外规定。

2015年1月,国务院颁布了《关于机关、事业单位工作人员养老保险制度改革的决定》(国发〔2015〕2号),机关、事业单位工作人员和离退休人员统一被纳入城镇职工基本养老保险制度体系。自此,城镇职工基本养老保险基本覆盖了全国用人单位及其职工,包括外籍人员。

2. 城乡居民养老保险制度

根据《国务院关于开展新型农村社会养老保险试点的指导意见》(国发〔2009〕32号),从2009年起开展新型农村社会养老保险试点。2011年7月,我国又启动了城镇居民社会养老保险试点。新型农村养老保险制度(简称"新农保")或城乡居民养老保险的基金构成也为"统筹"和"个人账户"。与企业职工的养老保险基金构成不同的是,新农保或城乡居民养老保险的参保人的个人账户养老金由个人缴费和集体补助构成,统筹部分则由中央和地方财政直接给予补贴。

2014年8月,国务院颁布了《关于建立统一的城乡居民基本养老保险制度的意见》(国发〔2014〕8号),将新农保和城居保两项制度合并实施,在全国范围内建立起了统一的城乡居民基本养老保险制度。

机构的设置、费用的筹集方式、基金的管理、支付标准的确立,确定了养老保险业务的基本内容。

1.1.2 医疗保险的政策设计

1. 城镇职工医疗保险

根据1998年12月下发的《国务院关于建立城镇职工基本医疗保险制度的决定》(国发

〔1998〕44号)和《社会保险法》的规定,医疗保险的主要内容为:第一,明确了用人单位与个人的责任,建立合理负担的共同缴费机制,基本医疗保险费由用人单位和个人共同缴纳,并建立统筹基金账户和个人账户相结合的制度;第二,建立统账分开、范围明确的支付机制;第三,建立有效制约的医疗服务管理机制,确立了医保机构、参保人员与医疗服务机构之间的权利与义务关系;第四,建立统一的社会化管理服务体制,确立了统筹层次,并确定了监管机制。

2. 城乡居民医疗保险制度

新型农村合作医疗保险制度建立的依据是2002年10月的《中共中央、国务院关于进一步加强农村卫生工作的决定》,该《决定》明确了在农村建立以大病统筹为主的新型农村合作医疗制度,农民自愿参加,实行个人缴费、集体扶持和政府资助相结合的筹资机制。

自2007年起,国务院开始为城镇非从业居民建立城镇居民基本医疗保险的试点,并于2010年在全国全面推开。城镇居民医疗保险的缴费方式也是坚持自愿原则,居民个人缴费,政府给予适当补助。

目前,新型农村合作医疗和城镇居民基本医疗保险制度已经统一为城乡居民医疗保险制度。

1.1.3 失业保险的政策设计

根据《社会保险法》的规定,职工应当参加失业保险,并由用人单位和职工按照国家规定共同缴纳失业保险费。失业保险的基金由企业和个人共同缴纳,在一定的行政区域内实行统一筹集、管理和使用。

1.1.4 工伤保险的政策设计

根据《社会保险法》的规定,职工应当参加工伤保险,由用人单位缴纳工伤保险费。工伤保险的政策主要涉及工伤基金的缴纳主体、职工工伤的认定、劳动能力的鉴定、工伤保险待遇支付标准、基金和服务体制的监督管理和法律责任等内容。

1.1.5 生育保险的政策设计

根据《社会保险法》的规定,职工应当参加生育保险,由用人单位按照国家规定缴纳生育保险费,职工不缴纳生育保险费。生育保险基金在2019年年底合并到医疗保险基金库中并统一筹集、管理和使用。两个险种合并并不是消除或降低生育保障待遇,而是在不降待遇的基础上,使业务内容更加统一。

模块1.2 办公机构的设置

早在1991年4月,国家体改委、民政部、劳动部发布《关于城镇和农村社会养老保险分工的通知》指出,凡城镇户口并由国家供应商品粮的国营、集体、三资和私营企业职工及其他劳动者的养老保险,由劳动部负责;凡非城镇户口且不由国家供应商品粮的公民(含乡镇企业职工)的社会养老保险由民政部负责。

长期以来,劳动部负责的都是城镇职工的社会保险。但是,根据第十一届全国人民代表大会第一次会议批准的国务院机构改革方案和《国务院关于机构设置的通知》(国发〔2008〕11号)和《国务院办公厅关于印发人力资源和社会保障部主要职责内设机构和人员编制规定的通知》(国办发〔2008〕68号),社会保险事务的主管部门是归属于政府的劳动和社会保障行政部门。全国的社会保险业务由人力资源和社会保障部等一些部门负责,地方的业务则由省(自治区、直辖市)的人力资源和社会保障厅(局)的相应部门负责,直接与企业和个人相连接的业务处理则由设在系统内部的区县社会保险基金管理中心(局)办理。

2018年3月,中共中央印发了《深化党和国家机构改革方案》,其中规定:为提高社会保险资金征管效率,将基本养老保险费、基本医疗保险费、失业保险费等各项社会保险费交由税务部门统一征收。以此为标志,我国结束了税务部门、人力资源和社会保障部门共存征缴的状态。

2018年5月底,国家和地方相继成立医疗保障局,整个医疗保障工作由国家医疗保障局统一管理。

政府的财政部门负责监督社会保险基金运行,政府审计部门审计监督社会保险基金。

1.2.1 中央机构

1. 人力资源和社会保障部

依据《社会保险法》,国务院社会保险行政部门负责全国的社会保险管理工作,国务院其他有关部门在各自的职责范围内负责有关的社会保险工作。根据第十一届全国人民代表大会第一次会议批准的国务院机构改革方案和《国务院关于机构设置的通知》(国发〔2008〕11号)和《国务院办公厅关于印发人力资源和社会保障部主要职责内设机构和人员编制规定的通知》(国办发〔2008〕68号),设立人力资源和社会保障部,作为我国社会保障工作最高行政管理部门,其职责的核心就是管理、指导地方社保部门工作。其中,与社会保险业务相关的职责有以下四个方面。

(1) 制定社会保险事业发展规划、政策,起草法律、法规、草案,制定部门规章,并组织实施和监督检查。

(2) 统筹建立覆盖城乡的社会保障体系。

(3) 负责就业、失业、社会保险基金的管理。

(4) 拟订农民工工作综合性政策和规划。

以上职责的具体业务在各个相关部门的分工如下。

① 政策研究司:组织、开展社会保险政策研究工作;起草重要文稿;进行新闻发布等工作。

② 法规司:起草相关法律、法规、草案和规章;承担机关有关规范性文件的合法性审核工作;承办相关行政复议和行政应诉工作。

③ 规划财务司:拟订社会保险事业的发展规划和年度计划;承担编制全国社会保险基金预决算草案工作;参与拟订社会保障资金(基金)财务管理制度。

④ 养老保险司:统筹拟订机关企事业单位基本养老保险及其补充养老保险政策,逐步提高基金统筹层次;拟订城镇居民养老保险政策、规划和标准;拟订养老保险基金管理办法;拟订养老保险基金预测预警制度;审核省级基本养老保险费率。

⑤ 失业保险司：拟订失业保险政策、规划和标准；拟订失业保险基金管理办法；建立失业预警制度，拟订预防、调节和控制较大规模失业的政策；拟订经济结构调整中涉及职工安置权益保障的政策。

⑥ 工伤保险司：拟订工伤保险政策、规划和标准；完善工伤预防、认定和康复政策；组织拟订工伤伤残等级鉴定标准；组织拟订定点医疗机构、药店、康复机构、残疾辅助器具安装机构的资格标准。

⑦ 农村社会保险司：拟订农村养老保险和被征地农民社会保障的政策、规划和标准；会同有关方面拟订农村社会保险基金管理办法；拟订征地方案中有关被征地农民社会保障措施的审核办法。

⑧ 社会保险基金监督司：拟订社会保险及其补充保险基金监督制度、运营政策和运营机构资格标准；依法监督社会保险及其补充保险基金征缴、支付、管理和运营，并组织查处重大案件；参与拟订全国社会保障基金投资政策。

2. 国家医疗保障局

国家医疗保障局是2019年才成立的隶属国务院的职能部门。它的主要职责为：第一，拟订医疗保险、生育保险、医疗救助等医疗保障制度的法律、法规、草案、政策、规划和标准，制定部门规章并组织实施。第二，组织制定并实施医疗保障基金监督管理办法，建立健全医疗保障基金安全防控机制，推进医疗保障基金支付方式改革。第三，组织制定医疗保障筹资和待遇政策，完善动态调整和区域调剂平衡机制，统筹城乡医疗保障待遇标准，建立健全与筹资水平相适应的待遇调整机制。组织拟订并实施长期护理保险制度改革方案。第四，组织制定城乡统一的药品、医用耗材、医疗服务项目、医疗服务设施等医保目录和支付标准，建立动态调整机制，制定医保目录准入谈判规则并组织实施。第五，组织制定药品、医用耗材价格、医疗服务项目、医疗服务设施收费等政策，建立医保支付、医药服务价格合理确定和动态调整机制，推动建立市场主导的社会医药服务价格形成机制，建立价格信息监测和信息发布制度。第六，制定药品、医用耗材的招标采购政策并监督实施，指导药品、医用耗材招标采购平台建设。第七，制定定点医药机构协议和支付管理办法并组织实施，建立健全医疗保障信用评价体系和信息披露制度，监督管理纳入医保范围内的医疗服务行为和医疗费用，依法查处医疗保障领域违法违规行为。第八，负责医疗保障经办管理、公共服务体系和信息化建设。组织制定和完善异地就医管理和费用结算政策。建立健全医疗保障关系转移接续制度。开展医疗保障领域国际合作交流。第九，国家医疗保障局应完善统一的城乡居民基本医疗保险制度和大病保险制度，建立健全覆盖全民城乡统筹的多层次医疗保障体系，不断提高医疗保障水平，确保医保资金合理使用、安全可控，推进医疗、医保、医药"三医联动"改革，更好保障人民群众就医需求、减轻医药费用负担。第十，完成党中央、国务院交办的其他任务。

国家医疗保障局与国家卫生健康委员会的业务存在交叉，但分工不同。国家卫生健康委员会的主要职责重在国民健康、卫生健康资源配置、医药卫生体制改革、疾病预防控制、免疫规划、人口老龄化、药物政策和基本药物制度和管理、公共卫生的监督管理、医疗机构及医疗服务行业的管理、计划生育管理、中医药管理等。

国家医疗保障局与国家卫生健康委员会在医疗服务、药品流通、费用支付等业务内容方面存在交叉，故双方在制定决策、落实业务和监督管理时必须建立沟通协商机制，协同推进改革,提高医疗资源使用效率和医疗保障水平。

3. 国家税务总局

国家税务总局是国务院直属机构,为正部级,在社会保险方面的主要职责是承担组织实施社会保险费。

1.2.2 省(自治区、直辖市)、市、区县和街道(乡镇)办公机构

1. 人力资源和社会保障厅(局)的职能及机构设置

根据第十一届全国人民代表大会第一次会议批准的国务院机构改革方案和《国务院关于机构设置的通知》(国发〔2008〕11号)的机构改革精神,地方政府机构也把原劳动与社会保障厅(局)与人事厅(局)进行了合并,在职能上进行了调整,在机构名称上统一为省(自治区、直辖市)的人力资源和社会保障厅(局)(简称人保厅(局)),归地方人民政府管理,属于其职能部门的一部分。

人保厅(局)在社会保险事务上的主要职责体现为围绕人保部的社会保险制度体系拟定地方的社会保险政策,具体内容如下。

(1) 拟定省(自治区、直辖市)的养老、失业、工伤保险政策、标准,并组织实施和监督检查。

(2) 拟定省(自治区、直辖市)社会保险基金收缴、支付、管理、运营办法;对社会保险基金预算、决算提出审核意见;对社会保险基金实施行政监督;负责社保经办机构的管理和省(自治区、直辖市)基金运营机构的资格认定工作;拟定社会保险服务体系建设规划并组织实施。

(3) 拟定省(自治区、直辖市)机关、事业、企业单位补充养老保险;制定补充保险承办机构资格认定的地方标准,审查认定有关机构承办补充保险业务的资格;组织拟定工伤和职业病伤残等级的鉴定标准和劳动能力鉴定办法。

(4) 承担省(自治区、直辖市)劳动和社会保障统计工作和有关信息的采集、处理;定期发布劳动和社会保险事业统计公报、信息资料及发展预测报告。

地方人保厅(局)内部与社会保险业务相关的机构如下:

① 规划财务处(社会保险基金监督处)。
② 政策法规处。
③ 就业处(失业保险处)。
④ 劳动和社会保障监察处。
⑤ 养老保险处。
⑥ 工伤保险处。
⑦ 城乡居民养老保险处。

2. 省或直辖市的医疗保障局

省或直辖市的医疗保障局根据国家医疗保障局的制度拟订地方性的法规和规章草案、政策、规划、标准并组织实施,并负责全省医疗保障经办管理、公共服务体系和信息化建设,组织拟订和完善异地就医管理和费用结算政策,建立健全医疗保障关系转移接续制度。与省卫生健康委员会加强制度、政策衔接,建立沟通协商机制,协同推进改革,提高医疗资源使

用效率和医疗保障水平,与省人力资源和社会保障厅(局)、税务部门加强制度、政策衔接,建立沟通协商机制,提高经办服务效率。

3. 社保经办机构

依据《社会保险费征缴暂行条例》(中华人民共和国国务院令第259号)和《社会保险登记管理暂行办法》(中华人民共和国原劳动和社会保障部令第1号)的规定,劳动保障行政部门一般指各省(自治区、直辖市)的人力资源和社会保障厅(局)下设的社保经办机构,主管本地区的社会保险业务的具体工作。

依据《社会保险费征缴暂行条例》的规定,国务院劳动保障行政部门负责全国的社会保险费征缴管理和监督检查工作,县级以上地方各级人民政府劳动保障行政部门负责本行政区域内的社会保险费征缴管理和监督检查工作。社会保险费的征收机构由省、自治区、直辖市人民政府规定,可以由税务机关征收,也可以由劳动保障行政部门的社保经办机构征收。

4. 市或直辖市的区医疗保障局机构

市或直辖市设置区医疗保障局机构,贯彻落实上级的各项法规和规章草案、政策、规划、标准并组织实施,同时组织拟订全市药品、医用耗材价格和医疗服务项目、医疗服务设施收费等政策,负责全市医疗保障经办管理,并与市卫生健康委员会、市人力资源和社会保障局和市税务局等部门的制度、政策衔接,建立沟通协商机制。

5. 市下面区或县的医疗保障局

市下面区或县的医疗保障局的主要职责为:第一,根据市里的政策,拟订本区或县的医疗保障相关政策、规划和标准,并组织实施。第二,负责本区或县医疗保障基金支付预算、管理及拨付工作。第三,组织辖区内医药机构落实市里相关药品、医用耗材采购和医疗服务项目、医疗服务设施收费等政策,并在区域内组织实施,负责建立价格信息监测和信息发布制度。落实药品、医用耗材招标采购等工作。第四,负责本区或县定点医药机构协议管理,落实医疗保障信用评价体系和信息披露制度,监督管理纳入医保范围的医疗服务行为和医疗费用,依法查处医疗保障领域违法违规行为。第五,负责本区或县医疗保障经办管理、公共服务体系和信息化建设,组织实施异地就医管理、费用结算政策和平台建设,实施医疗保障关系转移接续制度。

在整个医疗保险业务分工上,参保单位或参保人的登记业务目前仍在各级人保部门。基金征缴在税务部门。各级医疗保障局具体负责参保单位或业务代理机构的医疗费用申报的受理、医疗单据或数据的审核、医疗费用的结算等经办业务。

6. 街道(乡镇)社会保障事务所、职业介绍服务中心与人才交流服务中心

(1) 街道(乡镇)社会保障事务所。

街道(乡镇)社会保障事务所(以下简称"社保所")是参保人员的社会保险业务社会化管理后的产物,它一般在街道(乡镇)办事处下面,隶属于地方人民政府管理,具体负责的社会保险业务内容主要有以下七个方面。

① 失业人员管理。
- 接收、管理失业人员档案。
- 为失业人员办理失业登记、参加医疗保险及领取失业保险金等手续,并出具相关证明。
- 进行失业人员动态跟踪管理,及时了解失业人员求职、培训等动态信息。

② 退休人员社会化管理服务。
- 按规定接收、管理退休人员档案及相关资料,建立基本情况数据库,出具有关证明材料。
- 受区劳动保障部门委托办理养老保险、医疗保险、工伤保险等工作。
- 开展社会保险政策的宣传和咨询,采集、上报退休人员社会保险待遇落实情况和文化、体育、健康及生存信息。
- 对特殊的退休人员协助落实相关服务项目。

③ 城乡居民养老保险的相关业务。

负责城乡居民养老保险的参保、缴费、个人账户管理和待遇支付的部分业务,协助社保经办机构完成一系列的城乡居民养老保险业务。

④ 负责城镇居民医疗保险的相关业务。

负责城镇居民医疗保险的参保、缴费、个人账户管理和待遇支付的部分业务,协助社保经办机构完成一系列的城镇居民医疗保险业务。

⑤ 负责工伤人员及享受供养亲属抚恤金的人员社会化管理服务。

⑥ 用人单位的社会保险业务代办。

⑦ 负责劳动保障信息、统计数据的采集、汇总上报工作。

(2) 职业介绍服务中心与人才交流服务中心。

在市、区(县)劳动保障部门开办的公共职业介绍服务中心(以下简称"职介中心")、人事部门开办的公共人才交流服务中心(以下简称"人才服务中心")以个人名义委托存档的人员(以下简称"存档人员"),其中不包括与用人单位建立劳动关系的集体存档人员,可以参加本地区的城镇职工基本医疗保险、养老保险和失业保险,同时享受相应的三险待遇。

经本地区的社保经办机构委托的职介/人才服务中心可以为存档人员办理参加基本养老、失业和医疗保险的有关手续。这包括基本保险信息的采集、费用收缴、基本医疗保险手册或社保卡的发放以及社保经办机构委托的其他事项。

7. 财政部门与审计部门

地方财政部门设立财政专户,对社会保险基金进行管理,并对社保基金的收支情况进行监督。审计部门对社会保险基金的收支情况进行监督。

总之,国家一级负责机构为人力资源和社会保障部;地方一级负责机构为人力资源和社会保障厅(局);区(县)一级负责机构为各区(县)的社保经办机构或税务机关;社区或乡镇一级负责机构为社会保障事务所。

模块 1.3　对社保经办机构的认知训练

1.3.1　社会保险政策设计的主体及各层机构所承担的责任

1. 人力资源和社会保障部

根据《国务院关于机构设置的通知》(国发〔2008〕11号)和《国务院办公厅关于印发人力资源和社会保障部主要职责内设机构和人员编制规定的通知》(国办发〔2008〕68号)两个文件,人力资源和社会保障部的社会保险业务内容如下:

(1) 拟定城乡社会保险及其补充保险政策和标准,主要涉及缴费、待遇、转续、统筹和政策变革。

(2) 拟订社会保险及其补充保险基金管理制度,主要涉及基金的管理、预决算、投资和监督。

(3) 负责就业、失业、社会保险基金预测预警和信息引导。

2. 省(自治区、直辖市)人保厅(局)

省(自治区、直辖市)人保厅(局)的主要责任如下:

(1) 执行政策:贯彻执行上级部门的基本方针、政策;编制地方劳动保障事业发展规划和年度工作计划并组织实施;对劳动保障法律、法规、规章实施情况进行监督检查,并受理劳动和社会保险行政复议和处理社会保险行政争议。

(2) 业务操作:综合管理全市养老、失业、工伤等社会保险工作,并组织实施和监督检查。

(3) 基金管理:贯彻实施社会保险基金收缴、支付、管理、运营的政策;对基金预决算提出审核意见;对社会保险基金管理实施行政监督;对社保经办机构和基金运营机构监督管理;制定社会保险服务体系建设规划并组织实施。

(4) 探索管理:制定机关、事业、企业单位补充养老保险;审查认定有关机构承办补充保险业务的资格。

3. 区(县)社保经办机构

区(县)社保经办机构的主要责任如下:

(1) 贯彻执行厅(局)所规定的改革方案和发展规划、基本方针和政策,并组织实施和监督检查。

(2) 制定全区(县)劳动和社会保险工作长期规划和年度工作计划;代表区(县)政府行使劳动和社会保险的监督检查职权。

(3) 综合管理城乡社会保险工作和社保经办机构;贯彻落实参保人员的养老、失业、工伤的基本政策和基本标准;执行社会保险基金的收缴、拨付、运营政策;对社会保险基金的年度预算、决算提出审核意见;对社会保险基金管理实行行政监督;组织实施社会保险服务体系建设规划;负责落实机关、事业、企业单位补充养老保险;负责辖区内劳动鉴定的组织、管理工作。

(4) 承担劳动和社会保险的统计分析和信息工作;组织推动有关劳动和社会保险领域的调查研究、成果推广应用和宣传教育工作。

(5) 指导并协调全区(县)各街道(乡镇)原劳动和社会保障部及其他部门有关劳动和社会保险方面的业务工作。

4. 区或县的医疗保障局

区或县的医疗保障局的主要职责为:

(1) 执行市里的政策,拟订本区或县的医疗保障相关政策、规划和标准,并组织实施。

(2) 负责本区或县医疗保障基金支付预算、管理及拨付工作。

(3) 组织辖区内医药机构落实市里相关药品、医用耗材采购和医疗服务项目、医疗服务设施收费等政策,并在区域内组织实施,负责建立价格信息监测和信息发布制度。落实药品、医用耗材招标采购等工作。

（4）负责本区或县定点医药机构协议管理,落实医疗保障信用评价体系和信息披露制度,监督管理纳入医保范围的医疗服务行为和医疗费用,依法查处医疗保障领域违法违规行为。

（5）负责本区或县医疗保障经办管理、公共服务体系和信息化建设。组织实施异地就医管理、费用结算政策和平台建设。实施医疗保障关系转移接续制度。

在整个医疗保险业务分工上,参保单位或参保人的登记和申报缴费业务目前仍在各级人保部门。基金征缴在相应级别的税务部门。各级医疗保障局具体负责参保单位或业务代理机构的医疗费用申报的受理、医疗单据或数据的审核、医疗费用的结算等经办业务。

1.3.2 认知训练

1. 认知训练（一）

> 调查本市的人保部门的职责分工,并用报告的形式对其进行分析,指出相互之间的权利与义务关系。

2. 认知训练（二）

> 社保经办机构、人才服务中心与社保所等组织机构在社会保险业务中的工作内容一般涉及哪些方面？

项目 2

社会保险信息的登记

学习内容

模块 2.1　知识要点的回顾
模块 2.2　业务演示与讲解
模块 2.3　业务实训与演练

实训目标

本项目的内容为系统介绍用人单位或个人参加社会保险进行信息登记的过程。社会保险业务工作的第一步就是参加社会保险的用人单位和个人需要在区(县)的社保经办机构进行基本信息登记,具体的工作内容包括用人单位和个人的登记、变更、转移和注销等。信息登记是社保业务开展的第一步,对后期的缴费、权益管理和支付均具有重要影响作用。用人单位和个人的情况复杂多样,这就要求业务办理人员在工作过程中要格外耐心、细致和认真。

学习本项目能够:
- 了解登记岗位的工作职责;
- 熟悉社会保险的登记政策;
- 根据业务正确填写相关的业务表格;
- 熟悉登记业务的办事流程。

工作任务

1. 工作任务

北京朝阳区新成立一个公司,具体信息如下。若其要参保,应该如何进行信息登记?

> 北京×××贸易有限责任公司;统一社会信用代码:911101058002298××3;电话:010-649999××;单位地址:北京市朝阳区××街道10号;邮编:100009;执照类型:企业法人营业执照;执照号码:911101058002298××3;发照日期:2020年10月19日;有效期限:2030年10月18日;法定代表人:伍××;法定代表人身份号码:1101051965022132××;电话:010-649999××;缴费负责人:马×;所在部门:财务部;电话:010-649999××;单位类型:有限责任公司;开户银行与行号:工行朝阳区××街道分理处,068;户名:北京×××贸易有限责任公司;银行账号:805-248121-××;经营范围:销售百货;所有制度性质:私有的有限责任公司;缴费中心:朝阳区××社保中心。
>
> 2. 任务分析
> (1) 参保范围:本公司和其员工都需要参加哪些社会保险?
> (2) 业务关系:公司、个人与社保中心的业务关系是公司与个人要缴纳保险费给社保经办机构,并按照相关规定享受社保经办机构给予的待遇,他们之间存在着经济上的往来。
> (3) 登记信息的要求:有关公司与员工的基本信息的材料或证明,这是两者建立关系往来的重要依据。
> (4) 登记流程的基本步骤。

模块 2.1　知识要点的回顾

2.1.1　参保范围的规定

社会保险的覆盖范围是指按照《社会保险法》的规定,用人单位和个人应该或可以参加何种类别的保险。

1. 对参保单位范围的规定

(1) 基本养老保险费的覆盖范围。

① 国家规定。

依据《社会保险法》,基本养老保险的参保范围为用人单位。

目前,基本养老保险的覆盖范围如下:机关、事业单位、企业、社会团体、事务所、民办非企业和有雇工的个体工商户。

② 地方规定。

北京地区:机关、事业单位、企业、社会团体、事务所、民办非企业和有雇工的个体工商户。

(2) 失业保险费的征缴范围。

① 国家规定。

依据《社会保险法》的规定,失业保险费的征缴范围应为中华人民共和国境内的城镇用人单位。

② 地方规定。

北京地区：本市行政区域内的企业、事业单位、社会团体、民办非企业单位、基金会、律师事务所、会计师事务所和有雇工的个体工商户等组织。

(3) 工伤保险费的征缴范围。

① 国家规定。

依据《社会保险法》的规定，工伤保险费的征缴范围为中华人民共和国境内的各类用人单位。

② 地方规定。

北京地区：本市行政区域内的所有用人单位。

(4) 医疗（生育）保险费的征缴范围。

① 国家规定。

依据《社会保险法》的规定，城镇的所有用人单位都应参加基本医疗（生育）保险。

② 地区规定。

北京地区：本市行政区域内的城镇所有用人单位。

2. 对参保人员范围的规定

(1) 基本养老保险的覆盖范围。

① 国家规定。

第一人群——与机关、事业单位、企业、社会团体、事务所、民办非企业和有雇工的个体工商户存在正式劳动关系的职工。

第二人群——依据《国务院关于建立统一的城乡居民基本养老保险制度的意见》（国发〔2014〕8号）的文件内容，城乡居民基本养老保险制度覆盖范围为：大陆地区年满16周岁（不含在校学生），非国家机关和事业单位工作人员及不属于职工基本养老保险制度覆盖范围的城乡居民，可以在户籍地参加城乡居民养老保险。在内地（大陆）居住且办理港澳台居民居住证的未就业港澳台居民，可以在居住地按照规定参加城乡居民基本养老保险。

② 地方规定。

北京地区：

第一人群——城镇职工养老保险：机关职工、事业职工、城镇企业职工、自筹自支的事业单位的职工、城镇个体工商户及其职工、灵活就业人员或自由职业者等。

第二人群——城乡居民养老保险：具有本市户籍，男年满16周岁未满60周岁、女年满16周岁未满55周岁（不含在校生），未纳入行政事业单位编制管理或不符合参加本市基本养老保险条件的城乡居民。

第三人群——在北京居住且办理港澳台居民居住证的未就业港澳台居民。

(2) 失业保险费的征缴范围。

① 国家规定。

依据《社会保险法》的规定，失业保险费的征缴范围应为所有用人单位的职工。一般为企事业单位的职工、机关团体的劳动合同制人员，有些地区也会将社会团体的专职人员、民办非企业单位职工，以及城镇个体工商户的雇工纳入失业保险的参保范围。

② 地方规定。

北京地区：城镇企业、事业单位职工，还包括自由职业者。

（3）工伤保险费的征缴范围。

① 国家规定。

工伤保险费的征缴范围为本市行政区域内与各类用人单位形成劳动关系的劳动者。

② 地方规定。

北京地区：与国家规定一致。

（4）医疗（生育）保险费的征缴范围。

① 国家规定。

医疗（生育）保险费的征缴范围为城镇所有用人单位的职工，乡镇企业的职工，城镇个体经济组织业主及其从业人员是否参加基本医疗（生育）保险，由各省、自治区、直辖市人民政府决定。

② 地方规定。

北京地区：

- 基本医疗（生育）保险。

第一类人群：本市行政区域内的城镇所有用人单位的职工（包括部分存档人员——与用人单位建立劳动关系或存在事实劳动关系的职工）和退休人员。

第二类人群：具有本市城镇户籍、在法定劳动年龄内从事个体劳动或者自由职业，并在市、区（县）劳动保障部门开办的职业介绍服务中心、人事部门开办的人才交流服务中心和市社保经办机构委托的社会保险代理机构以个人名义存档的人员。

- 城乡居民医疗保险。

主要有四类人群体，分别是城乡老年人、学生儿童、城乡无城镇职工基本医疗保险的居民、港澳台居民。

第一类人群为城乡老年人，是指凡具有本市非农业户籍未纳入城镇职工基本医疗保险范围，且男年满60周岁和女年满50周岁的城镇居民。

第二类人群是为学生儿童，是指凡具有北京市非农业户籍，且在北京市行政区域内的各类普通高等院校（全日制学历教育）、普通中小学校、中等职业学校（包括中等专业学校、技工学校、职业高中）、特殊教育学校、工读学校（以下统称各类学校）就读的在册学生，以及非在校少年儿童（包括托幼机构的儿童、散居婴幼儿和其他年龄在16周岁以下非在校少年儿童），应当参加学生儿童大病医疗保险。其中，不包括成人教育以及函授、进修、网络、业余、广播电视等学校的学生。

第三类人群为城乡无城镇职工基本医疗保险的居民，是指在劳动年龄内未纳入城镇职工基本医疗保险范围，且男年满16周岁不满60周岁，女年满16周岁不满50周岁的城镇无业居民。

第四类人群为在北京市取得港澳台居民居住证且未参加城镇职工等基本医疗（生育）保险的港澳台居民。

2.1.2 登记信息的基本要求

1. 对参保单位的登记要求

依据《社会保险法》的规定，对参保单位的登记要求主要有以下内容。

（1）办理社会保险登记。

缴费单位必须向当地社保经办机构办理社会保险登记，参加社会保险。

（2）登记时限。

社会保险登记实行属地管理。缴费单位应当自成立之日起30日内，持营业执照登记证书或者单位印章等有关证件,到当地(注册地或经营地的)社保经办机构申请办理社会保险登记。

(3) 需要注意的主要事项及相关证明材料。

登记内容为单位名称、住所、经营地点、单位类型、法定代表人或者负责人、开户银行账号以及国务院劳动保障行政部门规定的其他事项。

相关的证明材料如下。

① 营业执照、批准成立证件或其他核准执业证件。

② 省、自治区、直辖市社保经办机构规定的其他有关证件、资料。

2. 对参保人员的登记要求

依据《社会保险法》的规定,用人单位应当自用工之日起 30 日内为其职工向社保经办机构申请办理社会保险登记。未办理社会保险登记的,由社保经办机构核定其应当缴纳的社会保险费。

自愿参加社会保险的无雇工的个体工商户、未在用人单位参加社会保险的非全日制从业人员以及其他灵活就业人员,应当通过社保代办机构向户籍或档案所在地的社保经办机构申请办理社会保险登记。

国家建立全国统一的参保单位的统一社会信用代码和个人社会保障号码。其中,个人社会保障号码为公民身份号码,个人需要提供的相关证明材料一般包括本人的身份证或户口簿的复印件。

3. 对登记单位的要求

对参保单位填报的社会保险登记表、提供的证件和资料,社保经办机构应当即时受理,并在自受理之日起 15 个工作日内审核完毕;符合规定的,予以登记,发给社会保险登记证。

2.1.3 技能要求

(1) 应用政策的能力:能够判断参保单位应该参加何种险种;职工或个人应该参加何种险种。

(2) 相关资料的收集与审核:能够判断参保单位与个人资料的真实性、准确性和有效性。

(3) 填写表格的能力:填写单位信息登记表、个人信息登记表、人员的增减表等业务表格。

2.1.4 实训环境

(1) 用人单位与个人相关材料。
(2) 社会保险软件。
(3) 社保登记表格。

2.1.5 岗位名称

(1) 登记岗:社保经办机构的登记人员。
(2) 社保岗:参保单位或代办机构的社会保险业务负责人。

模块 2.2 业务演示与讲解

人力资源和社会保障部要求的四险的基本指标是相同的，但全国各地方因为地区情况和社会保险业务处理的软硬件情况存在差异，故在业务办理的细节上可能会存在差异。北京的社会保险业务流程相对成熟，故本书的业务内容都以北京的情景、业务内容和业务要求为例，来讲解整个项目的基本流程要求，所有的业务政策和相关的业务表格也均来自北京市人保局，在引用中不再一一详注。

2.2.1 用人单位信息登记

> 北京×××贸易有限责任公司；统一社会信用代码：911101058002298××3；电话：010-649999××；单位住址：北京市朝阳区××街道10号；邮编：100009；执照类型：企业法人营业执照；执照号码：911101058002298××3；发照日期：2020年10月19日；有效期限：2030年10月18日；法定代表人：伍××；法定代表人身份号码：1101051965022132××；电话：010-649999××；缴费负责人：马×；所在部门：财务部；电话：010-649999××；单位类型：有限责任公司；开户银行与行号：工行朝阳区××街道分理处，068；户名：北京×××贸易有限责任公司；银行账号：805-248121-××；经营范围：销售百货；所有制度性质：私有的有限责任公司；缴费中心：朝阳区××社保中心。

1. 政策思考

依据北京市养老、失业、医疗（生育）和工伤保险的规定，该企业应该参加四险。

2. 相关资料的收集与审核

（1）营业执照（副本）；

（2）银行缴费合作意向书。

下面我们来作具体介绍。

（1）工商登记执照或批准成立证件——企业营业执照（副本）。

企业营业执照的基本信息如下所示。

> **营业执照**
>
> **（副本）**
>
> 统一社会信用代码：911101058002298××3
> - 名称：北京×××贸易有限责任公司
> - 类型：有限责任公司
> - 营业场所：北京市朝阳区××街道10号
> - 负责人：伍××
> - 成立日期：2020年10月19日
> - 营业期限：2030年10月18日

- 经营范围：批发、零售定型包装食品、保健食品（不涉及国营贸易管理商品；涉及配额许可证管理商品的按照国家有关规定申请手续）；体育用品、百货、纺织品、服装、日用品、家具、金银珠宝首饰、新鲜水果、蔬菜、食盐、饲料、花卉、种子、陶瓷制品、橡胶。
- 登记机关：北京市市场监督管理局
- 2020年10月19日
- 中华人民共和国国家市场监督管理总局监制

注 解

工商登记执照基本信息的解释如下。
- 执照种类（代码项）按工商执照的类别可分为以下8类。

1. 企业法人营业执照。
2. 企业营业执照。
3. 中华人民共和国企业法人营业执照。
4. 中华人民共和国企业营业执照。
5. 个人独资企业营业执照。
6. 合伙企业营业执照。
7. 个体工商户营业执照。
8. 其他。

注：1. 企业法人营业执照是取得企业法人资格的合法凭证，对具备法人条件的国营或集体企业、企业集团、联营企业，核发企业法人营业执照。

2. 企业营业执照是没有取得法人资格的企业所获得的合法凭证，营业执照的有效时限一般需要4年一换。

3.4. 中华人民共和国企业法人营业执照和中华人民共和国企业营业执照是针对外资企业而言的，拥有法人资格的颁发前者，否则颁发后者。

5. 个人独资企业是由一个自然人投资，财产为投资人个人所有，投资人以其个人财产对企业的债务承担"无限责任"的经营实体，它区别于有限责任公司。经工商注册后即可获得个人独资企业营业执照。

6. 合伙企业是指自然人、法人和其他组织依照法律在中国境内设立的普通合伙企业和有限合伙企业，经工商注册后即可获得合伙企业营业执照。

7. 个体工商户是指生产资料归劳动者个人所有，以个人的劳动为基础，劳动成果由劳动者个人占有和支配的市场经营主体。经工商注册后即可获得个体工商户营业执照。

8. 有时在办理参保业务时，社保机构的负责人会遇到参保单位持临时营业执照或特种行业执照等来参保。前者是指在规定期限内取得合法经营权的凭证，对从事6个月以内季节性经营的企业、个体工商户和其他经营单位，核发临时营业执照。特种行业执照是指工商服务行业中，由于业务内容和经营方式同社会治安秩序密切相关，国家以行政法规规定由公安机关实行特定的治安管理的行业。特种行业需要有特种行业的营业执照，目前列为特种行业的有旅馆业、印章业、印刷业、废旧金属收购业、典当业、拍卖业、信托寄卖业。

- 统一社会信用代码。

统一社会信用代码：由登记管理部门代码、机构类别代码、登记管理机关行政区划码、主体标识码（组织机构代码）和校验码五个部分组成，其作用相当于让法人和其他组织

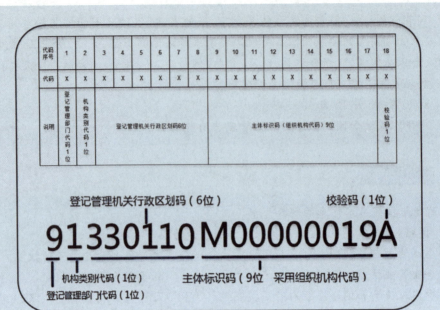

图 2-1　企业统一社会信用代码构成

拥有了一个全国统一的"身份证号",其具体数字构成如图 2-1 所示。

【统一社会信用代码的知识补充】

登记管理部门代码(1 位):机构编制、民政、工商三部门登记,工商一般用 9,其他登记管理部门可使用相应阿拉伯数字或英文字母表示。

机构类别代码(1 位):机构编制部门可用 1 表示机关单位,2 表示事业单位,3 表示由中央编办直接管理机构编制的群众团体;民政部门可用 1 表示社会团体,2 表示民办非企业单位,3 表示基金会;工商部门可用 1 表示企业,2 表示个体工商户,3 表示农民专业合作社。

登记管理机关行政区划码(6 位)。

主体标识码(组织机构代码)(9 位):组织机构代码是国家为了强化对经济的管理,国家对单位法人实行组织机构代码和自然人实行社会保障号码制度。在 2015 年 10 月之前,组织机构代码是对中华人民共和国内依法注册、依法登记的机关、企事业单位、社会团体和民办非企业单位颁发一个在全国范围内唯一的、始终不变的代码标识,是对各类单位颁发的一个身份识别代码。组织机构代码由各级质量技术监督部门代码机构依法采集地址、电话、注册资金、经济行业、经营(业务)范围等多项基本信息。组织机构代码证一般格式如图 2-2 所示,组织机构代码由八位数字(或大写拉丁字母)本体代码和一位数字(或大写拉丁字母)校验码组成。2015 年 10 月起,组织机构代码就被嵌入统一社会信用代码中。

校验码(1 位)。

最早的参保单位主要是城镇企业,随着社会保险制度的改革,机关事业单位、社会团队、民办非企业等组织也变成了参保单位。这些单位的证明材料均不是营业执照,不同性质的单位依法登记的机关不同,所拥有的证书也是不同的。

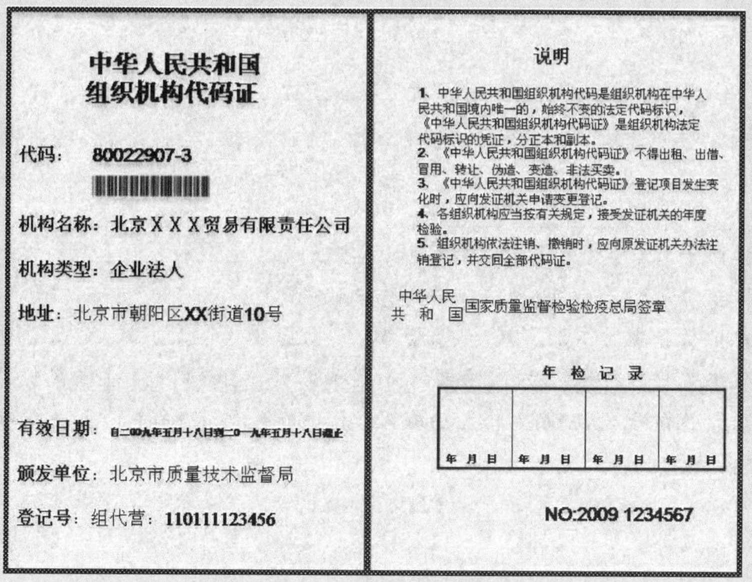

中华人民共和国
组织机构代码证

代码：80022907-3

机构名称：北京ＸＸＸ贸易有限责任公司

机构类型：企业法人

地址：北京市朝阳区XX街道10号

有效日期：自二00九年五月十八日到二0一九年五月十八日截止

颁发单位：北京市质量技术监督局

登记号：组代营：110111123456

说明

1、中华人民共和国组织机构代码是组织机构在中华人民共和国境内唯一的，始终不变的法定代码标识，《中华人民共和国组织机构代码证》是组织机构法定代码标识的凭证，分正本和副本。
2、《中华人民共和国组织机构代码证》不得出租、出借、冒用、转让、伪造、变造、非法买卖。
3、《中华人民共和国组织机构代码证》登记项目发生变化时，应向发证机关申请变更登记。
4、各组织机构应当按有关规定，接受发证机关的年度检验。
5、组织机构依法注销、撤销时，应向原发证机关办法注销登记，并交回全部代码证。

中华人民共和国国家质量监督检验检疫总局签章

年检记录

年 月 日	年 月 日	年 月 日	年 月 日

NO:2009 1234567

图 2-2　原组织机构代码证样式

如事业单位法人证书是事业单位登记管理机关依法给核准登记或者备案的事业单位颁发的、确认其事业单位法人资格的法定凭证，上面载有事业单位法人的名称、住所、宗旨和业务范围、法定代表人、经费来源、开办资金等登记事项。

事业单位法人证书分为正本和副本。正本和副本具有同等的法律效力。正本为悬挂式，应当悬挂在事业单位的主要办事场所醒目处，正本只核发一份。副本为折叠式，主要用于事业单位在开展社会服务活动中对外出示，以证明其合法身份，或用于向有关部门办理各种手续。事业单位可以根据业务需要向登记管理机关申请核发若干份证书副本。

具体单位所对应的证书如下。

- 机关："三定"方案或人员编制批文。
- 事业单位：事业单位法人证书副本。
- 社会团体：社团登记证副本。
- 基金会：基金会法人登记证书副本。
- 民办非企业：民办非企业单位登记证书副本。
- 工会：工会法人资格证书副本、法定代表人证书。
- 律师事务所：律师执业许可证副本。
- 外国常驻新闻机构：外国驻华新闻机构证。
- 其他非企业单位：依法成立的批准文件或登记证书副本。

（2）银行缴费合作意向书。

银行缴费合作意向书是用人单位在公司开户银行里办理的一个同意银行代扣社会保险费的代付协议，办理时需要用人单位的公章、营业执照、银行账号等，其基本内容如下：

银行缴费合作意向书

甲方(参保单位): ＿＿＿＿＿＿＿＿＿＿＿＿＿＿
□社会保险登记证号
缴费单位名称: ＿＿＿＿＿＿＿＿＿ 缴费单位账号: ＿＿＿＿＿＿＿＿
乙方: 北京××银行＿＿＿＿＿＿＿＿＿支行(分理处)
经甲乙双方协商一致,约定甲方缴纳社会保险费方式:
□乙方批量扣款　　　　□甲方主动缴款
甲方选择乙方批量扣款方式缴纳社会保险费,应于社会保险登记或变更缴费途径手续办理完毕后5个工作日内登录乙方网银系统或到甲方开户银行柜台签订代付协议。因甲方未能按时与乙方签订代付协议或未主动缴款,由此产生的未按时足额缴纳社保费等法律后果,由甲方自行承担。

甲方(缴费单位):(盖章)　　　乙方:(盖章)
经办人:　　　　　　　　　　　经办人:
联系电话:　　　　　　　　　　联系电话:
　　年　月　日　　　　　　　　　年　月　日
　　　　　　　　　　　　　　　第一联甲方留存

银行缴费合作意向书

甲方(参保单位): ＿＿＿＿＿＿＿＿＿＿＿＿＿＿
□社会保险登记证号
缴费单位名称: ＿＿＿＿＿＿＿＿＿ 缴费单位账号: ＿＿＿＿＿＿＿＿
乙方: 北京××银行＿＿＿＿＿＿＿＿＿支行(分理处)
经甲乙双方协商一致,约定甲方缴纳社会保险费方式:
□乙方批量扣款　　　　□甲方主动缴款
甲方选择乙方批量扣款方式缴纳社会保险费,应于社会保险登记或变更缴费途径手续办理完毕后5个工作日内登录乙方网银系统或到甲方开户银行柜台签订代付协议。因甲方未能按时与乙方签订代付协议或未主动缴款,由此产生的未按时足额缴纳社保费等法律后果,由甲方自行承担。

甲方(缴费单位):(盖章)　　　乙方:(盖章)
经办人:　　　　　　　　　　　经办人:
联系电话:　　　　　　　　　　联系电话:
　　年　月　日　　　　　　　　　年　月　日
　　　　　　　　　　　　　　　第二联乙方留存

3. 填写参保单位的参保表格

应填写"北京市社会保险单位信息登记表",具体样式如表2-1所示。

表 2-1 北京市社会保险单位信息登记表

填报单位（公章）：

项目		项目	
＊统一社会信用代码（组织机构代码）		＊缴户户开户银行	＊行号
＊单位名称		单位简称	
＊单位经营（办公）地址		缴费户开户全称	＊行号
	单位电话	支出户开户银行	＊账号
	＊邮政编码	支出户开户全称	＊账号
工商登记执照信息	执照号码	执照种类	
	发照日期	有效期限	
	工商注册地址	主管部门或总机构	
批准成立信息	批准单位	批准文号	集中缴费单位组织机构代码
	批准日期		集中缴费单位社会保险登记证编码
单位法人或负责人	＊姓名	公民身份号码	农转非类别
	联系电话		依法批准征地日期
			施工期截止日期
			维修期截止日期
单位经办人	姓名	所在部门	施工期起始日期
		联系电话	竣工期日期
			维修期起始日期
			延长期日期
＊缴费业务		＊单位类别	＊险种
支付业务		＊隶属关系	
＊单位类型		＊行业费率	参加保险情况
＊经济类型		行业系统	
＊行业代码		特殊标识	
＊行业性质		＊缴费形式	
参统方式		＊三险缴费所属经办机构	＊社会保险登记证编码 ＊登记日期
＊结算周期			社会保险登记证发证日期
所属行政区（县）名称		＊社会保险经办机构	
＊医疗（生育）缴费地区		报销地区	
		单位电子邮件地址	单位传真号码
		单位网址	

养老			
失业			
工伤			
医疗（生育）			

单位负责人：
单位经办人： 社保经办机构经办人员（签章）：
填表日期： 年 月 日 社保经办机构（盖章）：
办理日期： 年 月 日

注 解

1. 填报单位：参保企业名称并加盖公章。在本例中应填写：北京×××贸易有限责任公司。
2. 统一社会信用代码(组织机构代码)：如实填写，在本例中应填写：911101058002298××3。
3. 单位简称：单位名称被社会认同的且约定俗成的简称(不多于8个汉字)。在本例中应填写：×××贸易公司。
4. 单位名称：指单位全称(同工商登记或有关部门批准的名称一致)，为必填项。在本例中应填写：北京×××贸易有限责任公司。
5. 单位电话：指单位的联系电话，为必填项。在本例中应填写：010-649999××。
6. 单位经营(办公)地址：指单位实际办公或经营地点的详细通信地址，经营与办公地址不同的以办公地址为主。在本例中应填写：北京市朝阳区××街道10号。
7. 邮政编码：指单位经营(办公)地址的邮政编码。在本例中应填写：100009。
8. 工商执照登记信息：工商登记执照上有关企业情况的信息。在本例中应填写：
   - 执照号码：911101058002298××3；
   - 执照种类：企业法人营业执照；
   - 发照日期：2020年10月19日；
   - 有效期限：10年；
   - 工商注册地址：北京市朝阳区××街道10号。
9. 批准成立信息：不属于工商登记的单位(如机关、事业单位、社会团体等)，为必填项。应按照有关部门的批准文件进行填写，包括批准单位、批准日期、批准文号。在本例中企业属于工商登记，不需要填写此项内容。若是外资企业，则可能需要对外贸易委员会的批准成立信息，也需要国家市场监督管理总局的登记信息，因此工商登记执照的信息和批准成立信息的内容都需要填写。另外，外资企业一般不在区(县)的社保经办机构办理，在北京统一由市人保局办理。
10. 单位法人或负责人：单位法人为法人组织或企业的姓名，一般为营业执照上的法人姓名。负责人往往指的是非法人组织的机构负责人。

    在本例中应填写：
    - 姓名：伍××；
    - 公民身份号码：1101051965022132××；
    - 联系电话：010-649999××。
11. 单位经办人：参保单位缴费业务与支付业务的经办人的姓名、所在部门、联系电话。

    在本例中应填写：
    - 姓名：马×；
    - 所在部门：财务部；
    - 联系电话：010-649999××。

    缴费业务与支付业务的经办人一般是同一个人，也可以是不同的两个人，由企业的实际情况决定。

12. 单位类型(代码项):指按国家或地方标准进行的分类。按工商执照或有关部门批准的单位性质填写,具体如表2-2所示。

在本例中应填写:10企业。

表2-2 单位类型代码表

代码+名称	代码+名称
10 企业	80 社会保险代理处(单位不能填)
20 事业(单位不能填)	81 街道社会保障事务所
21 全额事业	82 职业介绍服务中心
22 差额事业	83 人才交流中心
23 自收自支事业	89 其他社会保险代理处
30 机关	90 其他(单位不能填)
40 社会团体	91 乡镇企业
50 民办非企业单位	92 城镇集体
60 城镇个体工商户	93 农村集体经济组织
70 再就业服务中心	94 基金会

注:(1)"单位不能填"是指参保单位若仅仅是事业、社会保险代理处或其他项时,不能自行填写。

(2)事业单位:"全额拨款事业"是指没有行政收费的职能,往往是做行政部门做的事情,人员工资、津贴及办公经费均由财政拨款;差额拨款事业单位是指有一定的自营收入,同时财政资金还要予以资助,差额拨款的比例有明确规定;自收自支事业单位是营利性质的单位,单位的收入由自己自由分配,政府财政资金一般不予以支持。

(3)社会团体:中国公民自愿组成,为实现会员共同意愿,按照其章程开展活动的非营利性社会组织。全国性的社团名称冠以"中国""全国""中华"等字样的,应当按照国家有关规定经过批准,地方性的社团名称不得冠以"中国""全国""中华"等字样。

(4)民办非企业单位:企业事业单位、社会团体和其他社会力量以及公民个人,利用非国有资产举办的从事非营利性社会服务活动的社会组织。如各类民办学校、医院、文艺团体、科研院所、体育场馆、职业培训中心、福利院、人才交流中心等。

13. 单位类别(代码项):以地方标准进行分类,按工商执照或有关部门批准的单位性质填写,具体单位分类代码如表2-3所示。

在本例中应填写:1法人单位。

表2-3 单位类别代码表

代 码	名 称
1	法人单位
2	非法人单位
3	不具备法人和非法人条件的单位

14. 经济类型(代码项)：以国家标准进行分类，按工商执照或有关部门批准的单位性质填写，具体经济类型代码如表2-4所示。

凡在"单位类型"指标填写"企业"的单位，"经济类型"指标为必填项，若是其他类型的单位不用填写此项指标。

企业(单位)的经济类型按其经费来源、管理方式和工商登记注册类型可分为内资企业、港、澳、台投资企业和外资企业三大类。内资企业包括国有企业、集体企业、股份合作企业、联营企业、有限责任公司、股份有限公司、私营有限责任公司和其他企业；港、澳、台投资企业和外商投资企业分别包括合资经营企业、合作经营企业、独资经营企业和股份有限公司。对于不在市场监督管理部门进行登记注册的行政机关、事业单位和社会团体，主要按其经费来源和管理方式进行划分。

表2-4 经济类型代码表

代码＋名称	代码＋名称	代码＋名称
100 内资(单位不填)	160 股份有限(公司)	230 港、澳、台独资
110 国有全资	170 私有(单位不填)	240 港、澳、台投资股份有限(公司)
120 集体全资	171 私有独资	290 其他港、澳、台投资
130 股份合作	172 私有合伙	300 国外投资(单位不填)
140 联营(单位不填)	173 私营有限责任	310 中外合资
141 国有联营	174 私营股份有限(公司)	320 中外合作
142 集体联营	175 个体经营	330 外资
143 国有与集体联营	179 其他私有	340 国外投资股份有限(公司)
149 其他联营	190 其他内资	390 其他国外投资
150 有限责任(公司)	200 港、澳、台投资(单位不填)	900 其他
151 国有独资(公司)	210 内地和港、澳、台合资	999 无
159 其他有限责任公司	220 内地和港、澳、台合作	

在本例中应填写：150 有限责任(公司)。

15. 行业代码(代码项)：行业性质的具体分类。参照工商执照或有关部门批准的主营项目填写。

在本例中应填写：0864 零售业。

16. 行业费率：经劳动保障行政部门审批的工伤保险费率。具体行业代码所对应的费率见书末附录A。

在本例中应填写：0.4%。

17. 隶属关系(代码项)：单位的所属关系，按国家或地方标准进行的分类，具体隶属关系如表2-5所示。若有上级主管部门则需要提供相关的证明，无上级主管部门的单位则选择填写"其他"。

在本例中应填写：9 其他。

表 2-5　隶属关系代码表

代码	名称	代码	名称
1	中央	5	县
2	省	51	街道
3	计划单列市	6	乡镇
4	市	7	部队
41	区	8	外省市
		9	其他

注：计划单列市出现在20世纪80年代，是让一些大城市在国家计划中实行单列，享有省一级的经济管理权限，而不是省一级行政级别。现在我国有15个计划单列市，其中10个副省级省会城市——沈阳、长春、哈尔滨、南京、杭州、济南、武汉、广州、成都、西安；5个计划单列市——大连、宁波、厦门、青岛、深圳。

18. 行业性质（代码项）：以国家或地方标准进行分类，具体分类如表2-6所示。参照工商执照或有关部门批准的主营项目填写。

在本例中应填写：08批发和零售贸易、餐饮业。

表 2-6　行业性质代码表

代码	指标名称	代码	指标名称
01	农、林、牧、渔业	09	金融保险业
02	采掘业	10	房地产业
03	制造业	11	社会服务业
04	电力、煤气及水的生产和供应业	12	卫生、体育和社会福利业
05	建筑业	13	教育、文化艺术及广播电影电视业
06	地质勘查业、水利管理业	14	科学研究和综合技术服务业
07	交通运输、仓储及邮电通信业	15	国家机关、政党机关、社会团体和事业单位
08	批发和零售贸易、餐饮业	16	其他行业

19. 行业系统（代码项）：属于行业系统的单位选择填写，具体的行业系统代码如表2-7所示。在本例中它不属于任何行业系统，故不用填写。

表 2-7　行业系统代码表

代码	名称	代码	名称
010	铁路系统	050	电力系统
020	煤炭系统	060	石油系统
030	交通系统	070	有色系统
040	水利系统	080	中建系统

(续表)

代码	名称	代码	名称
090	邮电系统	123	交通银行系统
110	民航系统	124	建设银行系统
120	金融系统	125	中国银行系统
121	工商银行系统	130	保险系统
122	农业银行系统		

20. 参统方式(代码项)：根据参保单位情况选择"新成立""新扩面""新范围""转制""外区转入"。

- 新成立：刚成立的单位参加社会保险。
- 新扩面：单位早已成立，但没有登记参加社会保险，通过扩面征缴等各种手段参加社会保险。
- 新范围：单位因新颁布政策规定扩大参保范围而被包括进来。
- 转制：单位性质转变由不参保而变为参保的单位。
- 跨区(县)转入：单位从其他区(县)转入本区(县)，该指标为方便区(县)间增减变动统计而设。

在本例中应填写：新成立。

21. 特殊标识(代码项)：单位根据情况选择填写。只有统一社会信用代码中包含有XM和GD的单位，才可选择建筑业的特殊标识。

代码	名称
3	民政福利企业
4	建筑业

在本例中不用填写。

22. 结算周期(代码项)：单位缴费的周期，一般单位选择"按月"；凡选择"不定期"的须经社保经办机构核准。

代码	名称
1	按月
0	不定期

在本例中应填写：1 按月。

23. 缴费形式(代码项)：单位以独立形式缴费的选择"独立"；单位如果存在下级单位，并统一由上级单位集中缴费的，下级单位选择"集中"，上级单位选择"独立"。

代码	名称
1	集中
2	独立

在本例中应填写：2 独立。

24. 所属行政区(县)名称(代码项)：北京市行政区域划分的中文名称。填写单位经营地或办公地所属行政区名称，其代码项前三个往往为各区(县)的代码。

在本例中应填写：105002 朝阳安贞分支机构。

25. 三险缴费所属经办机构(代码项)：填写单位办理社保事务的社保经办机构名称的代码，为必填项。

在本例中应填写：105002 朝阳安贞分支机构。

26. 医疗(生育)缴费地区(代码项)：对缴费地域进行分类的中文名称。按照社会保险属地管理原则，单位按照参保所属地区进行填写，为必填项。

在本例中应填写：105002 朝阳安贞分支机构。

27. 报销地区(代码项)：专指单位参保人员发生医药费进行申报的地区，只有集中缴费单位的报销地区可以与医疗缴费地区不一致。

在本例中应填写：105002 朝阳安贞分支机构。

28. 缴费户、支出户的开户信息：包括开户全称、开户银行与行号(代码项)、账号，由缴费单位如实填写，社会保险缴费户相关信息为必填项。

开户银行是单位委托支付款的银行，行号即为该银行的行号，由银行统一规定。在北京一般是3—4位，由单位所委托的银行提供。

缴费户和支出户开户全称指的是单位的全称；账号指的是单位在银行所开的委托书上的缴支费的账号。

在本例中应填写的内容如表2-8所示。

表2-8 缴费户、支出户的开户信息

缴费户开户银行	工行朝阳区××街道分理处	行　　号	068
缴费户开户全称	北京×××贸易有限责任公司	账　　号	805-248121-××
支出户开户银行	工行朝阳区××街道分理处	行　　号	068
支出户开户全称	北京×××贸易有限责任公司	账　　号	805-248121-××

29. 主管部门或总机构：有上级主管部门或上级(总)机构的单位，在此项中填写上级主管部门或上级(总)机构的详细名称；无上级主管部门或上级(总)机构的单位无须填写。

在本例中不用填写。

30. 集中缴费单位组织机构代码、集中缴费单位社会保险登记证编码、集中缴费单位名称：二级总公司的统一社会信用代码(组织机构代码)、社会保险登记证编码和单位名称，属于二级子公司的单位须如实填写总公司的相关情况。

在本例中不用填写。

31. 农转非类别(代码项)：对由农业户口转为非农业户口的人员的分类，如农转工或农转居等。

在本例中不属于农村集体经济组织或村民委员会为农转工办理社会保险，不用填写。

32. 依法批准征地日期：北京市人民政府批准征地日期，依据批准文件填写。

在本例中非因建设征地农转工而参加社会保险，不用填写。

33. 施工期起始日期、施工期截止日期：只有统一社会信用代码中有XM的单位才可填写，且为必填项目，依据施工合同和批准文件如实填写。

在本例中本企业不属于建筑企业，不用填写。

34. 维修期起始日期、维修期截止日期、竣工期日期、延长期日期：只有单位统一社会信用代码中有XM的单位才可填写，并依据施工合同和批准文件如实填写。

在本例中不用填写。

35. 参加保险情况：按单位应参加险种选择填写，单位类型为企业、自收自支事业、民办非企业、城镇集体的单位必须参加养老、失业、工伤和医疗（生育）保险；单位类型为差额事业、社会团体、基金会的必须参加养老、失业、工伤和医疗（生育）保险；单位类型为机关、事业的单位必须参加失业（参照公务员管理的单位除外）、养老保险、工伤保险（央属公务员除外）和医疗（生育）保险（央属公务员除外）；其他单位按照相关批准的文件参加保险。

在本例中，参保单位为企业，在"参加保险情况"处把四项都勾上。

36. 登记日期：单位登记参加险种的时间。

在本例中应该填写填报日期，填写2020年10月22日。

37. 单位电子邮件地址、单位网址、单位传真号码：单位若有应如实填写，若没有则不用填写。

在本例中该企业没有不用填写。

下面的38—40部分初次参保单位先不用填写，当社保经办机构办理好后再进行补填。

38. 社会保险登记机构名称：如实填写核发社会保险登记证的社保经办机构名称。首次办理社会保险登记的单位登记后补填该项。

39. 社会保险登记证编码：社保经办机构依照有关规定核发的社会保险登记证的编码，凡首次办理社会保险登记的单位登记后补填该项。目前社会保险登记证编码同统一社会信用代码一样。

40. 社会保险登记证发证日期：与社会保险登记证上的发证日期一致。首次办理社会保险登记的单位登记后补填该项。

若把企业的所有信息都填入表2-1，则可得如表2-9所示的"北京市社会保险单位信息登记表"。

在有条件的情况下，用人单位可从北京市人力资源和社会保障局网页上下载"北京市社会保险系统企业管理子系统——普通单位版"并升级，通过该软件系统中"数据采集"模块下的"单位预登记"填写"北京市社会保险单位信息登记表"，数据保存后进行报盘和打印。需要注意的是：在此软件系统中有三险共有信息，还有一部分为医疗（生育）保险与三险各自所有的信息，一定要注意根据单位实际情况如实填写。

表 2-9　北京市社会保险单位信息登记表

表　号：京劳社保险 5 表
制表机关：北京市人力资源和社会保障局
批准机关：北京市统计局
批准文号：京统函〔2009〕40 号
有效期至：2030 年 1 月 31 日

填报单位(公章)：北京×××贸易有限责任公司					
*统一社会信用代码(组织机构代码)	91110105800229 8××3	*单位简称	×××贸易公司	*缴费户开户银行	工行朝阳区××街道分理处
*单位名称	北京×××贸易有限责任公司	*单位电话	010-649999××	缴费户开户全称	北京×××贸易有限责任公司
*单位经营办公地址	北京市朝阳区××街道 10 号	*邮政编码	100009	支出户开户银行	工行朝阳区××街道分理处
工商登记执照信息	执照号码	91110105800229 8××3	执照种类	企业法人营业执照	支出户开户全称	北京×××贸易有限责任公司
	发照日期	2020 年 10 月 19 日	有效期限	10 年	主管部门或总机构	
	工商注册地址	北京市朝阳区××街道 10 号			集中缴费单位组织机构代码	
批准成立信息	批准单位		批准文号		集中缴费单位名称	保险登记证编码
	批准日期				农转非类别	
单位法人或负责人	*姓名	伍××	公民身份号码	110105196502213 2××	施工期起始日期	依法批准征地日期
	联系电话	010-649999××			维修期起始日期	施工期截止日期
					竣工期日期	维修期截止日期
单位经办人	姓名	马×	所在部门	财务部	参加保险情况	延长期日期
*缴费业务	马×	联系电话	010-649999××		*险种	
*支付业务	马×	*单位类别	法人单位	养老	√	*登记日期	2020.10.22
*单位类型	企业	*隶属关系	其他	失业	√		
*经济类型	有限责任(公司)	*行业费率	0.5%	工伤	√		2020.10.22
*行业代码	0864 零售业			医疗(生育)	√		2020.10.22
*行业性质	08 批发和零售贸易、餐饮业	行业系统					
参保方式	新成立	特殊标识		*社会保险登记机构名称			
*缴费方式	1 按月	*缴费形式	2 独立	*社会保险登记证编码			2020.10.22
*支付周期		*缴费所属经办机构	*三险缴费所属经办机构	单位电子邮件地址		*社会保险登记证发证日期	
所属行政区(县)名称	朝阳区		105002 朝阳安贞分支机构	单位网址			
*医疗(生育)缴费地区	105002 朝阳安贞分支机构			单位传真号码			

单位负责人：伍××
单位经办人：马××
填表日期：2020 年 10 月 22 日

社保经办机构经办人员(签章)：
社保经办机构(盖章)：
办理日期：　　年　　月　　日

注：表格中带 * 号的项目为必填项，其他有前提条件的必填项请参考指标解释。

4. 提交材料

把银行缴费合作意向书、企业法人营业执照和"北京市社会保险单位信息登记表"(若有报盘文件可一同带上)提交给社保经办机构登记岗的业务负责人,该业务负责人将给予审核和信息登记,若资料合格,表格填写无误将直接给予社会保险登记证编码。

例如:社会保险登记证编码:911101058002298××3。

社会保险登记机构名称:北京市朝阳区人力资源和社会保障局。

社会保险登记证发证日期:2020年10月22日。

2.2.2 业务练习

案例 1

社 会 团 体

北京咨询行业协会;统一社会信用代码:911101058002298××3;电话:649423××;单位地址:北京市朝阳区惠新东街×号;邮编:100029;单位类型:社会团体;批准单位:中华人民共和国民政部;批准日期:2020年6月10日;批准文号:社证字第33××号;社团法人:李××;法定代表人身份号码:1101051965022159××;电话:649423××;缴费负责人:宋×;所在部门:人力资源部;电话:649416××;开户银行与行号:农行朝阳惠新东街分理处,81×;账号:0401010400078××。

案例 2

外 资 企 业

美国华瑞有限公司北京代表处;统一社会信用代码:913304818002298××3;电话:649123××;单位地址:北京市西城区×××中路××号××大厦9××室;邮编:100015;单位类型:非法人企业;执照种类:中华人民共和国企业营业执照;执照号码:企外京驻字第0000×号;发照日期:2020年10月8日;有效日期:2024年6月8日;批准单位:北京对外经济贸易委员会;批准日期:2020年7月18日;批准文号:京外设00-2××;负责人:张××;负责人身份号码:1101051967053021××;电话:649123××;缴费负责人:马××;所在部门:代表处;电话:649416××;开户银行与行号:农行西城区支行,06×;银行账号:0401010400078××。

请根据表2-1,为案例1和案例2分别填写"北京市社会保险单位信息登记表"。

2.2.3 在职职工的信息登记

职工信息的录入同企业的信息录入一样,需要在必要的险种中录入基本信息,并打印相应的业务表格。

现以"北京×××贸易有限公司"的一名员工为例,进行在职职工基本信息的登记。

员工的基本信息如下:

张××;性别:女;婚姻状况:已婚;公民身份号码:11010519900815××2×;本市城镇居民;到该企业的第一月工资为2600元;民族:汉;文化程度:大专;个人身份:工人;出生地:北京;用工形式:劳动合同工;户口所在街道:北京市东城区××胡同88号;邮政编码:100009;居委会:东城区××居委;电话:651234××;联系人:张琼;联系电话:010-651234××;参加工作时间:2013年1月1日;所选择的定点医疗机构:北京航星机器制造公司北京东城航星医院、北京市东城区东外医院(东城区东直门社区卫生服务中心)。

1. 个人信息录入与业务练习

个人信息的录入可以直接用纸质的表格录入,也可通过软件操作,下面将以软件录入为例进行填写。

利用电脑从北京市人力资源和社会保障局网页上下载"北京市社会保险系统企业管理子系统——普通单位版"并升级,根据社保经办机构返回的"北京市社会保险单位信息登记表"录入系统信息。

具体步骤如下:

第一步,下载并安装"北京市社会保险系统企业管理子系统——普通单位版"。

第二步,进入系统的"数据采集"模块,在"基本信息管理"处进行"单位信息录入"并保存。

第三步,在"个人信息录入"窗口下录入职工信息并保存。

第四步,在"个人信息变更"窗口下把职工增员到单位上,然后数据报盘,导出数据后储存在一个移动U盘上,并打印出"北京市社会保险单位信息登记表"、"北京市社会保险个人信息登记表"和"北京市社会保险参加人员增加表",并均加盖公司公章。

第五步,持在职职工的身份证或户口簿、业务表格和报盘文件到社保经办机构,进行数据导入,从而完成在职职工的信息登记。

> **需要注意的是:** 如果单位员工的社会保险不由本单位社保业务负责人负责,而是由其他组织代理具体业务,那么业务表格则需要根据职工所在单位的具体情况填写,不能填写代理组织的情况。若是个人参保,则需要到街道社会保障事务所、职业介绍服务中心或人才服务中心进行个人信息的登记,街道社会保障事务所、职业介绍服务中心或人才服务中心则代理个人到社保经办机构办理业务,其身份类同于用人单位。街道社会保障事务所、职业介绍服务中心或人才服务中心所用的软件系统不同于用人单位的软件系统,他们分别是"北京市社会保险系统企业管理子系统——街道版"和"北京市社会保险系统企业管理子系统——职介人才版"。

"北京市社会保险个人信息登记表"及其副表如表2-10和表2-11所示。

表 2-10　北京市社会保险个人信息登记表

填报单位（公章）：
统一社会信用代码（组织机构代码）：
社会保险登记证编码：

参加险种	养老（　）失业（　）工伤（　）医疗（生育）（　）		
*姓　名		*公民身份号码（社会保障号码）	
*性　别		*出生日期	
*民　族		*国家/地区	
*个人身份		*参加工作日期	
户口所在区县街乡		*户口性质	
户口所在地地址		*户口所在地邮政编码	
居住地（联系）地址		*居住地（联系）邮政编码	
选择邮寄社会保险对账单地址		*文化程度	
获取对账单方式		*申报月平均工资收入（元）	
电子邮件地址			
参保人电话			
*证件类型		*证件号码	
*缴费人员类别		*医疗（生育）参保人员类别	
离退休日期		定点医疗机构 2	
定点医疗机构 1		定点医疗机构 4	
定点医疗机构 3		*是否患有特殊病	
定点医疗机构 5		外籍人员信息	
护照号码		外国人居留证号码	
外国人证件类型		外国人证件号码	
本人目前属社会保险参保对象，现申请参加社会保险，按照社会保险登记的要求本人已如实填写了上述相关信息，并对所填写的内容真实有效性负责。			
参保人签字：		签字日期：　年　月　日	
单位负责人：	单位经办人：	社保经办机构经办人员（签章）：	
填报日期：		办理日期：　年　月　日	
注：表格中带 * 的项目为必填项，其他有前提条件的必填项请参考指标解释。			

表2-11 北京市社会保险个人信息登记表(副表)

填报单位(公章):
统一社会信用代码(组织机构代码):
社会保险登记证编码:

* 姓 名		* 公民身份号码 (社会保障号码)	
婚姻状况		出生地	
联系人姓名		联系人电话	
北京市工作居住证编码		有效截止日期	
委托代发基金银行名称		委托代发基金银行账号	
特殊标识		用工形式	
工种		农转非类别	
批准征地日期		农转非缴单位名称	
申报报销单位社保号		申报报销单位名称	
社会保险补贴开始日期		社会保险补贴截止日期	
手工报销街道			
工种补无资料			
特殊工种	工作起始时间	所在单位名称	统一社会信用代码(组织机构代码)

本人目前确属社会保险参保对象,现申请参加社会保险,按照社会保险登记的要求本人已如实填写了上述相关信息,并对所填写的内容真实有效性负责。

单位经办人:　　　　　　　　　　　　　　　　　　　　　　　签字日期:　　年　月　日

* 参保人签字:　　　　　　　　　　　　　　　　　　　　　　　社保经办机构经办人员(签章):

单位负责人:　　　　　　　　　　　　　　　　　　　　　　　办理日期:　　年　月　日
填报日期:

注:表格中带 * 的项目为必填项,其他有前提条件的必填请参考指标解释。

注 解

1. 社会保险登记证编码：社保经办机构依照有关规定核发的社会保险登记证的编码。

2. 证件类型和号码：证件类型主要有居民身份证、临时居民身份证、军人身份证、武警警察身份证、港澳居民来往内地通行证、外国公民所持证件/护照、其他证件。号码则为证件上的号码。若是外国公民所持证件/护照，则需要在外国人证件类型、证件号码和居留证号码处填写相应的信息。

3. 姓名、公民身份号码、性别、出生日期、民族、国籍：要求同所提供的身份证件上内容一致，外国籍人员在民族处选择"其他族"。

4. 个人身份（代码项）：国家有关部门对公民从事的职业或者身份进行的分类，具体分类如表2-12所示，填写时依据参保人员实际情况进行选择。

表2-12 个人身份代码表

代 码	个人身份	代 码	个人身份
1	工人	8	职员
2	农民	9	其他
3	学生	10	军转干部
4	干部	11	两航起义
5	国家公务员	12	100%老专家
6	现役军人	13	无
7	无业人员		

注：
（1）工人、农民和干部身份是原计划经济体制有关社会成员的身份管理体制，其中干部身份由人事部门管理；工人身份归劳动部门管理。目前在企业多数运行统一的全员劳动合同制，都在弱化这一概念。在公务员管理的事业单位或机关，工人与干部的身份的区分仍有重要的意义。工人、农民和干部身份目前主要影响着职工参加的社会保险类别、女性的退休年龄。

判断工人与干部的身份并没有明确的标准，往往以第一次就业时就业者所得到的派遣证作为判断标准。国家承认的普通全日制大学生毕业后找到工作，教委都为其发派遣证，派遣证是教育厅毕业生就业指导中心签发的，是毕业生就业时到用人单位报到及报到后办理户口迁移和档案转移的重要凭证，成人业余学历的学生和自考生没有派遣证。派遣证一式三联，毕业生持一联，毕业生档案中存放一联，单位存档一联。毕业生派遣证作为普通大中专院校毕业生身份（干部身份）的证明存入档案。普通高校派遣毕业生，必须使用全国统一规定的、由地方毕业生调配部门签发的全国普通高等学校毕业生就业派遣证，用人单位也一律凭派遣证接收毕业生。

(2) 国家公务员与干部：国家公务员是指依法履行公职、纳入国家行政编制、由国家财政负担工资福利的工作人员。公务员一般都在机关工作，都拥有职务和级别。公务员职务可分为领导职务和非领导职务。干部则是一种身份，在人员范围上要比公务员广泛，干部也可在事业单位或企业工作，有的有行政职务和级别，有的没有。

(3) 职员最早可以理解为现在所用的"干部"，是与工人相对应的，指在机关、企业、学校、团体里担任行政或业务工作的管理人员。现在职员指的是员工，指企业中的管理人员和工人。

(4) 两航起义："两航"是对原中国航空股份有限公司（简称"中国航空公司"或"中航"，正式成立于1930年8月1日）与中央航空运输"股份有限公司"（简称"中央航空公司"或"央航"，正式成立于1931年2月）的简称。两航在解放战争期间曾是为国民党政权提供重要空中交通工具的公司，在1949年两航公司的众多航站员工起义投身共产主义事业。随着起义的成功，该公司的大批技术业务人员回归，投入国防、航空、航天、电子、机械工业、科研、文教等部门，并成为中国民航事业建设中一支主要的技术业务骨干力量。在此"两航起义"指的就是在这次起义中回归的员工。

干部与工人是个人身份在实际业务中最经常用的两种类型。

5. 参加工作日期：填写参保人员个人档案中记载的首次参加工作的时间。

6. 户口所在区县街乡、户口所在地地址：与居民户口簿内容一致；户口所在地邮政编码：填写参保人员目前户口所在地的邮政编码。

7. 户口性质：依据居民户口簿登记的内容。

(1) 城镇（非农业户口）；(2) 农村（农业户口）；(3) 其他。

8. 居住地（联系）地址：填写参保人员目前居住地的详细通信地址；居住地（联系）邮政编码：填写参保人员目前居住地的邮政编码。

9. 选择邮寄社会保险对账单地址和邮政编码：可选择所在单位或居住地址，一般选择前者。

10. 获取对账单方式：可邮寄也可网上查询，电子邮件地址也可相应填上。

11. 文化程度（代码项）：参保人员受教育程度的分类，应依据参保人员实际情况填写。具体的文化程度分类如表2-13所示。

表2-13 文化程度代码表

代码	文化程度	代码	文化程度
11	博士	61	高中
12	硕士	62	职高
21	大学	70	初中
31	大专	80	小学
40	中专	90	文盲或半文盲
50	技校		

12. 参保人电话、手机：如实填写。

13. 申报月平均工资收入(元)：一般是指职工上一年税前月平均工资，应据实填写，因为要据此确定单位或个人应缴纳的社会保险费的金额，是确定缴费基数的前提条件。

职工的工资总额主要包括单位直接支付给职工的劳动报酬总额，涉及以下6个方面：计时工资、计件工资、奖金、津贴和补贴、加班加点工资和特殊情况下支付的工资。依据国家统计局《关于认真贯彻〈关于工资总额组成的规定〉的通知》(统制字〔1990〕1号)，工资总额包括支付给职工的"劳动报酬以及其他根据有关规定支付的工资，不论是计入成本的还是不计入成本的，不论是按国家规定列入计征奖金税项目的还是未列入计征奖金税项目的，不论是以货币形式支付的还是以实物形式支付的，均应列入工资总额的计算"。

对各组成部分的解释：

(1) 计时工资指按照劳动者的工作时间和工资标准来计算工资的一种方式。计时工资可分为月工资制、日工资制和小时工资制。主要涉及以下五个方面。

- 对已做工作按计时工资标准支付的工资。
- 实行结构工资制的单位支付给职工的基础工资和职务(岗位)工资。
- 新参加工作职工的见习工资(学徒的生活费)。
- 运动员体育津贴。
- 职工个人按规定比例缴纳的社会保险费和住房公积金等。

(2) 计件工资指对已做工作按计件单价支付的劳动报酬，包括内容如下。

- 实行超额累进计件、直接无限计件、限额计件、超定额计件、包工工资制、间接计件等工资制，按劳动部门或主管部门批准的定额和计件单价支付给个人的工资。
- 按工作任务包干方法支付给个人的工资。
- 按营业额提成或利润提成办法支付给个人的工资。

(3) 奖金是指支付给职工的超额劳动报酬和增收节支的劳动报酬，包括内容如下。

- 生产奖：超产奖、质量奖、安全(无事故)奖、考核各项经济指标的综合奖、提前竣工奖、外轮速遣奖、年终奖(劳动分红)等。
- 节约奖：各种动力、燃料、原材料等节约奖。
- 劳动竞赛奖：发给劳动模范、先进个人的各种奖金和实物奖励。
- 机关、事业单位的奖励工资：该机关、事业单位年终一次性奖金、机关工人的奖金、体育运动员的平时训练奖。
- 其他奖金：从兼课酬金和业余医疗卫生等额外服务收入提成中支付的奖金等。

(4) 津贴和补贴是指为了补偿职工特殊或额外的劳动消耗和因其他特殊原因支付给职工的津贴，以及为了保证职工工资水平不受物价影响支付给职工的物价补贴。

津贴是补偿职工在特殊条件下的劳动消耗及生活费额外支出的工资补充形式，主要包括特殊岗位或工作条件的津贴、保健性津贴、医疗卫生津贴、技术性津贴、年功性津贴、地区津贴和其他津贴。

- 特殊岗位或工作条件的津贴：常见的形式如高空津贴、井下津贴、流动施工津贴、野外工作津贴、林区津贴、高温作业临时补贴、海岛津贴、艰苦气象台(站)津贴、微波站津贴、高原地区临时补贴、冷库低温津贴、基层审计人员外勤工作补贴、邮电人员外勤津贴、夜班津贴、中班津贴、班（组）长津贴、学校班主任津贴、三种艺术（舞蹈、武功、管乐）人员工种补贴、运动队班（队）干部驻队补贴、公安干警值勤岗位津贴、环卫人员岗位津贴、广播电视天线岗位津贴、盐业岗位津贴、废品回收人员岗位津贴、殡葬特殊行业津贴、城市社会福利事业单位岗位津贴、环境监测津贴、收容遣送岗位津贴等。

- 保健津贴往往是对从事有毒、有害的工作人员给予的保健津贴。保健津贴主要是针对在工作中身体健康容易受到损害岗位工作设定的。主要有卫生防疫津贴、医疗保健津贴、医疗卫生津贴（对医疗卫生工作单位专职从事或直接接触有毒、有害、有传染危险的人员试行医疗卫生津贴）。
- 技术性津贴：主要是指针对有特殊技术和技能的员工设立的津贴，是对员工这种特殊技术和技能的稀缺性所支付的等价物，主要包括科研津贴、工人技师津贴、质量津贴、卫生防疫津贴、医疗卫生津贴、科技保健津贴、各种社会福利院职工特殊保健津贴等。
- 年功性津贴：工龄工资，是为了保持员工队伍的稳定，鼓励员工忠诚于企业的一种措施。在国有企业一般分为两种：第一种是工龄工资，即员工参加国有企业或相应单位工作的年限；第二种是企业工龄，即在本企业工作的年限。一般企业都只计算后一类，其计算的方法有两大类：第一种是平均工龄工资法，即在本企业每增加一年工龄给予一定数额的工龄津贴；第二种是与所承担的岗位等级相对应发给工龄工资，即随着岗位等级的提升，工龄工资也随之提升。其总额的计算依照其所承担的不同等级职务的年限累计计算。
- 地区津贴：在不同的国家和不同的地区，生活条件不一样，生活水平高低不一样，物价水平也不一样，针对这些不同的特点而发给的津贴就是地区性津贴。这类津贴反映的是外部生活条件的差别。这类津贴国家原来有相应的规定，但规定一般无法完全体现这种差别。所以，除了国有企业以外，一般企业都根据自己的实际来设定其具体数额。
- 其他津贴：直接支付给个人的伙食津贴（火车司机和乘务员的乘务津贴、航行和空勤人员伙食津贴、水产捕捞人员伙食津贴、专业车队汽车司机行车津贴、体育运动员和教练员伙食补助费、少数民族伙食津贴、小伙食单位补贴等）、合同制职工的工资性补贴、书报费、通信费用补贴、交通费用补贴、生活费补贴、价格补贴、副食品补贴、水电补贴、洗理卫生费、书报费、过节费等。

（5）加班加点工资：按规定支付的加班工资和加点工资。用人单位在劳动者完成劳动定额或规定的工作任务后，根据实际需要安排劳动者在法定标准工作时间以外工作支付的工资。

（6）特殊情况下支付的工资：根据国家法律、法规和政策规定，因病、工伤、产假、计划生育假、婚丧假、事假、探亲假、定期休假、停工学习、执行国家或社会义务等原因按计时工资标准或计时工资标准的一定比例支付的工资，以及附加工资、保留工资。

（7）工资总额不包括以下项目。

- 根据国务院发布的有关规定颁发的发明创造奖、自然科学奖、科学技术进步奖及合理化建议和技术改进奖以及支付给运动员、教练员的奖金。
- 有关劳动保险和职工福利方面的各项费用。
- 有关离休、退休、退职人员待遇的各项支出。

- 劳动保护的各项支出。
- 稿费、讲课费及其他专门工作报酬。
- 出差伙食补助费、误餐补助、调动工作的旅费和安家费。
- 对自带工具、牲畜来企业工作职工所支付的工具、牲畜等的补偿费用。
- 实行租赁经营单位的承租人的风险性补偿收入。
- 对购买本企业股票和债券的职工所支付的股息(包括股金分红)和利息。
- 劳动合同制职工解除劳动合同时由企业支付的医疗补助费、生活补助费等。
- 因录用临时工而在工资以外向提供劳动力单位支付的手续费或管理费。
- 支付给家庭工人的加工费和按加工订货办法支付给承包单位的发包费用。
- 支付给参加企业劳动的在校学生的补贴。
- 计划生育独生子女补贴。

14. 缴费人员类别：在三险中，全部的缴费人员类别共有16种，具体名称如表2-14所示。

表2-14 缴费人员类别表

代码	指标名称	代码	指标名称
1	本市城镇职工	19	其他人员
2	外埠城镇职工	20	外地农民工
3	本市农村劳动力	21	本市农民工
4	外埠农村劳动力	22	本市城镇困难灵活就业人员
5	本市城镇个体工商户	34	外籍从业人员
10	本市城镇自由职业人员	29	港、澳、台从业人员
11	本市城镇自谋职业	27	本市城镇自主创业人员
12	退休人员	13	退职人员

注：
"1 本市城镇职工"：
- 若在企业、企业化管理的事业单位或社会团体中工作，又非退休人员，需要参加三险。
- 若在全额或差额拨款的事业单位的正式在编职工，则需要参加养老、失业、工伤和医疗(生育)保险。
- 若在机关单位工作是正式公务员；若是地方机关则需要参加养老、工伤和医疗(生育)保险；若是央属则目前不需要参加工伤和医疗(生育)保险。
- 若在乡镇企业工作，目前国家并没有对乡镇企业及其职工、城镇个体经济组织业主及其从业人员是否参加职工基本医疗保险作出统一规定，而是由各省、自治区、直辖市人民政府根据当地经济发展水平、管理水平等实际作出规定。北京市规定：乡镇企业和与之形成劳动关系的城镇劳动者，应按《北京市企业城镇劳动者养老保险规定》(市政府〔1996〕第1号令)的要求参加养老保险，并由乡镇企业到所在区、县社保经办机构办理手续(《北京市劳动局、北京市乡镇企业局关于转发农业部、劳动部〈关于乡镇企业实行劳动合同制度的通知〉的通知》)。

"2 外埠城镇职工":同"1 本市城镇职工"的参保情况一样。

"3 本市农村劳动力":可以同"1 本市城镇职工"一样。

"4 外埠农村劳动力":参加四险,目前只是失业保险职工个人不缴费,用人单位缴费。

"5 本市城镇个体工商户":个体工商户分两种,一种为有雇工的个体工商户,一种为无雇工的个体工商户。前一种个体工商户参保情况同企业的职工参保情况要求一样;后一种则只需要参加养老、失业和医疗(生育)保险即可。

"10 本市城镇自由职业人员":北京市所称个体劳动者指无雇工的个体工商户雇主;自由职业人员指在没有与单位建立劳动关系期间,依靠提供劳务,并获得合法劳动报酬的人员,退休人员除外。他们可以参加养老保险、失业保险和医疗(生育)保险。本市城镇自由职业人员须在社保经办机构及其分支机构、市(区、县)劳动行政部门开办的人才服务中心和居住地的街道(镇)社保所办理参加社会保险的有关手续。

"11 本市城镇自谋职业":同"10 本市城镇自由职业人员"的参保情况一样,但与前者不同的是,若本市城镇自谋职业为本城镇失业人员、退役军人或就业困难人员等时,可享受社会保险补贴,这将在下一章缴费部分进行详细论述。

"12 退休人员":若是参保单位的退休人员,只能参加医疗(生育)保险,即使与参保单位存在劳动关系的退休人员也一样。

"13 退职人员":参照退休人员的参保处理办法。

"19 其他人员":在北京,事业单位的编内工作人员和编外人员按照规定需要参加四险。若是企业化管理的事业单位的职工则同企业职工的管理方式一样,机关或参公管理的编内人员参加三险。

"20 外地农民工":除失业保险用人单位缴费个人不缴费外,其他同本市城镇职工一样。

"21 本市农民工":除失业保险用人单位缴费个人不缴费外,其他同本市城镇职工一样。

"22 本市城镇困难灵活就业人员":同"11 本市城镇自谋职业者"一样,可享受政府的社会保险补贴。

"34 外籍从业人员":依据《在中国境内就业的外国人参加社会保险暂行办法》(人力资源和社会保障部令第16号),在中国境内就业的外国人,是指依法获得外国人就业证、外国专家证、外国常驻记者证等就业证件和外国人居留证件,以及持有外国人永久居留证,在中国境内合法就业的非中国国籍的人员。若他们在中国境内的单位就业,应当依法参加基本养老保险、基本医疗(生育)保险、工伤保险、失业保险,由用人单位和本人按照规定缴纳社会保险费。

"29 港、澳、台从业人员":在北京,港、澳、台的从业人员在用人单位与其签订劳动合同后,需要按照《社会保险费征缴暂行条例》的规定缴纳社会保险费,参加四险。

"27 本市城镇自主创业人员":同"10 本市城镇自由职业人员"的参保情况一样。

在此可根据参保人员的身份、所在单位的用工性质来选择其中的答案。在此案例中,本职工所在的单位属于北京市企业,属于"本市城镇职工"。

15. 医疗参保人员类别(代码项):根据医疗保险享受待遇的规定,对人员进行的分类。依据参保人员实际情况,并按照地方标准进行填写。例如,北京市的医疗参保人员类别如表2-15所示。

表 2-15 北京的医疗参保人员类别

代码	医疗人员类别	代码	医疗人员类别
11	在职职工	51	两院院士
12	在职长期驻外职工	52	在职优诊待遇人员
13	在职二等乙级伤残军人	53	退休优诊待遇人员
21	退休人员	54	退职优诊待遇人员
22	异地安置的退休人员	55	异地安置的退休优诊待遇人员
23	退职二等乙级伤残军人	56	异地安置的退职优诊待遇人员
24	退休二等乙级伤残军人	57	异地安置的享受优诊医疗待遇离休干部
25	退职人员	61	社会退休人员
26	异地安置的退职人员	62	社会退休异地安置人员
27	异地安置的离休人员	63	社会退职人员
28	异地安置的离休司局级医疗照顾人员	64	社会退职异地安置人员
29	异地安置的离休副部级医疗照顾人员	65	企业改组退休人员
30	享受优诊医疗待遇的离休干部	66	企业改组退休异地安置人员
31	离休	67	企业改组退职人员
32	老红军	68	企业改组退职异地安置人员
33	离休的司局级医疗照顾人员	71	三资退休人员
34	特殊全免人员	72	三资退休异地安置人员
35	在职司局级医疗照顾人员	73	三资退职人员
36	退休司局级医疗照顾人员	74	三资退职异地安置人员
37	在职副部级医疗照顾人员	75	支援乡镇退休人员
38	退休副部级医疗照顾人员	76	支援乡镇退休异地安置人员
39	离休的副部级医疗照顾人员	77	支援乡镇退职人员
40	享受最低保障的在职人员	78	支援乡镇退职异地安置人员
41	享受最低保障的退休人员	81	破产退休人员
42	享受最低保障的退职人员	82	破产退休异地安置人员
43	在职长期驻外司局级医疗照顾人员	83	破产退职人员
44	在职长期驻外副部级医疗照顾人	84	破产退职异地安置人员
45	异地安置的退休司局级医疗照顾人员	85	企业注销吊销退休人员
46	异地安置的退休副部级医疗照顾人员	86	企业注销吊销退休异地安置人员
47	异地安置的退休二等乙级伤残军人	87	企业注销吊销退职人员
48	异地安置的退职二等乙级伤残军人	88	企业注销吊销退职异地安置人员
49	在乡二等乙级伤残军人	89	外地农民工
		91	其他人员

其中,"在职职工"与"退休人员"用得最多。

在本例中,该职工属于"在职职工"。

16. 离退休类别：代码如表2-16所示。

表2-16 离退休类别代码表

代码	离退休类别	代码	离退休类别
1	离休人员	6	工伤退休人员
2	退休人员	7	非工残提前退休人员
3	退职人员	8	退养人员
4	因病提前退休人员	9	其他提前退休人员
5	特殊工种提前退休人员	10	按破产政策提前退休人员

注：

"1 离休人员"：对中华人民共和国成立前参加中国共产党所领导的革命战争、脱产享受供给制待遇的和从事地下革命工作的老干部，达到离职休养年龄的，实行离职休养。此制度是针对干部编制或参加革命、有一定级别的人而言的。离休的年龄因人员类别不同而存在差异。部长、省长以上及相当职务的干部，正职为65周岁，副职为60周岁；行署专员以及相当职务的干部，年满60周岁；其他干部，男为60周岁，女为55周岁；身体不能坚持正常工作的，可以提前离休；确因工作需要又能坚持正常工作的，可适当推迟。"离休"人员依然享受和原职位相同的所有工资福利待遇。

"2 退休人员"：按照国家法律规定年龄正常退休的人员。

"3 退职人员"：根据国发〔1978〕104号的规定，不具备退休条件，由医院证明，并经劳动能力鉴定委员会确认完全丧失劳动能力的工作人员可以办理退职。

"4 因病提前退休人员"：退休时满足"男满50周岁，女满45周岁"、"1998年6月30日（含本日）前参加工作并办理退休和养老保险缴费年限（含视作缴费年限）满10年的职工，1998年7月1日前参加工作其后退休，或1998年7月1日后参加工作、养老保险缴费年限满15年"的职工，"经鉴定为一至四级完全丧失劳动能力"的条件，从而办理了退休的人员。因病退职指经鉴定为一至四级完全丧失劳动能力，但年龄或缴费年限不符合因病提前退休条件的人员。

"5 特殊工种提前退休人员"：从事井下、高空、高温、特别繁重体力劳动和其他有害身体健康工作的，无论是现在从事这类工作或者曾经从事过这类工作，要求：第一，男年满55周岁，女年满45周岁；第二，从事高空和特别繁重体力劳动工作累计满10年的；第三，从事井下、高温工作累计满9年的；第四，从事其他有害身体健康工作累计满8年的。

"6 工伤退休人员"：由社会保险基金支付伤残抚恤金的2003年12月31日前发生工伤并已办理因工致残退休的人员和2004年1月1日后发生工伤、被鉴定为一至四级伤残、达到退休年龄办理退休手续的人员。

"7 非工残提前退休人员"：因病而非因工伤致残而提前退休的人员。

"8 退养人员"：在机构改革、人事制度改革期间，根据特殊政策在未达到法定退休年龄前离岗休养的做法。根据 1993 年国务院第 111 号令、《关于完善城镇社会保障体系的试点方案》(国发〔2000〕42 号)、劳社部发〔2003〕21 号等文件的规定：

- 国务院第 111 号令规定了办理条件、待遇和程序。条件是职工距法定退休年龄 5 年以内；程序是经本人申请，单位批准；待遇是由单位发给生活费，并按规定缴纳社会保险费。职工达到法定退休年龄的，按规定办理退休手续。生活费标准由企业自主确定，但是不得低于省、自治区、直辖市人民政府规定的最低标准。
- 《关于完善城镇社会保障体系的试点方案》(国发〔2000〕42 号)规定，距法定退休年龄不足 5 年或工龄已满 30 年的下岗职工可以办理内退。
- 劳社部发〔2003〕21 号文件规定：企业改制分流时，对距法定退休年龄 5 年内部退养条件的职工，原主体企业或国有法人控股的改制企业经与职工协商一致，可以实行内部退养。职工在改制前已经办理内部退养手续的，一般由原主体企业继续履行与职工的内部退养协议。

17. 离退休日期：离退休人员参加医疗(生育)保险时填写此项，填写日期为正式批准的离退休日期。

18. 定点医疗机构：原则上在用人单位或居住地所在区(县)的基本医疗保险定点医疗机构范围内选择四或五家个人就医的定点医疗机构。其中一家必须是基层医疗机构，另一家为基层医院的上属机构。

19. 是否患有特殊病：是否患癌症放化疗、恶性肿瘤、重症尿毒症或进行了组织或器官的移植。

20. 北京市工作居住证：根据北京市工作居住证记载如实填写。

21. 有效截止日期：北京市工作居住证的有效截止日期，填写北京市工作居住证编码的人员此项为必填项。

22. 委托代发基金银行名称、委托代发基金银行账号：指委托发放社会保险待遇的银行相关信息，请如实填写。

23. 特殊标识(代码项)：参保人根据情况选择。
    (1) 残疾人；(2) 零就业家庭；(3) 随军配偶。

24. 用工形式：按照本人的身份，填写固定工、合同工、农转工或原工商业者中的一种。

25. 工种：技术工人的工种类别。

26. 农转非类别：对由农业户口转为非农业户口人员的分类，如实自填。

27. 批准征地日期：指北京市人民政府批准征地日期，"农转非类别"人员为必填项。

28. 农转工补缴单位名称：实质指农转工补缴单位的名称，具体为农转非人员提供补缴资金的单位中文名称，属"农转非类别"的人员为必填项。

29. 单位负责人、经办人和参保人签字：均使用黑色钢笔或签字笔签署本人姓名。

根据个人所提供的基本信息进行录入，打印出的具体样式如表 2-17 和表 2-18 所示。

项目2 社会保险信息的登记

表2-17 北京市社会保险个人信息登记表

填报单位(公章)：北京×××贸易有限责任公司
统一社会信用代码(组织机构代码)：91110105800229 8××3
社会保险登记证编码：91110105800229 8××3

*参加险种	养老(√)	失业(√)	工伤(√)	医疗(生育)(√)
*姓 名	张××	*公民身份号码(社会保障号码)		110105199008 15××2×
*性 别	女	*出生日期		1990-08-15
*民 族	汉族	*国家/地区		中国
*个人身份	工人	*参加工作日期		2013-01-01
户口所在区县街乡				
*户口所在地地址	北京市东城区××胡同88号		*户口性质	城镇(非农业户口)
*居住地(联系)地址	北京市东城区××胡同88号	*户口所在地邮政编码		100009
*选择邮寄社会保险对账单地址	北京市朝阳区××街道10号	*居住地(联系)邮政编码		100009
获取对账单方式	邮寄	电子邮件地址		
*参保人电话	010-651234××	参保人手机		1590102××××
*证件类型	居民身份证	*证件号码		110105199008 15××2×
*缴费人员类别	本市城镇职工	*医疗参保人员类别		在职职工
离退休类别		离退休日期		
定点医疗机构1	北京航星机器制造公司北京东城航星医院	定点医疗机构2		北京市东城区东外医院东城区东直门社区卫生服务中心
定点医疗机构3		定点医疗机构4		
定点医疗机构5		*是否患有特殊病		无特殊病
*申报月平均工资收入(元)	2 600.00	*文化程度		大专
外籍人员信息				
护照号码		外国人居留证号码		
外国人证件类型		外国人证件号码		

本人目前确属社会保险参保对象，现申请参加社会保险，按照社会保险登记的要求本人已如实填写了上述相关信息，并对所填写的内容真实有效性负责。

单位经办人：马×
单位负责人：伍××
社保经办机构经办人(签章)：
填报日期：2020年10月22日
办理日期： 年 月 日
签字日期：2020年10月22日

*参保人签字：张××

注：表格中带*的项目为必填项，其他有前提条件的必填项请参考指标解释。

表 2-18　北京市社会保险个人信息登记表（副表）

填报单位（公章）：北京×××贸易有限责任公司
统一社会信用代码（组织机构代码）：91110105800 2298××3
社会保险登记证编码：91110105800 2298××3

项目	内容	项目	内容
*姓　名	张××	*公民身份号码（社会保险号码）	110105 1990 0815××2×
婚姻状况		出生地	
联系人姓名	张××	联系人电话	010-651234××
北京市工作居住证编码		有效截止日期	
委托代发基金银行名称	无	委托代发基金银行账号	
特殊标识		用工形式	
工种		农转非类别	
批准征地日期		农转工补缴单位名称	
申报报销单位编号		申报报销单位名称	
社会保险补贴开始日期		社会保险补贴截止日期	
手工报销街道		所在单位名称	
工种补充资料			
特殊工种	工作起始日期	统一社会信用代码（组织机构代码）	

本人目前确属社会保险参保对象，现申请参加社会保险，按照社会保险登记的要求本人已如实填写了上述相关信息，并对所填写的内容真实有效性负责。

参保人签字：　　　　　　　　　　　　　　单位经办人：马××

单位负责人：伍××　　　　　　　　　　　　社保经办机构经办人员：

填报日期：2020 年 10 月 22 日　　　　　　　签字日期：2020 年 10 月 22 日

办理日期：　　年　　月　　日

注：表格中带*的项目为必填项，其他有前提条件的必填项请参考指标解释。

到此为止,参保单位和在职职工的基本信息分别录入完毕,若把此信息导入社保经办机构的数据库,经社保经办机构业务经办人确认,参保信息的登记才算完成。完成信息登记后,用人单位可以得到一个社会保险登记证,如图 2-3 所示,并以此作为社会保险业务发生的凭证;个人可以获得一个社会保障卡,作为社会保险业务往来的证件或凭证。2016 年 10 月 1 日起在全国范围推行"五证合一"改革(即在整合工商营业执照、组织机构代码证和税务登记证的基础上,继续整合社会保险登记证和统计登记证,由工商行政管理部门核发加载法人和其他组织统一社会信用代码的营业执照,社会保险登记证和统计登记证不再另行发放)。"五证合一"改革过渡期至 2018 年 1 月 1 日截止,此前原发证照继续有效,过渡期结束后一律使用加载统一代码的营业执照,未换发的证照不再有效。

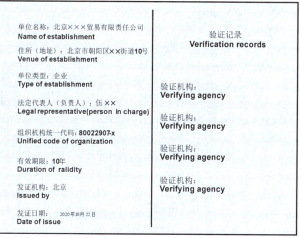

图 2-3 社会保险登记证的样式

2. 存档人员参保

存档人员是指在职介/人才服务中心保存档案、人事关系、工资关系的人员。存档人员有两种:一种为有用人单位归属的存档人员,职介/人才服务中心将会根据企业类型及人员类别来确定缴费比例,并以用人单位的名义到职介/人才服务中心所在地的区(县)社保经办机构办理缴费手续,费用由用人单位和职工共同承担,具体需要填写的表格和业务流程如用人单位一样;另一种为没有用人单位归属的存档人员,由职介/人才服务中心代其参加社会保险。缴费基数和缴费比例由区(县)社保经办机构统一确定,费用全部由个人支付。下面所讲的存档人员参保是指没有用人单位的人员参保。

(1)所需要的材料。
- 身份证。
- 用本人身份证办理的银行借记卡。

(2)办理流程。
- 选择缴纳保险基数标准,填写"社会保险个人信息登记表"并提交个人身份证。
- 签署"存档人员缴纳社会保险协议书",并核对"社会保险个人信息登记表"。

(3)注意事项。
- 参保人应确保在划款时登记的缴费银行卡中有足够的金额缴纳当月保险。
- 签订"存档人员缴纳社会保险协议书"后,由于余额不足或其他原因造成当月划款失败,应及时到中心前来登记申请补缴未扣社会保险。如连续三个月划款失败,则视为自动终止缴纳社会保险协议。

练 习

请将自己作为存档人员,尝试填写表 2-19 的相关内容。

表 2-19 北京市社会保险个人信息登记表

表　　号：京劳社保险 34 表
制表机关：北京市人力资源和社会保障局
批准机关：北京市统计局
批准文号：京统函〔2009〕40 号
有效期至：2030 年 1 月 31 日止

填报单位（公章）：
统一社会信用代码（组织机构代码）：
社会保险登记证编码：

参加险种：	养老（　）	失业（　）	工伤（　）	医疗（生育）（　）
*姓　　名		*公民身份号码		
*性　　别		*出生日期		
民　　族		婚姻状况		
文化程度		*户口性质		
户口所在区县街乡				
*户口所在地地址				*户口所在地邮政编码
*居住地（联系）地址				*居住地（联系）邮政编码
选择邮寄社会保险对账单地址				*邮政编码
*参保人电话		联系人姓名		联系人电话
*参加工作日期		*个人身份		养老缴费基数
缴费人员类别		*医疗（生育）参保人员类别		
离退休类别		离退休日期		
农转非类别		批准征地日期		

项目2 社会保险信息的登记

(续表)

农转工补缴单位名称		*是否患有特殊病	
*代扣个人缴费银行		*代扣卡号或账号	
委托代发基金银行名称			
委托代发基金银行行号		委托代发基金银行账号	
社会保险补贴开始时间		社会保险补贴截止时间	
特殊标识		残疾证编号	
养老保险视同缴费年限		定点医疗机构1	
定点医疗机构2		定点医疗机构3	
定点医疗机构4		定点医疗机构5	
本人目前确属社会保险参保对象，现申请参加社会保险，按照社会保险登记的要求本人已如实填写了上述相关信息，并对所填写内容的真实有效性负责。			

单位负责人：　　　　　　　　　　　　　　　　　　　　　　　　　　　社保经（代）办机构经办人员（签章）：
单位经办人：　　　　　　　　　　　　　　　　　　　　　　　　　　　社保经（代）办机构（盖章）：
填报日期：　　年　　月　　日　　　　　　　　　　　　　　　　　　　办理日期：　　年　　月　　日

*参保人签字：　　　　　　　　　　　　　　　　　　　　　　　　　　　签字日期：　　年　　月　　日

注：1. 此表为灵活就业人员专用。表格中带*号的项目为必填项，其他有前提条件的必填项，请参考指标解释。
2. 代扣个人缴费银行、代扣卡号或账号：委托银行代扣社会保险费的参保人员的银行账户信息，请如实填写。
3. 委托代发基金银行名称、委托代发基金银行行号、委托代发基金银行账号：指委托发放社会保险待遇的银行相关信息，请如实填写。
4. 社会保险补贴开始时间、社会保险补贴截止时间：享受社会保险补贴待遇人员依据劳动部门批准的享受时间如实填写。
5. 特殊标识代码项：参保人根据情况选择。
（1）残疾人；（2）零就业家庭；（3）随军配偶。
6. 残疾人证编号、残疾人根据残疾证选择"残疾人"，此指标为必填项，请根据残疾证如实填写。

2.2.4 特殊业务的处理

1. 变更业务

(1) 参保单位的信息变更。

① 任务一：变更业务。

> 北京×××贸易有限责任公司在 2020 年 11 月 19 日住所发生了变更，由"北京市朝阳区××街道 10 号"变更为"北京市朝阳区 YY 街道 82 号"。
>
> 任务要求：当用人单位在社会保险机构登记的基本信息发生变化时，需要到社保经办机构的业务部门进行信息的变更。用人单位的基本信息主要包括单位名称、住所或地址、法定代表人或负责人、单位类型、统一社会信用代码、经营范围、主管部门、隶属关系、单位缴费专户或其他事项等。

② 任务一的分析。

- 在本案例中，是公司的住所或地址发生了改变，这种改变是同区内的迁移，而非跨区或跨统筹区的变化。
- 公司住所变更后应去市场监督管理部门或类似的主管部门进行变更，变更后拿到相关的证明材料，在 30 天内到所在区的社保经办机构进行"地址"的信息变更。

③ 任务一的业务内容。

要准备好下列相关材料。

- 填写表格"北京市社会保险单位信息登记变更登记表"(表 2-20)。
- 社会保险登记证。
- 工商执照或有关机关批准变更的证明材料。
- 社保经办机构规定的其他相关资料。

表 2-20 北京市社会保险单位信息变更登记表

表　　号：京劳社统保险 35 表
制表机关：北京市人力资源和社会保障局
批准机关：北京市统计局
批准文号：京统函〔2009〕40 号
有效期至：2030 年 1 月 31 日止

填报单位(公章)：
统一社会信用代码(组织机构代码)：
社会保险登记证编码：

变更时间	变更项目	变更前内容	变更后内容
甲	乙	丙	丁

单位负责人：　　　　　　　　　　　　　社保经办机构经办人员(签章)：
单位经办人：　　　　　　　　　　　　　社保经办机构(盖章)：
填报日期：　　年　　月　　日　　　　　办理日期：　　年　　月　　日

注 解

1. 请参保单位提供相关的变更证明材料。
2. 若涉及"社会保险登记证"项目变更,须提供该证原件、新营业执照副本(事业法人证书副本等)复印件。
3. 若统一社会信用代码证号发生变更,则要按新参统的流程进行办理。
4. 若开户银行、账号等相关事项变更,需要提供"北京市同城特约委托收款付款授权书"复印件。
5. 若是工商注册和办公地址发生变更时,社保经办机构也需要进行跨区的调整,参保单位需要办理整体的转入或转出。

(1) 转出。
① 企业持企业法人营业执照(副本),或事业单位持事业单位法人证书(副本),或社会团体持社会团体法人登记证(副本)等证明材料。
② 社会保险登记证原件。
③ 最后一个月的社会保险缴费凭证(银行划款的托收单)。
④ 提交办理用人单位社会保险整体转出的书面申请,并加盖单位公章。
⑤ 填写"北京市社会保险单位信息变更登记表"。

(2) 转入。
① 持"北京市社会保险单位信息变更登记表"(原区(县)社保经办机构盖过公章)。
② 企业持"企业法人营业执照"(副本),或事业单位持"事业单位法人证书"(副本),或社会团体持"社会团体法人登记证"(副本)等证明材料。
③ 社会保险登记证原件。
④ 银行缴费意向书。

(2) 个人的信息变更。
① 任务二:变更业务。

北京×××贸易有限责任公司的参保职工的姓名:张××,其身份号码发生了变化,由原来的110105199008l5××2×变为110105198908l5××3×。

② 任务二的业务分析。
参保人的身份号码是一个关键性的信息,其变更需要到社保经办机构对数据库的信息进行整体的变更。
③ 任务二的业务内容。
要准备好下列相关材料。
- 参保人员的居民身份证及其复印件。
- 填写"北京市社会保险个人信息变更登记表"(表 2-21)。

表 2-21　北京市社会保险个人信息变更登记表

　　　　　　　　　　　　　　　　　　　　　　表　　　号：京劳社统保险 36 表
　　　　　　　　　　　　　　　　　　　　　　制表机关：北京市人力资源和社会保障局
填报单位(公章)：　　　　　　　　　　　　　　批准机关：北京市统计局
统一社会信用代码(组织机构代码)：　　　　　　批准文号：京统函〔2009〕40 号
社会保险登记证编码：　　　　　　　　　　　　有效期至：2030 年 1 月 31 日止

序号	*姓名	性别	*公民身份号码	*变更项目	*变更前内容	*变更后内容
甲	乙	丙	丁	戊	己	庚

单位负责人：　　　　　　　　　　　　　　社保经办机构经办人员(签章)：
单位经办人：　　　　　　　　　　　　　　社保经办机构(盖章)：
填报日期：　　年　　月　　日　　　　　　办理日期：　　年　　月　　日

注　解

> 1. 请参保单位提供相关的变更证明材料。表格中带 * 号的项目为必填项。
> 2. 参保人员姓名、公民身份号码、户口、职务等基本信息变更，单位须持相关变更信息复印件到社保经办机构办理变更。
> 3. 变更参保人员的参加工作时间或视同缴费年限，须提供参加工作证明或经劳动保障行政部门审核后的连续工龄审核表的复印件。
> 4. 电脑序号、公民身份号码、姓名须填写变更前的号码、姓名。
> 5. 在职人员和退休人员、工伤人员需变更信息时应分别填写此表。
> 6. 医疗(生育)保险的基本信息的变更：
> (1) 定点医院机构初次参保后一般要满一年后方可变更，并在备注栏中填写；65 岁以上的退休人员可随时变更基层医院。
> (2) 若变更姓名的，在变更后携带社保经办机构所开具的"变更医疗个人账户户名证明"、医疗手册、医务人员存折和身份证到医保存折所在的银行办理存折账户的信息变更。

2．企业的注销

(1) 任务三：注销业务。

> 　　假如北京×××贸易有限责任公司在成立两个月后因经营不善关闭，已经在市场监督管理部门做过注销，要去办理注销业务。

(2) 任务三的业务分析。

参保单位在社保机构被注销时要求本单位已经没有参保员工，否则就要先把参保单位的员工转出,使其成为零员工状态,此时再做注销。注销业务一定要在主管部门做过注销后的 30 天内持该部门所给予的证明材料到社保机构进行注销。

(3) 任务三的业务内容。

要准备好下列相关材料。

① 市场监督管理局或主管部门核准注销的通知书和收章证明。

② 社会保险登记证原件。

③ 参保单位发生解散、破产、撤销、合并、被吊销营业执照等情况的相关证明。

④ 办理注销月的上月银行托收凭证。

⑤ 填写"单位注销登记情况表"(表 2-22)。

表 2-22　单位注销登记情况表

单位名称(章)：　　　　法人代码：　　　　社会保险登记证编码：　　　　经济类型：

险种 \ 项目	停止缴费时间		缴费终止月人数		缴费终止月金额(元)	社保中心财务岗经手人(签字)	社保中心业务岗经手人(签字)	社保中心业务岗负责人(签字)	备注
	年度	月份	在职(人)	退休(人)					
养老保险									
失业保险									
工伤保险									
医疗(生育)保险									
撤户原因									

停缴单位经办人：　　　　社会保险登记部经办人：　　　　负责人：　　　　日　期：

参保单位先将有关证明材料交到社会保险登记岗备案,填写社会保险登记岗发放的"单位注销登记情况表",持此表到各业务部门办理相关手续,并由经手人和部门负责人签字认可后,参保单位将"单位注销登记情况表"连同社会保险登记证交回社会保险登记岗进行注销处理。

模块 2.3　业务实训与演练

2.3.1　业务训练(一)

本业务训练的目标是了解参保单位和员工基本的信息构成。

1. 内容

新成立一个企业,并为其招用 6—10 个员工,设计企业和员工的基本信息。

2. 要求

(1) 设计企业的名称、地点、业务内容、成立时间、性质、人员构成、工资待遇、单位负责人、缴费业务负责人等基本要素。

(2) 设计员工的基本信息。

(3) 对本企业的基本信息和员工信息进行参保登记。

2.3.2 业务训练(二)

本业务训练的目标是训练用人单位社保业务负责人和社保经办机构业务负责人对新参保业务的熟悉程度。

1. 内容

"张三",性别:男;公民身份号码:110105××××08156922;本市城镇居民;民族:汉;文化程度:大专;已婚;户口所在街道:北京市××区××街道88号;邮政编码:100011;居委会:××区××居委,联系电话:6512××56;联系人:张全,联系电话:6512××57。现在没在任何单位上班,在北京能否参保?假如能参保,请问需要具体做什么业务?

2. 要求

(1) 若不能参保,请写出原因。

(2) 若能参保,也请写出原因,并写出办理业务的流程,同时为其填写相应的业务表格。

2.3.3 业务训练(三)

本业务训练的目标是训练参保单位的社保业务负责人和社保经办机构业务负责人对参保单位信息变更业务的熟悉程度。

1. 内容

假如你公司搬家,从北京的朝阳区搬到海淀区,要在社保经办机构做何种业务?假如因成本问题,你单位又从海淀区搬迁到河北廊坊,作为企业的社保业务负责人,应在社保经办机构做何种业务?

2. 要求

写出办理业务的流程,填写相应的表格。

项目 3

社会保险费用的征缴业务

学习内容

模块 3.1　知识要点的回顾
模块 3.2　业务演示与讲解
模块 3.3　业务实训与演练

实训目标

1. 工作内容与人员要求

本模块的项目内容是参保单位和参保人向社保经办机构办理缴费。根据参保单位的参保时间、参保地点、单位性质、参保人员的类别和参加险种等不同,缴费标准呈现出相对多样性。本部分将根据缴费业务的发生过程来具体介绍征缴业务的具体任务和完成任务的能力要求。

社会保险费用的征缴是社会保险工作的重要保障。因为费用的征缴涉及用人单位成本和利润,涉及参保人的长期利益,所以对征缴单位、用人单位和个人都提出了严格的操作要求。

2. 实训目标

完成本项目的实训过程后应能够:
- 了解征缴岗位的工作任务和职责要求;
- 熟练应用社会保险费用的征缴政策;
- 根据业务能够正确填写登记和核对业务表格的内容;
- 熟悉登记业务的办事流程。

工作任务

1. 任务导入

北京×××贸易有限责任公司,2020 年 10 月份刚刚成立,招用了 10 名员工,其情况如表 3-1 所示,现要为这 10 名员工缴纳社会保险。

表 3-1 10 名员工的具体情况表

序号	性别	公民身份号码	姓名	缴费人员类别	第一个月工资(元)	在京是否已参过保
1	男	11010519801210××××	A	本市城镇职工	9 000	是
2	男	12310519820410××××	B	外埠城镇职工	6 000	否
3	女	11011119680722××××	C	本市城镇职工	4 000	是
4	男	11010119770524××××	D	本市城镇职工	2 500	是
5	女	41011019760521××××	E	外埠城镇职工	3 000	是
6	女	43211019760206××××	F	外埠城镇职工	3 000	否
7	男	44232419770922××××	G	外埠城镇职工	3 000	是
8	女	11011119781108××××	H	本市城镇职工	4 500	是
9	女	13210119720924××××	I	外市农民工	2 400	否
10	男	11030319780304××××	J	本市农民工	2 400	是

2. 任务分析

参保范围的质疑：企业及其员工都需要参加哪些险种？

业务关系的思考：企业、个人与社保中心的业务关系是企业和个人要缴纳保险费给社保经办机构，社保经办机构负责收缴企业和个人的社会保险费用。

我们可用图 3-1 表示参保单位、个人与社保经办机构之间的关系。

(1) 情况分析。

从图 3-1 可知，参保单位、参保个人与社保经办机构三方共同构成了社会保险缴费过程的主体。根据参保个人是否拥有单位可分为以下两种情况。

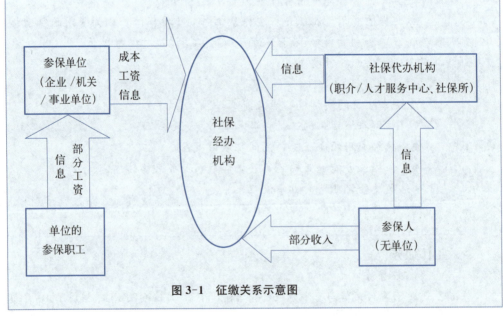

图 3-1 征缴关系示意图

第一种情况是有单位的参保人,即社会保险规定必须缴纳保险的单位员工,如图 3-1 左边所示。单位员工把自身的基本信息和一定比例的工资(保险费)交给单位社保业务负责人,单位拿出自己一部分成本并提供本企业的基本信息,单位社保业务负责人把这一切提供给社保经办机构的征缴岗位。信息进入社会保险的数据库,单位和参保人所缴纳的社会保险费进入社会保险基金库,从而完成了社会保险费的缴纳。

第二种情况是无单位的参保人,如图 3-1 右边所示。部分参保人是自由职业者、弹性就业人员或委托存档人员。他们没有工作单位,社会保险目前对他们进行自愿化管理,即若他们愿意或有能力可以申请加入社会保险体系。目前政府下属的社保经办机构的业务主要针对单位,不直接对个人办理业务,因此这批人的参保需要依赖于社保代办机构,他们把自身的基本信息提供给政府下属的社保代办机构,代办机构如同企业的社会保险业务的经办人,把参保人员的基本信息提供给社保经办机构,并作为媒介建立两者收支关系的渠道,但参保人的基金并不通过代办机构,由社保经办机构直接从参保人的缴费账户上收取。随着社会就业形式的变化,弹性就业形式越来越普遍,用工形式越来越灵活,如图 3-1 右边所示的参保人将会越来越多。

(2)过程分析。

本任务应属于第一种情况,即有单位的参保人,故首先要做的就是建立企业、职工和社保经办机构三者的缴费关系;其次,确定缴费种类、缴费基数、缴费比例和费用总额;最后,确定缴费方式与缴费过程。

(3)缴费的要求。

建立参保单位与参保员工的关系,明确参保单位与社保经办机构的缴费财务往来。

(4)缴费流程的基本步骤。

- 确定缴费成员。
- 确定险种、基数、比例和费用总额。
- 申报。
- 划拨。
- 核对。

模块 3.1 知识要点的回顾

3.1.1 国家的基本规定

国家关于社会保险费征缴的政策规定和机构配置如图 3-2 所示。

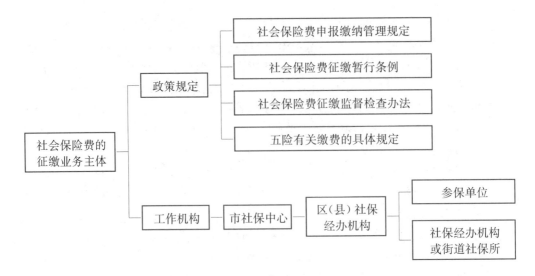

图 3-2 国家的政策规定和机构配置

国家关于社会保险费的征缴共性问题的规定目前有效的有：《社会保险费征缴暂行条例》（国务院令第 259 号），《社会保险费申报缴纳管理规定》（人力资源和社会保障部令第 20 号），《社会保险费征缴监督检查办法》（劳动和社会保障部令第 3 号），财政部、原劳动和社会保障部《社会保险基金财务制度》（财社字〔1999〕60 号）。除此之外，每一险种又有具体的规定。地方的缴纳管理规定则是据此并结合本地情况制定的。

一般情况下，市社保中心负责全市社会保险基金的统一征缴及管理工作，并负责指导、监督、检查社保经办机构、街道社保所的业务工作；社保经办机构负责辖区内参保单位和参保人员参加社会保险的具体经办与管理工作；区（县）社保经办机构负责监督指导街道社保所及社保代理处的业务工作；街道社保所负责居民户口在本辖区内的个体工商户雇主和受雇人员及享受社会保险补贴人员等参加社会保险的代理业务；社保代理处负责城镇个人委托存档人员、自由职业人员等参加社会保险的代理业务。

现对其要点进行基本的总结。

1. 有关征缴的规定

（1）《社会保险费征缴暂行条例》。

《社会保险费征缴暂行条例》是 1999 年 1 月 14 日国务院第 13 次常务会议通过的，根据 2019 年 3 月 24 日《国务院关于修改部分行政法规的决定》第一次修订，目前仍行之有效。该条例主要涉及以下内容。

① 确定缴费主体。缴费单位和缴费个人是指依照有关法律、行政法规和国务院的规定，应当缴纳社会保险费的用人单位和个人。在此对"缴费单位"和"单位员工"有统一的规定，地方可根据情况确定地区性的"应当"，其范围应大体接近国家的规定。除此之外，各省、自治区、直辖市可根据经济发展程度和实施情况在"应当"外增加部分"自愿"的"缴费个人"。

② 缴费要求。缴费单位、缴费个人"应当按时足额"缴纳社会保险费。"应当"在此是"必须"之意；"足额"是指社会保险费要按险种的规定标准缴纳。"按时"有两层意思，具体如下所述。

第一层，按时开始与停止。缴费单位应当自成立之日起 30 日内办理企业和员工信息的登记并进行缴费,以后就需要每月都如此缴纳。"按月缴纳"是指社会保险费一般做的是月报,所以缴费单位必须按月向社保经办机构申报应缴纳的社会保险费数额,经社保经办机构核定后,在规定的期限内缴纳社会保险费。"停止缴纳"是指若缴费单位依法终止经营,应当自终止之日起 30 日内,到社保经办机构办理注销,从而停止缴费行为。

第二层,不按时的罚则。

- 提高基数。缴费单位不按规定时间和要求申报应缴纳的社会保险费数额,由社保经办机构暂按该单位上月缴费数额的 110%确定应缴数额;没有上月缴费数额的,由社保经办机构暂按该单位的经营状况、职工人数等有关情况确定应缴数额。缴费单位补办申报手续并按核定数额缴纳社会保险费后,由社保经办机构按照规定结算。

- 加收滞纳金。缴费单位未按规定缴纳和代扣代缴社会保险费的,由劳动保障行政部门或者税务机关责令限期缴纳;逾期仍不缴纳的,除补缴欠缴数额外,从欠缴之日起,按日加收千分之二的滞纳金。《社会保险法》颁布实施后,自 2011 年 7 月 1 日起,滞纳金的标准修改为万分之五。滞纳金归进社会保险基金。

- 违规罚款。未按照规定申报应缴纳的社会保险费数额的,由劳动保障行政部门责令限期改正;逾期仍不缴纳的,由有关行政部门处欠缴数额一倍以上三倍以下的罚款。情节严重的,对直接负责的主管人员和其他直接责任人员可以处 1 000 元以上 5 000 元以下的罚款;情节特别严重的,对直接负责的主管人员和其他直接责任人员可以处 5 000 元以上 10 000 元以下的罚款。缴费单位违反有关财务、会计、统计的法律、行政法规和国家有关规定,伪造、变造、故意毁灭有关账册、材料,或者不设账册,致使社会保险费缴费基数无法确定的,除依照有关法律、行政法规的规定给予行政处罚、纪律处分、刑事处罚,提高基数征缴;延迟缴纳的除加收滞纳金外,并对直接负责的主管人员和其他直接责任人员处 5 000 元以上 20 000 元以下的罚款。

- 强制征缴。缴费单位逾期拒不缴纳社会保险费、滞纳金的,由劳动保障行政部门或者税务机关申请人民法院依法强制征缴,社会保险费不得减免。

以上罚则若缴费单位的缴费个人对劳动保障行政部门或者税务机关的处罚决定不服的,可以依法申请复议;对复议决定不服的,可以依法提起诉讼。

③ 征缴监督机构的职责。

- 社保经办机构或税务机关的征缴职责。国务院劳动保障行政部门负责全国的社会保险费征缴管理和监督检查工作。县级以上地方各级人民政府劳动保障行政部门负责本行政区域内的社会保险费征缴管理和监督检查工作。社会保险费的征收机构由省、自治区、直辖市人民政府规定,由税务机关征收。

- 财政部门和审计部门的职责。社会保险基金实行收支两条线管理,由财政部门依法进行监督。审计部门依法对社会保险基金的收支情况进行审计。

- 罚则。劳动保障行政部门、社保经办机构或者税务机关的工作人员滥用职权、徇私舞弊、玩忽职守,致使社会保险费流失的,由劳动保障行政部门或者税务机关追回流失的社会保险费;构成犯罪的,依法追究刑事责任;尚不构成犯罪的,依法给予行政处分。

④ 缴纳方式。

缴费单位和缴费个人应当以"货币"形式全额缴纳社会保险费。有单位的缴费个人应当缴纳的社会保险费,由所在单位从其本人工资中代扣代缴。

(2)《社会保险费申报缴管理规定》

依据《社会保险费征缴暂行条例》(国务院令第259号),原劳动和社会保障部制定了《社会保险费申报缴纳管理暂行办法》(劳动和社会保障部令第2号,2013年11月1日起废止),对社会保险费的申报工作进行了更加详细的规定。2013年9月,《社会保险费申报缴纳管理规定》(人力资源和社会保障部令第20号)经人力资源社会保障部第114次部务会审议通过,自2013年11月1日起施行。其涉及的要点如下。

① 适用范围。

用人单位进行缴费申报和社保经办机构征收社会保险费,适用本规定。本规定所称社会保险费,是指由用人单位及其职工依法参加社会保险并缴纳的职工基本养老保险费、职工基本医疗保险费、工伤保险费、失业保险费和生育保险费。

② 申报时限。

- 定期申报。用人单位应当按月在规定期限内到当地社保经办机构办理缴费申报。在一个缴费年度内,用人单位初次申报后,其余月份可以只申报前款规定事项的变动情况;无变动的,可以不申报。

- 特殊条件下申报。用人单位到社保经办机构办理社会保险缴费申报有困难的,经社保经办机构同意,可以邮寄申报。邮寄申报以寄出地的邮戳日期为实际申报日期。有条件的地区,用人单位也可以按照社保经办机构的规定进行网上申报。用人单位因不可抗力,不能按期办理缴费申报的,可以延期申报;不可抗力情形消除后,应当立即向社保经办机构报告。社保经办机构应当查明事实,予以核准。

- 审核要求。用人单位应当向社保经办机构如实申报《社会保险费申报缴管理规定》第四条、第五条所列申报事项。用人单位申报材料齐全、缴费基数和费率符合规定、填报数量关系一致的,社保经办机构核准后出具缴费通知单;用人单位申报材料不符合规定的,退用人单位补正。社保经办机构在开展社会保险稽核工作过程中,发现用人单位未如实申报造成漏缴、少缴社会保险费的,按照《社会保险法》第八十六条的规定处理。

- 缴纳时限。用人单位应当自用工之日起30日内为其职工申请办理社会保险登记并申报缴纳社会保险费。未办理社会保险登记的,由社保经办机构核定其应当缴纳的社会保险费。

③ 缴费方式。

用人单位应当持社保经办机构出具的缴费通知单在规定的期限内采取下列方式之一缴纳社会保险费:

- 到其开户银行或者其他金融机构缴纳;
- 与社保经办机构约定的其他方式。

社保经办机构、用人单位可以与银行或者其他金融机构签订协议,委托银行或者其他金融机构根据社保经办机构开出的托收凭证划缴用人单位和为其职工代扣的社会保险费。

④ 费用处理。

- 征收的社会保险费应当存入社保经办机构按照规定开设的社会保险基金收入户。社保经办机构应当按照有关规定定期将收到的基金存入依法开设的社会保险基金财政专户。

- 社保经办机构对已征收的社会保险费,根据用人单位实际缴纳额(包括代扣代缴额)和代扣代缴明细,按照国家有关规定进行记账。用人单位应当按月将缴纳社会保险费的明细情况告知职工本人。用人单位应当每年向本单位职工代表大会通报或者在本单位住所的显著位置公布本单位全年社会保险费缴纳情况,接受职工监督。

- 社保经办机构应当及时、完整、准确地记录用人单位及其职工的缴费情况,并将缴费情况定期告知用人单位和职工。用人单位和职工有权按照《社会保险个人权益记录管理办法》等规定查询缴费情况。社保经办机构应当至少每年一次向社会公布社会保险费征收情况,接受社会监督。

(3)《社会保险费征缴监督检查办法》。

依据《社会保险费征缴暂行条例》,原劳动和社会保障部于1999年3月19日制定了《社会保险费征缴监督检查办法》。

① 监督机构。

依据此条例,社会保险费征缴监督的主要机构为劳动保障行政部门,主要负责社会保险费征缴的监督检查工作,对违反条例和监督检查办法规定的缴费单位及其责任人员,依法作出行政处罚决定,并可以按照条例规定委托社保经办机构进行与社会保险费征缴有关的检查、调查工作。

② 监督职责。

监督的主要职责包括监督检查和行政处罚,具体内容为对缴费单位进行检查、调查取证、拟定行政处罚决定书、送达行政处罚决定书、拟定向人民法院申请强制执行行政处罚决定的申请书、受理群众举报等。

监督检查的范围是:县级以上地方各级劳动保障行政部门对缴费单位监督检查的管辖范围,由省、自治区、直辖市劳动保障行政部门依照社会保险登记、缴费申报和缴费工作管理权限,制定具体规定。

检查的具体内容如下。

- 缴费单位向社保经办机构申报缴费的情况。
- 缴费单位缴纳社会保险费的情况。
- 缴费单位代扣代缴个人缴费的情况。
- 缴费单位向职工公布本单位缴费的情况。
- 法律、法规规定的其他内容。

在行使监督检查时,劳动保障监察人员执行监察公务和社保经办机构工作人员进行调查、检查时,行使下列职权。

- 可以到缴费单位了解遵守社会保险法律、法规的情况。
- 可以要求缴费单位提供与缴纳社会保险费有关的用人情况、工资表、财务报表等资料,询问有关人员,对缴费单位不能立即提供有关参加社会保险情况和资料的,可以下达劳动保障行政部门监督检查询问书。
- 可以记录、录音、录像、照相和复制有关资料。

同时,应承担下列义务。

- 依法履行职责,秉公执法,不得利用职务之便谋取私利。
- 保守在监督检查工作中知悉的缴费单位的商业秘密。
- 为举报人员保密。

③ 监督方式。

- 按月相互通报制度。劳动保障监察机构与社保经办机构应当建立按月相互通报制度。社保经办机构应当及时将需要给予行政处罚的缴费单位情况向劳动保障监察机构通报,劳动保障监督机构应当及时将查处违反规定的情况通报给社保经办机构。

- 社会监督。劳动保障行政部门应当向社会公布举报电话,设立举报信箱,指定专人负责接待群众投诉;对符合受理条件的举报,应当于7日内立案受理,并进行调查处理,且一般应当于30日内处理结案。
- 年检制度。劳动保障行政部门应当建立劳动保障年检制度,进行劳动保障年度检查,掌握缴费单位参加社会保险的情况;对违反条例规定的,应当责令其限期改正,并依照条例规定给予行政处罚。
- 罚则。缴费单位有下列行为之一,情节严重的,对直接负责的主管人员和其他直接责任人员处以1 000元以上5 000元以下的罚款;情节特别严重的,对直接负责的主管人员和其他直接责任人员处以5 000以上10 000元以下的罚款:第一,未按规定办理社会保险登记的;第二,在社会保险登记事项发生变更或者缴费单位依法终止后,未按规定到社保经办机构办理社会保险变更登记或者社会保险注销登记的;第三,未按规定申报应当缴纳社会保险费数额的。

缴费单位或者缴费单位直接负责的主管人员和其他直接责任人员的罚款,必须全部上缴国库。若缴费单位对行政处罚决定不服的,可以于15日内向上一级劳动保障行政部门或者同级人民政府申请行政复议。对行政复议决定不服的,可以自收到行政复议决定之日起15日内向人民法院提起行政诉讼。行政复议和行政诉讼期间,不影响该行政处罚决定的执行。若缴费单位或者缴费单位直接负责的主管人员和其他直接责任人员,在15日内拒不执行劳动保障行政部门对其作出的行政处罚决定,又不向上一级劳动保障行政部门或者同级人民政府申请行政复议,或者对行政复议决定不服,又不向人民法院提起行政诉讼的,可以申请人民法院强制执行。劳动保障行政部门和社保经办机构的工作人员滥用职权、徇私舞弊、玩忽职守,构成犯罪的,依法追究刑事责任;尚不构成犯罪的,给予责任人员行政处分。

2. 有关五险缴费的具体规定

(1) 养老保险的征缴规定。

有关养老保险费的缴纳标准主要依据《国务院关于建立统一的企业职工基本养老保险制度的决定》(国发〔1997〕26号)、《关于完善城镇职工基本养老保险政策有关问题的通知》(劳社部发〔2001〕20号)和《国务院关于完善企业职工基本养老保险制度的决定》(国发〔2005〕38号)。《国务院关于建立统一的企业职工基本养老保险制度的决定》统一了企业和职工缴纳基本养老保险费的比例;《关于完善城镇职工基本养老保险政策有关问题的通知》补充完善了针对各类参保人群缴纳费用的具体规定;《国务院关于完善企业职工基本养老保险制度的决定》则是对国发26号的进一步完善和调整;《社会保险法》颁布实施后这些条例仍旧有效。

具体内容如下。

① 缴费主体。

- 国家相对统一的规定。在《国务院关于完善企业职工基本养老保险制度的决定》里规定养老保险的覆盖范围"要逐步扩大到城镇所有企业及其职工","城镇个体劳动者"也要逐步包括进来。

城镇企业的职工在《关于完善城镇职工基本养老保险政策有关问题的通知》和《国务院关于完善企业职工基本养老保险制度的决定》里又进一步明确了规定,具体内容如表3-2所示。

表 3-2 关于缴费主体和缴费方式的规定

缴费主体	主 体 条 件	缴费与方式
参保人	存在正常的劳动关系的职工	按月缴费
	下岗职工协议期满出中心时,实行劳动合同制以前参加工作、年龄偏大且接近企业内部退养条件、再就业确有困难的	按月缴费
	失业人员实现与用人单位签订劳动合同 自谋职业者 灵活方式再就业	按月缴费 按月、季、半年、年度合并缴纳均可
	城镇个体工商户(包括有雇工) 自由职业者 灵活就业者	按月、季、半年、年度合并缴纳均可
	存在劳动关系的农民合同制职工	按月缴费
	机关事业单位的职工	按月缴费
	破产企业的职工	一次性补缴
	因病、非因工致残完全丧失劳动能力并与用人单位终止劳动关系的退职人员	不缴
参保单位	正常	按月缴费
	经营困难	申请缓缴
	破产企业欠缴的养老保险费要按有关规定在资产变现收入中予以清偿	清偿缴费
	清偿欠费确有困难的企业	清偿缴纳单位划转部分,其余可申请核销
	机关事业单位	按月缴费

注 解

1. 对于因病、非因工致残,经当地劳动能力鉴定机构认定完全丧失劳动能力,并与用人单位终止劳动关系的职工,需要由本人申请,经社保经办机构审核,经地级劳动保障部门的批准,才可以办理退职,领取退职生活费。

2. 经营困难的企业可申请暂时的缓缴。破产企业的养老保险费要按有关规定在资产变现收入中予以清偿;清偿欠费确有困难的企业,其欠缴的养老保险费包括长期挂账的欠费,除企业缴费中应划入职工个人账户部分外,经社保经办机构同意,劳动保障部门审核,财政部门复核,报省级人民政府批准后可以核销。职工按规定的个人缴费比例补足个人账户资金后,社保经办机构要按规定及时记录,职工的缴费年限予以承认。

3. 特殊时期用人单位可以申请免缴。2020 年 6 月 22 日,人力资源和社会保障部、财政部、税务总局印发《关于阶段性减免企业社会保险费的通知》(人社部发〔2020〕11 号),

> 自2020年2月起阶段性减免企业基本养老保险、失业保险、工伤保险用人单位的缴费部分。其中,中小微企业三项社会保险的单位缴费部分免征时间为2020年2月至2020年12月。大型企业的三项社会保险用人单位缴费部分减半征收,免征时间为2020年2月至2020年6月底。有雇工的个体工商户以用人单位的方式参加三项社会保险的,继续参照企业办法享受单位缴费减免和缓缴政策。机关事业单位不在免征范围内。

企业缴纳的基本养老保险费,按本企业职工工资总额和当地政府规定的比例在税前提取,由企业开户银行按月代为扣缴。

- 地方的规定(以北京为例)。北京市有关养老保险的缴费主体与缴费方式的规定如表3-3所示。

表3-3 北京市缴费主体与缴费方式的规定

缴费主体	主 体 条 件	缴费与方式
参保人	本市及外埠非农业户籍的城镇职工	按月缴费
	存在劳动关系的农民合同制职工	按月缴费
	本市非农业户籍,依法经核准登记的个体工商户	按月缴费
	以非全日制、临时性、弹性工作等形式灵活就业的人员	按月缴费
	建设征地转非劳动力	按月缴费
	整建制农转居人员	按月缴费
	被保险人在被判刑、劳动教养期间	不缴
	未参保的城乡居民	按月缴费
	机关事业单位的职工	按月缴费
参保单位	本市行政区域内的企业: 国有、集体、私营、外资、部分事业单位	按月缴费
	经营困难	申请缓缴
	破产企业欠缴的养老保险费要按有关规定在资产变现收入中予以清偿	清偿缴费
	清偿欠费确有困难的企业	清偿缴纳单位划转部分,其余可申请核销
	机关事业单位	按月缴费

② 缴费基数与比例。

- 国家相对统一的规定。基本养老保险基金的筹集是由"缴费基数"和相应的"缴费比例"决定的。"缴费基数"和"缴费比例"在《国务院关于企业职工养老保险制度改革的决定》(国发〔1991〕33号)中规定:地方"政府根据支付费用的实际需要和企业、职工的承受能力,按照以支定收、略有结余、留有部分积累的原则统一筹集。具体的提取比例和积累率,由省、自治区、直辖市人民政府经实际测算后确定,并报国务院备案"。国家在养老保险制度改革初期并没有统一硬性的规定,只是要求"职工个人缴纳基本养老保险费"的标准开始时可"不超过本人标准工资的3%","以后随着经济的发展和职工工资的调整再逐步提高"。

《国务院关于深化企业职工养老保险制度改革的通知》(国发〔1995〕6号)提出:为适应各地区的不同情况,对实行社会统筹与个人账户相结合提出两个实施办法,"由地、市(不含县级市)提出选择意见报省、自治区人民政府批准,直辖市由市人民政府选择,均报劳动部备案。各地区还可以结合本地实际,对两个实施办法进行修改完善"。

《国务院关于深化企业职工养老保险制度改革的通知》的两个实施办法如表3-4所示。

表3-4 两个实施办法的相关内容比较

	企业职工基本养老保险社会统筹与个人账户相结合实施办法之一	企业职工基本养老保险社会统筹与个人账户相结合实施办法之二
缴费工资基数	上限:当地职工平均工资200%或300%; 下限:当地职工平均工资60%	上限:当地职工平均工资300%; 下限:当地职工平均工资60%
	个体工商户本人、私营企业主等非工薪收入者,可以当地上一年度职工月平均工资作为缴费的基数	个体工商户本人、私营企业主等非工薪收入者,可以当地全部职工月平均工资作为缴费基数
缴费的比例	职工按不低于个人缴费工资基数3%的比例缴费,以后一般每两年提高1个百分点,最终达到个人账户养老保险费的50%	职工按当地政府规定的比例缴费。具体比例由当地政府根据本地实际需要和职工承受能力逐步提高
	个体工商户本人、私营企业主等非工薪收入者由个人按当地上一年度职工月平均工资的20%左右的费率缴费。其中,4%左右进入社会统筹基金,16%左右进入个人账户	个体工商户本人、私营企业主等非工薪收入者的缴费比例不超过当地企业缴费比例与个人缴费比例之和,具体比例由当地政府规定
	企业按职工工资总额的一定比例缴费	企业按当地政府规定的比例缴费
个人账户	从企业缴纳的养老保险费中按个人缴费工资基数的一定比例划转记入的部分,与个人缴纳两项合计为基数的11%左右。随着个人缴费比例的提高,从企业划转记入的比例相应降低	企业缴费中,职工缴费工资基数高于当地职工平均工资200%以上至300%的部分,可以全部或者一部分记入个人账户
	个体工商户本人、私营企业主等非工薪收入者:上一年度职工月平均工资的16%左右进入个人账户	无具体规定

此实施办法是目前养老保险缴费基数确定的依据之一,在缴费比例上有较大的差异性。虽然没有对养老保险的缴费基数作统一的规定,但目前缴费基数大部分都采用上限300%,下限目前也是根据当地用人单位和职工的实际承受能力有相对的变动。

但是,缴费比例在《国务院关于完善企业职工基本养老保险制度的决定》中作了统一的硬性规定:"从2006年1月1日起,个人账户的规模统一由本人缴费工资的11%调整为8%,全部由个人缴费形成,单位缴费不再划入个人账户";城镇个体工商户和灵活就业人员参加基本养老保险的缴费基数为当地上年度在岗职工平均工资,缴费比例为20%,其中8%记入个人账户。

在《社会保险法》颁布以前,国家没有出台对农民工社会养老保险的缴费基数和缴费比例的统一规定,在缴费比例上大多参照当时城镇企业职工的比例进行确定,缴费基数却差异较大。在《社会保险法》颁布实施后,农民工的缴费基数、缴费比例同城镇职工一样。

● 地方的规定(以北京为例)。依据国家的规定,北京的有关缴费基数的规定也进行了相应的调整,如表 3-5 所示。

表 3-5 北京有关缴费的规定

	1998 年的 2 号令	2006 年的 183 号令
缴费工资基数	职工:上限:本市职工平均工资 300%; 下限:本市职工最低工资标准	职工:上限:本市职工平均工资 300%; 下限:本市职工平均工资 60%
	企业:按全部被保险人缴费工资基数之和	企业:全部城镇职工缴费工资基数之和
	个体工商户、灵活就业人员等以上一年度职工月平均工资作为缴费的基数	个体工商户、灵活就业人员等以上一年度职工月平均工资作为缴费的基数
缴费的比例	被保险人以本人上一年度月平均工资作为缴费工资基数,按一定比例缴纳基本养老保险费。1998 年被保险人缴费比例为 5%,自 1999 年 1 月起提高到 6%,以后每两年提高 1 个百分点,最终达到 8%	城镇职工以本人上一年度月平均工资作为缴费工资基数,按照 8% 的比例缴纳基本养老保险费,全额计入个人账户
	企业:19%	企业:20%
	城镇个体工商户和灵活就业人员参加基本养老保险的缴费基数为当地上年度在岗职工平均工资,缴费比例为 20%	城镇个体工商户和灵活就业人员参加基本养老保险的缴费基数为当地上年度在岗职工平均工资,缴费比例为 20%
个人账户	从企业缴纳的养老保险费中按个人缴费工资基数的一定比例划转记入的部分,本规定实施后企业缴费部分按 6% 的比例划入,与个人缴纳两项合计为基数的 11% 左右。自 1999 年 1 月起按 5% 划入,以后每两年降低 1 个百分点,最终降至 3%	城镇职工以本人上一年度月平均工资为缴费工资基数,按照 8% 的比例缴纳基本养老保险费,全额计入个人账户,不再有个人划转部分
	城镇个体工商户和灵活就业人员以本市上年度在岗职工平均工资的 8% 记入个人账户	城镇个体工商户和灵活就业人员以本市上年度在岗职工平均工资的 8% 记入个人账户

目前北京操作的主要是 183 号令。有关参保单位职工的上年月平均工资的规定,在具体操作过程要按以下办法来确定缴费基数。

第一,新参加工作或失业后再就业的人员,转业、复员、退伍军人,由机关或其他企、事业单位调(转)入企业的人员,缴纳基本养老保险费时,以进入本企业工作第一个月的工资作为当年各月缴费工资。从第二年起,以本人上一年在本企业实发放的月平均工资作为缴费工资。

第二,经企业批准请长假保留劳动关系,但不支付工资的人员,企业应与其签订书面协议。第一年,以其请假的上一年度本人月平均工资作为缴费工资;次年起按协议约定的缴费工资以及各自负担的数额作为缴费工资。

第三,在医疗期内的病休人员,其病休期间领取的病假工资或疾病救济费(在不足整年度时与当年非病休期间的工资合并计算)作为第二年缴费工资。

第四,因工致残被鉴定为五至六级伤残并领取伤残津贴的工伤职工,以领取的伤残津贴(在不足整年度时与当年未发生伤残期间的工资合并计算)作为第二年缴费工资。

第五,被派到港、澳、台地区和境外工作的人员,派出当年按本人上一年度月平均工资作为缴费工资。次年起按企业与被保险人约定的缴费工资缴纳。

第六,被企业外派、外借及劳务输出到其他单位工作的人员,其在其他单位领取的劳务收入应由被保险人向派出单位备案,并与派出单位发放的工资共同作为缴费工资。

第七,个体工商户雇工的基本养老保险费,由个体工商户和雇工以雇工本人上一年度月平均工资为缴费工资,分别按 20% 和 8% 的比例缴纳。

北京市历年来的具体缴费基数与缴费比例见书末附录 B。

③ 补缴的规定。

- 国家相对统一的规定。

第一,提高基数。缴费单位不按规定申报应缴纳的社会保险费数额的,由社保经办机构暂按该单位上月缴费数额的 110% 确定应缴数额;没有上月缴费数额的,由社保经办机构暂按该用人单位的经营状况、职工人数等有关情况确定应缴数额。缴费单位补办申报手续并按核定数额缴纳社会保险费后,由社保经办机构按照规定结算。

第二,加收滞纳金。缴费单位未按规定缴纳和代扣代缴社会保险费的,由劳动保障行政部门或者税务机关责令限期缴纳;逾期仍不缴纳的,除补缴欠缴数额外,从欠缴之日起,在 2011 年 7 月 1 日前,按日加收千分之二的滞纳金。2011 年 7 月 1 日后,按日加收万分之五的滞纳金,滞纳金并入社会保险基金。

- 地方的规定:以北京为例。

第一,2 号令规定:用人单位违反规定,不按期缴纳、拒缴、漏缴或者少缴基本养老保险费的,由社保经办机构限期催缴,并从逾期之日起,按日加收欠缴金额千分之二的滞纳金。滞纳金并入养老保险基金。

第二,183 号令则规定:用人单位违反本规定不参加基本养老保险给被保险人造成损失的,被保险人有权要求企业补缴基本养老保险费或者赔偿损失。

北京 2005 年缴费年度(含)前的基本养老保险补缴规定执行 2 号令的规定。自 2006 年 1 月 1 日起补缴时,养老保险以被保险人相应补缴年度的缴费工资基数,分别乘以办理补缴时上一年本市职工平均工资与相应补缴年度上一年本市职工平均工资的比值,作为相应补缴年度的补缴基数,按历年规定的用人单位与个人缴费比例之和缴纳。被保险人以本人相应年度的缴费工资基数乘以相应补缴年度个人缴费比例补缴,差额部分全部由用人单位承担。计入个人账户的个人缴费部分与单位缴费部分,均以本人相应年度的缴费工资为基数,按历年规定的比例计入。具体操作标准为:

$$B_{全补} = X_1 \times B_1 \times \frac{C_0}{C_1} + X_2 \times B_2 \times \frac{C_0}{C_2} + \cdots + X_n \times B_n \times \frac{C_0}{C_n}$$

$$B_{个人补} = X_1 \times b_1 + X_2 \times b_2 + \cdots + X_n \times b_n$$

$$B_{单位补} = B_{全补} - B_{个人补}$$

式中,$B_{全补}$ 为补缴基本养老保险费的全部费用;$B_{个人补}$ 为被保险人个人承担的补缴费用;

$B_{单位补}$为用人单位承担的补缴费用;$X_1,X_2,\cdots,X_n$分别为相应补缴年度个人缴费工资基数;C_0为办理补缴时上一年本市职工平均工资;$C_1,C_2,\cdots,C_n$分别为相应补缴年度上一年全市职工平均工资;$B_1,B_2,\cdots,B_n$分别为相应补缴年度单位与个人缴费比例之和;$b_1,b_2,\cdots,b_n$分别为相应补缴年度个人缴费比例(其中,1992年10月至1993年12月为2%;1994年1月至1998年12月为5%;1999年1月至2000年12月为6%;2001年1月至2002年12月为7%;2003年1月至今为8%)。

历年应计入个人账户的比例分别为:1992年10月至1993年12月为2%;1994年1月至1998年6月为5%;1998年7月至2005年12月为11%;2006年1月至今为8%。

以此方式补缴养老保险费后,不再提高缴费基数,也不再加收滞纳金。

但是,自《社会保险法》颁布实施后,183号令规定的补缴办法不再适用于2011年7月1日后所欠缴的养老金。自2011年7月1日后欠缴的养老保险费则按日加收万分之五的标准执行。

费率调整:2016年4月之前,用人单位按本单位职工上年月平均工资总额的20%缴纳养老保险费,个人按本人上年月平均工资的8%缴纳养老保险费;2016年5月(包括5月)至2019年4月用人单位按本单位职工上年月平均工资总额的19%缴纳养老保险费,个人按本人上年月平均工资的8%缴纳养老保险费;2019年5月(包括5月)起本单位职工按上年月平均工资总额的16%缴纳养老保险费,个人按本人上年月平均工资的8%缴纳养老保险费。自2014年10月起,机关事业单位及其固定职工的养老保险缴费基数下限为均为上一年社会月平均工资的60%,上限为上一年社会月平均工资的300%,养老保险的缴费比例分别为20%和8%,2019年5月至今分别为16%和8%。具体数值见附录B。

(2) 失业保险的征缴规定。

① 国家相对统一的规定。

依据《失业保险条例》(国务院令第258号)、《社会保险法》和相关的执行细则,国家确定了失业保险的缴费主体、缴费基数和比例的规定。具体内容如下:

- 缴费主体。城镇企业、事业单位与其职工。
- 缴费基数和比例。城镇企业、事业单位按照本单位工资总额的2%缴纳失业保险费。城镇企业、事业单位职工按照本人工资的1%缴纳失业保险费。城镇企业、事业单位招用的农民合同制工人本人不缴纳失业保险费。

② 地方的规定(以北京为例)。

- 缴费主体。北京市行政区域内的城镇企业、事业单位和城镇企业、事业单位职工。北京市行政区域内的社会团体及其专职人员、民办非企业单位及其职工、有合同制工人的国家机关及其合同制工人、有城镇职工的乡镇企业及其城镇职工、有雇工的城镇个体工商户及其雇工,依照本规定执行。用人单位应缴纳的失业保险费,由社保经办机构委托用人单位的开户银行按月代为扣缴。职工个人应缴纳的失业保险费,由用人单位代为扣缴。《社会保险法》颁布以后,缴费主体则被扩展为用人单位和其职工。
- 缴费基数和比例。用人单位:国有企业、城镇集体企业、股份制企业及各类联营企业、私营企业和事业单位,按本单位职工上年月平均工资总额的1.5%缴纳失业保险费;外商投资企业和港、澳、台商投资企业按本单位职工上年月平均工资总额的1.5%缴纳失业保险费。职工个人:按本人上年月平均工资的0.5%缴纳失业保险费。职工本人月平均工资高于上一年本市职工月平均工资300%以上的部分,不作为缴纳失业保险费的基数;农民合同制工人本人不缴纳失业保险费。

其中,失业保险费收缴费率需要调整时,由市劳动保障行政部门会同市财政部门提出,报市人民政府同意,国务院批准后执行。具体变化情况见附录B。

> 例如,2009年4月之前,用人单位按本单位职工上年月平均工资总额的1.5%缴纳失业保险费,职工个人按本人上年月平均工资的0.5%缴纳失业保险费,农民工个人不缴费。2009年北京经济发展受到影响,为了减轻企业的负担,在不影响职工报销待遇的前提下,自2009年4月(包括4月)起,用人单位缴纳失业保险费的缴费费率由1.5%调整为1%,个人缴纳失业保险费的缴费费率由0.5%调整为0.2%,农民工个人不缴费。2016年5月,北京把失业保险费的缴费费率由1%调整为0.8%,个人缴纳失业保险费的缴费费率由0.5%调整为0.2%,农民工个人不缴费。2021年5月起,北京把失业保险费的缴费费率由0.8%调整为0.5%,个人缴纳失业保险费的缴费费率由0.2%提高到0.5%。

(3) 工伤保险的征缴规定。

① 国家相对统一的规定。

依据《工伤保险条例》(国务院令第375号)的规定,工伤保险的相关规定具体内容如下。

- 缴费主体。中华人民共和国境内的各类企业、有雇工的个体工商户(以下简称用人单位)应当依照本条例规定参加工伤保险,为本单位全部职工或者雇工缴纳工伤保险费。这里的雇工是指与用人单位存在劳动关系(包括事实劳动关系)的各种用工形式、各种用工期限的劳动者。中华人民共和国境内的各类企业的职工和个体工商户的雇工,均有依照本条例的规定享受工伤保险待遇的权利,而本人不用缴费。《社会保险法》颁布以后,企业则被扩展为用人单位和其职工。

- 缴费基数和比例。用人单位缴纳工伤保险费的数额为本单位职工工资总额乘以单位缴费费率。这里的工资总额是指用人单位直接支付给本单位全部职工的劳动报酬总额。本人工资高于统筹地区职工平均工资300%的,按照统筹地区职工平均工资的300%计算;本人工资低于统筹地区职工平均工资60%的,按照统筹地区职工平均工资的60%计算。至于缴费比例则根据不同行业的工伤风险程度确定行业的差别费率,并根据工伤保险费使用、工伤发生率等情况在每个行业内确定若干费率档次。行业差别费率及行业内费率档次由国务院劳动保障行政部门会同国务院财政部门、卫生行政部门、安全生产监督管理部门制定,报国务院批准后公布施行。统筹地区经办机构根据用人单位工伤保险费使用、工伤发生率等情况,参考所属行业内相应的费率档次确定单位缴费费率。具体标准见附录A。

② 工伤的规定(以北京为例)。

- 缴费主体。北京市行政区域内的各类用人单位、有雇工的个体工商户和与之形成劳动关系的劳动者(不包括返聘的离退休人员和实习人员)。

- 缴费基数和比例。在岗职工和不在岗职工人数之和为缴费人数,以他们的工资总额之和为缴费基数。2011年7月1日之前,缴费基数的上下限根据参保人员的类别而有差别;

2011年7月1日之后,所有参保人员的缴费基数变为统一。缴费比例参照《关于工伤保险费率问题的通知》(劳社部发〔2003〕29号)实行行业浮动费率,用人单位企业法人营业执照或者营业执照登记的经营范围确定了基准费率,并根据每年用人单位的工伤事故情况有上下调整。具体内容详见书末附录A和B。

③ 补缴的规定。

国家对于工作保险的补缴并没有明确的规定,但各地方有具体的规定。北京的工伤保险应在下述情况下进行补缴:第一,应当参加工伤保险而未参加时;第二,用人单位少报职工人数从而未给部分职工缴纳工伤保险费的;第三,未能按时缴纳工伤保险费。

(4) 医疗保险的征缴规定。

① 国家相对统一的规定。

依据《国务院关于建立城镇职工基本医疗保险制度的决定》(国发〔1998〕44号)和《关于印发城镇职工基本医疗保险业务管理规定的通知》(劳社部函〔2000〕4号)的规定,对缴费主体和缴费基数和比例有相对统一的规定。

- 缴费主体。医疗保险的缴费主体为城镇所有用人单位,包括企业(国有企业、集体企业、外商投资企业、私营企业等)、机关、事业单位、社会团体、民办非企业单位及其职工,都要参加基本医疗保险。乡镇企业及其职工、城镇个体经济组织业主及其从业人员是否参加基本医疗保险,由各省、自治区、直辖市人民政府决定。
- 缴费基数和比例。缴费基数为在职工工资总额。缴费比例控制在职工工资总额的6%左右,职工缴费率一般为本人工资收入的2%。随着经济发展,用人单位和职工缴费率可作相应调整。其中,职工个人缴纳的基本医疗保险费全部计入个人账户。用人单位缴纳的基本医疗保险费分为两部分:一部分用于建立统筹基金,一部分划入个人账户。划入个人账户的比例一般为用人单位缴费的30%左右,具体比例由统筹地区根据个人账户的支付范围和职工年龄等因素确定。

② 地方的规定(以北京为例)。

依据《北京市基本医疗保险规定》(2001年2月20日北京市人民政府第68号令公布,根据2003年12月1日北京市人民政府第141号令第一次修改,根据2005年6月6日北京市人民政府第158号令第二次修改)来确定北京的医疗保险缴费主体、缴费基数和缴费比例。

- 缴费主体。本市行政区域内的城镇所有用人单位,包括企业、机关、事业单位、社会团体、民办非企业单位及其职工和退休人员。实行基本医疗保险的职工和城镇居民还可参加大额医疗费用互助;公务员在公费医疗的基础上实行国家公务员医疗补助办法。
- 缴费基数与比例。缴费基数中职工本人上一年月平均工资低于上一年本市职工月平均工资60%的,以上一年本市职工月平均工资的60%为缴费工资基数,缴纳基本医疗保险费。职工本人上一年月平均工资高于上一年本市职工月平均工资300%以上的部分,不作为缴费工资基数,不缴纳基本医疗保险费。无法确定职工本人上一年月平均工资的,以上一年本市职工月平均工资为缴费工资基数,缴纳基本医疗保险费。

用人单位按全部职工缴费工资基数之和的9.8%缴纳基本医疗保险费;职工按本人上一年月平均工资的2%缴纳基本医疗保险费。此比例并不是固定不变的,在特殊时期是可以调整的,一般由市劳动保障行政部门会同市财政部门提出,报市人民政府同意,国务院批准后即可执行。如在 2009 年,北京市经济受全球经济的影响,用人单位按 2% 的缴费比例按月为农民工缴纳基本医疗保险的,缴费费率由 2% 调整为 1%,其中 0.9% 划入基本医疗保险统筹基金,0.1% 划入大额医疗互助资金。2011 年 7 月 1 日后,农民工的医疗保险缴费比例同城镇职工一样。

大额医疗费用互助资金由用人单位和个人共同缴纳。用人单位按全部职工缴费工资基数之和的 1% 缴纳,职工和退休人员个人按每月 3 元缴纳。大额医疗费用互助资金在每月缴纳基本医疗保险费时一并缴纳。2021 年 1 月,北京市医疗保障局发布了《关于调整本市城镇职工基本医疗保险缴费比例的通知》(京医保发〔2021〕1 号),北京地区自 2021 年 1 月起城镇职工基本医疗保险(含生育保险)单位缴费比例降低 1 个百分点,由现行的 10.8% 调整至 9.8%;个人缴费比例不作调整,仍旧为 2% 基本和 3 元的大额。

(5) 生育保险的征缴规定。

依据《企业职工生育保险试行办法》(劳部发〔1994〕504 号)和《社会保险法》,国家对城镇企业及其职工的生育保险作了相对统一的规定,具体内容如下。

① 国家相对统一的规定。

● 缴费主体。用人单位是缴纳生育保险费的主体,职工个人不缴纳生育保险费。

● 缴费基数与比例。用人单位按照其工资总额的一定比例向社保经办机构缴纳生育保险费。生育保险费的提取比例由当地人民政府根据计划内生育人数和生育津贴、生育医疗费等费用确定,并可根据费用支出情况适时调整,但最高不得超过工资总额的 1%。企业缴纳的生育保险费作为期间费用处理,列入企业管理费用。

② 地方的规定(以北京为例)。

● 缴费主体。北京市行政区域内的城镇各类用人单位和与之形成劳动关系的职工。

● 缴费基数与比例。2019 年 11 月(包括 11 月)之前,用人单位缴费总基数为本单位职工缴费基数之和。职工缴费基数按照本人上一年月平均工资计算;低于上一年本市职工月平均工资 60% 的,按照上一年本市职工月平均工资的 60% 计算;高于上一年本市职工月平均工资 300% 以上的,按照上一年本市职工月平均工资的 300% 计算;本人上一年月平均工资无法确定的,按照上一年本市职工月平均工资计算。用人单位按照其缴费基数总和的 0.8% 缴纳生育保险费。自 2019 年 11 月,生育保险与医疗保险合并,不再进行单独核定和缴费。

3.1.2 技能要求

(1) 应用政策的能力:能够判断缴费主体即参保单位和职工所参加的险种;确定相应险种的缴费基数和缴费比例;同时,针对特殊情况如补缴、欠缴知道如何处理。

(2) 能够处理增减、基数核定和申报的业务,查看账目的准确性。

(3) 填写缴费申报表格的能力:填写人员增减表格、月报报表、补缴表格等。

3.1.3 实训环境

(1) 企业与个人的相关材料。

(2) 社会保险软件。

(3) 社保征缴表格。

3.1.4 岗位名称

征缴岗(申报岗)。

模块 3.2　业务演示与讲解

3.2.1 人员的增加

刚刚成立的用人单位在社保经办机构进行登记后,职工的个人信息也进行了登记,接下来的业务就是确定企业员工与企业的关系,主要的途径就是对用人单位员工办理增减业务。增加业务是确定用人单位要为该员工缴费;减少业务即确定两者脱离劳动关系,用人单位不再为该员工缴纳社会保险费。

现给"北京×××贸易有限责任公司"的 10 名员工办理增加业务,依据社保经办机构的要求,需要提交一些证明材料和填写相应的表格。具体内容如下。

(1) 提交的材料:未在本市参加社会保险的本市城镇、外埠农村、本市农村人员提供身份证复印件一份;外埠城镇职工提供身份证复印件和户口簿复印件一份(其中,户口簿复印件包括首页、本人页)。

(2) 填写的业务表格(表 3-6)。也可利用软件或网络做此增员业务并进行相应的报盘和打印。

(3) 携带好相关的证明材料或数据材料,到征缴岗位办理人员增加的业务。网络办理的不用到社保经办机构,只须留档备查即可。

表 3-6　北京市社会保险参保人员增加表

序号	*姓名	性别	*公民身份号码	*参加险种				*个人缴费/支付(恢复)原因		申报月工资收入/档次(元)	*增加日期
				养老	失业	工伤	医疗(生育)	三险	医疗(生育)		
甲	乙	丙	丁	1	2	3	4	5	6	7	8

单位负责人:　　　　　社保经办机构经办人员(签章):　　　　　单位经办人:
社保经办机构(盖章):　　填报日期:　　年　月　日　　办理日期:　　年　月　日

注　解

1. 表格中带 * 号的项目为必填项,其他有前提条件的必填项请参考指标解释。
2. 三险按收缴业务、支付业务分别填报,养老、失业、工伤保险增加的原因如表 3-7 所示,医疗(生育)保险增加的原因如表 3-8 所示。

表 3-7 养老、失业、工伤保险增加的原因

代码	指标名称	代码	指标名称	代码	指标名称	代码	指标名称
110	新参加工作	130	险种登记	155	转业恢复缴费	191	失业后转入
111	其他新参统	141	外区转入	156	假释、缓刑、监外执行	192	转统筹外增加
112	外省(行业统筹、军队)调入	151	本区转入	162	失业转就业		
114	机关事业转入	152	刑满释放、劳教期满	167	个人缴费恢复缴费		
115	复员军人	153	非带薪上学恢复	168	其他原因恢复缴费		
116	转业军人	154	复员恢复缴费	169	其他原因恢复支付		

表 3-8 医疗(生育)保险增加原因

代 码	名 称	代 码	名 称
12	新参统	4	失业转就业
19	其他	7	本区调入
		8	外区调入

注 解

1. 所有表格均须加盖单位公章,填报表格字迹工整不得涂改。
2. 若在北京市参加过社会保险的参保人员在做增加时不用再录入个人信息登记表,企业直接做增加。
3. 若是本城镇户口人口转移外地的社会保险进京,在做增加时要附上社会人员转移情况表,具体流程参照项目 4 的个人账户转移。
4. 若是支付增加一定要附上养老金人员登记表或工伤职工登记表,具体流程请参照项目 5、项目 7 养老保险与工伤保险待遇支付业务。

表 3-9 是填写北京市社会保险参保人员增加表的一个实例。

表 3-9 北京市社会保险参保人员增加表

制表机关:北京市人力资源和社会保障局　　　　　　表　号:京劳社统保险 20 表
填报单位(公章):北京×××贸易有限责任公司　　　批准机关:北京市统计局
统一社会信用代码(组织机构代码):911101058002298××3　批准文号:京统函〔2009〕40 号
社会保险登记证编码:911101058002298××3　　　　有效期至:2025 年 1 月 31 日止

序号	*姓名	性别	*公民身份号码	*参加险种				*个人缴费/支付(恢复)原因		申报月工资收入/档次(元)	*增加日期
				养老	失业	工伤	医疗(生育)	四险	医疗		
甲	乙	丙	丁	1	2	3	4	5	6	7	8
1	A	男	11010519801210××××	√	√	√	√	151	7	9 000	2020-10-22

(续表)

序号	*姓名	性别	*公民身份号码	*参加险种				*个人缴费/支付(恢复)原因		申报月工资收入/档次(元)	*增加日期
				养老	失业	工伤	医疗(生育)	四险	医疗		
2	B	男	12310519820410××××	√	√	√	√	111	12	6 000	2020-10-22
3	C	女	11011119680722××××	√	√	√	√	151	7	4 000	2020-10-22
4	D	男	11010119770524××××	√	√	√	√	151	7	2 500	2020-10-22
5	E	女	41011019760521××××	√	√	√	√	151	7	3 000	2020-10-22
6	F	女	43211019760206××××	√	√	√	√	111	12	3 000	2020-10-22
7	G	男	44232419760922××××	√	√	√	√	151	7	3 000	2020-10-22
8	H	女	11011119781108××××	√	√	√	√	151	7	4 500	2020-10-22
9	I	女	13210119720924××××	√	√	√	√	111	12	2 400	2020-10-22
10	J	男	11030319780304××××	√	√	√	√	151	7	2 400	2020-10-22

单位负责人：伍××   社保经办机构经办人员(签章)：   填报日期：2020年10月22日

单位经办人：马×   社保经办机构(盖章)：   办理日期：　　年　　月　　日

3.2.2 基数核定

社会保险的基数核定一般都发生在本地区社会平均工资数出来以后，在北京地区一般是6—7月份。本地区的社会月平均工资是社会保险缴费基数上下限确定的依据，北京地区每年的缴费基数的上下限参照书末附录B和附录E。

各区(县)的社保经办机构每年6月份左右会向参保单位下发"缴费基数采集通知"及"社会保险缴费基数采集表"或缴费基数采集软件。参保单位或代办机构依据缴费基数采集的要求如实将缴费人员本人的上年月平均工资填入"缴费基数采集表"或录入采集软件并打印"缴费基数采集表"，由缴费人员签字确认。参保单位或代办机构于每年7月25日前将"缴费基数采集表"和采集数据盘上报所属社保经办机构。

社保经办机构于每年6月初按有关规定生成当年缴费人员的缴费基数，并于每年7月中旬左右完成缴费基数的核对工作。

现要对"北京×××贸易有限责任公司"的10名员工缴费基数进行确定，因为该企业新成立，员工没有上一年的月平均工资，故用员工第一个月的工资作为缴费工资，确定其缴费基数。表3-10为2020年的缴费基数标准的规定。

表3-10 缴费基数标准的规定   单位：元

年　度	缴费基数上限		缴费基数下限		
	养老、失业和工伤	医疗(生育)	养老、失业	工伤	医疗(生育)
2020年7月—2021年6月	26 541	29 731	3 613	4 713	5 360

判断：10名职工的工资若位于规定标准上下限之间则把工资作为缴费基数，若高于上

限以上限的值为缴费基数,低于下限以下限的值作为缴费基数。

A为本市城镇职工,第一个月工资为9 000元,本市城镇人员需要参加四险。依据表3-10可知,9 000元处于四险缴费基数的中间,故用职工的工资作为四险的缴费基数。

B为外埠城镇职工同本市城镇职工一样,四险的缴费基数为6 000元/月。

I和J为外市农民工,缴费基数的标准同城镇职工一样,因2 400元分别低于四险的缴费基数下限,故其养老、失业的缴费基数为3 613元/月,工伤的缴费基数为4 713元/月、医疗(生育)的缴费基数为5 360元/月。

对10名员工确定最终的缴费基数如表3-11所示。

表3-11 每一位员工的缴费基数

姓 名	人员类别	第一月工资（元）	养老、失业缴费基数（元/月）	工伤缴费基数（元/月）	医疗(生育)缴费基数（元/月）
A	本市城镇职工	9 000	9 000	9 000	9 000
B	外埠城镇职工	6 000	6 000	6 000	6 000
C	本市城镇职工	4 000	4 000	4 713	5 360
D	本市城镇职工	2 500	3 613	4 713	5 360
E	外埠城镇职工	3 000	3 613	4 713	5 360
F	外埠城镇职工	3 000	3 613	4 713	5 360
G	外埠城镇职工	3 000	3 613	4 713	5 360
H	本市城镇职工	4 500	4 500	4 713	5 360
I	外市农民工	2 400	3 613	4 713	5 360
J	本市农民工	2 400	3 613	4 713	5 360

练习一

根据表3-11内容填写基数采集核定表(表3-12)。

表3-12 北京市2020年社会保险缴费基数采集表

统一社会信用代码(组织机构代码)：　　　　　　单位名称(章)：　　　　　　单位:元

序号	电脑序号	公民身份号码	姓名	缴费人员类别	上年月平均工资	缴费基数				职工签字	备注
						养老	失业	工伤	医疗(生育)		

(续表)

序号	电脑序号	公民身份号码	姓名	缴费人员类别	上年月平均工资	缴费基数				职工签字	备注
						养老	失业	工伤	医疗(生育)		
本页小计	—	—	—	—						—	—
合计	—	—	—	—						—	—

单位负责人： 经办人： 复核人： 填报人： 联系电话：
录入日期： 年 月 日 复核日期： 年 月 日 填报日期： 年 月 日

注 解

1. 电脑序号为参保人被社保经办机构所赋予的识别号，功能与身份号码相同，用来确定个人参保信息的，一般只有正式参保后才有，第一次参保是没有的。在此可以不填写。
2. 职工上年月平均工资由用人单位按实际数填写并须经职工本人签字确认。

练习二

依据表3-12来填写表3-13。

表3-13 社会保险缴费基数采集汇总表
(年度)

结算日期： 年 月
统一社会信用代码(组织机构代码)： 单位名称(章)：

险 种	参保人数		缴费工资总额(元)		月人均基数(元)	缴费基数合计(元)
	合计	其中：农民工	合计	其中：农民工		
养老保险						
失业保险						
工伤保险						
医疗(生育)保险						

单位负责人： 填报人： 联系电话： 填报日期： 年 月 日

练习一的结果如表3-14所示。

表3-14　北京市2020年社会保险缴费基数采集表

统一社会信用代码(组织机构代码)：911101058002298××3

单位名称(章)：北京×××贸易有限责任公司　　　　　　　　　　　　　　　　　单位：元

序号	电脑序号	公民身份号码	姓名	缴费人员类别	上年月平均工资	缴费基数				职工签字
						养老	失业	工伤	医疗(生育)	
1	6000012340	11010519801210××××	A	本市城镇职工	9 000	9 000	9 000	9 000	9 000	A
2	6000012341	12310519820410××××	B	外埠城镇职工	6 000	6 000	6 000	6 000	6 000	B
3	6000012342	11011119680722××××	C	本市城镇职工	4 000	4 000	4 000	4 713	5 360	C
4	6000012343	11010119770524××××	D	本市城镇职工	2 500	3 613	3 613	4 713	5 360	D
5	6000012344	41011019760521××××	E	外埠城镇职工	3 000	3 613	3 613	4 713	5 360	E
6	6000012345	43211019760206××××	F	外埠城镇职工	3 000	3 613	3 613	4 713	5 360	F
7	6000012346	44232419770922××××	G	外埠城镇职工	3 000	3 613	3 613	4 713	5 360	G
8	6000012347	11011119781108××××	H	本市城镇职工	4 500	4 500	4 500	4 713	5 360	H
9	6080012348	13210119720924××××	I	外市农民工	2 400	3 613	3 613	4 713	5 360	I
10	6000012349	11030319780304××××	J	本市农民工	2 400	3 613	3 613	4 713	5 360	J
本页小计	—	—	—	—	39 800	45 178	45 178	52 704	57 880	—
合计	—	—	—	—	39 800	45 178	45 178	52 704	57 880	—

单位负责人：伍××　　经办人：马×　　复核人：　　　　填报人：马×　　联系电话：010-649999××

录入日期：　年　月　日　　复核日期：　年　月　日　　填报日期：2020年10月22日

练习二的结果如表3-15所示。

表3-15　社会保险缴费基数采集汇总表

(2020年度)

结算日期：2020年10月

统一社会信用代码(组织机构代码)：911101058002298××3

单位名称(章)：北京×××贸易有限责任公司

险　种	参保人数		缴费工资总额		月人均基数	缴费基数合计
	合计	其中：农民工	合计	其中：农民工		
养老保险	10	2	39 800	4 800	4 517.8	45 178
失业保险	10	2	39 800	4 800	4 517.8	45 178
工伤保险	10	2	39 800	4 800	5 270.4	52 704
医疗(生育)保险	10	2	39 800	4 800	5 788	57 880

单位负责人：伍××　　　　　　填报人：马×　　　　　　联系电话：010-649999××

填报日期：2020年10月22日

3.2.3 社会保险缴费月报表

在参保人员增加和基数核定业务完成后,还需要确定用人单位和个人所应缴纳的社会保险费。社会保险缴费月报表包括缴费基数与缴费比例相乘所得的应缴纳的社会保险费,是双方进行财务往来的一个证明。早期的月报表由企业填报,现一般由社保软件的信息系统自动生成,不再需要用人单位进行填报。

参保单位的业务负责人须在每月办理人员增、减的同时申报当月月报表以核对各险种人员增减情况及应缴金额,已申报月报表的单位当月不再予以办理人员增、减。对于连续全额欠缴社会保险费 3 个月以上的参保单位,社保收缴部会定期将其转往稽核部门。

具体流程如下。

1. 缴费月报的生成

社保经办机构依据单位的人员增减变动情况进行相应业务处理后,于每月月底生成当月月报数据。对于连续全额欠缴社会保险费 2 个月以上的单位,要求其每月按时进行社会保险费月报申报,到期仍未申报的不予生成当月月报。

确定各个时期各种人员类别的各个险种的缴费比例,需要参照书末附录 B,2020 年的缴费比例如表 3-16 所示。

表 3-16 2020 年北京社会保险缴费比例的规定

年度	养老	失业	工伤	医疗(生育)		
				单位缴纳	个人缴纳	划入账户
2020 年 7 月—2020 年 12 月	单位 16%,个人 8%	单位 0.8%,城镇职工 0.2%,农民工个人不缴费	浮动费率,个人不缴费	在职人员 9.8%+1%,退休人员不缴纳	在职人员 2%+3 元,退休人员 3 元	35 岁以下划转 0.8%,35—45 岁划转 1%,45 岁以上划转 2%,退休人员 70 岁以下划转 100 元/月,71 岁以上划转 110 元/月

由此可得出参保单位与员工的缴费表,具体内容如表 3-17 所示。

表 3-17 10 名员工的缴费基数的确定　　　　　　　　　　　单位:元

姓名		A	B	C	D	E	F	G	H	I	J	合计
人员类别		本市城镇职工	外埠城镇职工	本市城镇职工	本市城镇职工	外埠城镇职工	外埠城镇职工	本市城镇职工	本市城镇职工	外市农民工	本市农民工	
缴费基数	养老	9 000	6 000	4 000	3 613	3 613	3 613	3 613	4 500	3 613	3 613	45 178
	失业	9 000	6 000	4 000	3 613	3 613	3 613	3 613	4 500	3 613	3 613	45 178
	工伤	9 000	6 000	4 713	4 713	4 713	4 713	4 713	4 713	4 713	4 713	52 704
	医疗(生育)	9 000	6 000	5 360	5 360	5 360	5 360	5 360	5 360	5 360	5 360	57 880
养老费用	单位×16%	1 440	960	640	578.1	578.1	578.1	578.1	720	578.1	578.1	7 228.6
	个人×8%	720	480	320	289	289	289	289	360	289	289	3 614

(续表)

姓 名		A	B	C	D	E	F	G	H	I	J	合计
人员类别		本市城镇职工	外埠城镇职工	本市城镇职工	外埠城镇职工	外埠城镇职工	外埠城镇职工	外埠城镇职工	本市城镇职工	外市农民工	本市农民工	
失业费用	单位×0.8%	72	48	32	28.9	28.9	28.9	28.9	36	28.9	28.9	361.4
	个人×0.2%	18	12	8	7.2	7.2	7.2	7.2	9	0	0	75.8
工伤费用	单位×0.3%	27	18	14.1	14.1	14.1	14.1	14.1	14.1	14.1	14.1	157.8
医疗(生育)费用	单位×(9.8%+1%)	972	648	578.9	578.9	578.9	578.9	578.9	578.9	578.9	578.9	6 251.2
	个人×2%+3	183	123	110.2	110.2	110.2	110.2	110.2	110.2	110.2	110.2	1 187.6

注 解

注：失业保险中农民工个人不缴费，故失业个人缴费部分农民工为零。

现依据表 3-17 填写下列三险缴费月报表(表 3-18)和医疗(生育)保险费单位缴费月报表(表 3-19)。

表 3-18　北京市社会保险费缴费月报表

结算日期：　年　月　　　　　　　　单位：人、元(保留两位小数)
统一社会信用代码(组织机构代码)：　　　单位名称(章)：

项　目		栏　号	养　老	失　业	工　伤	合　计
缴费单位个数		1				—
缴费人数	本月合计	2				—
	上月人数	3				—
	本月增加	4				—
	本月减少	5				—
缴费基数合计		6				—
应缴金额	应缴合计	7				
	单位缴费	8				
其中	统筹基金	9		—	—	
	单位划转	10		—	—	
	个人缴费	11			—	
	其他缴费	12				

单位负责人：　　　填报人：　　　联系电话：　　　填报日期：　年　月　日

> **注 解**
>
> 1. 此表由社保经办机构按月生成,也可根据社保经办机构要求按月申报。
> 2. 如按月申报此表一式两份,单位与社保经办机构核对一致后各留存一份。
> 3. 2栏＝3栏＋4栏－5栏;7栏＝8栏＋11栏＋12栏。
> 4. 统一社会信用代码(组织机构代码)、单位名称均与原来登记的相一致。
> 5. 缴费单位个数:独立缴费单位填报"1",二级公司的填报含下属缴费单位个数。
> 6. 缴费人数:根据北京市有关文件规定参加社会保险并缴纳社会保险费的人数。
> 7. 缴费基数合计:报表月全部缴费人员缴费基数之和(此栏金额到元,不保留角分)。
> 8. 应缴合计:单位、个人和其他缴费之和。
> (1) 单位缴费:报表月全部缴费人员缴费基数之和与单位应缴比例乘积。
> (2) 个人缴费:报表月全部缴费人员缴费基数之和(失业保险个人缴费栏中扣除农民工缴费基数)与个人应缴比例乘积。
> (3) 其他缴费:按政策规定发生的其他缴费,单位不填写此栏。

表 3-19 医疗(生育)保险费单位缴费月报表

结算日期：　　年　　月

单位名称(章)：

社会保险登记证编码：　　　　　　　　　　　单位：元(保留两位小数)

项　　目		栏　号	医　疗
缴费单位个数		1	
缴费人数	缴费人数合计	2＝3＋4＋5	
	在职人数	3	
	退休人数	4	
	离休人数	5	
缴费工资总额		6	
实际应缴金额合计		7＝8＋9－10	
应缴金额合计		8＝11＋20	
补缴金额合计		9＝14＋23	
退款金额合计		10＝17＋26	
基本医疗(生育)保险应缴金额	合计	11＝12＋13	
	单位应缴	12	
	个人应缴	13	
基本医疗(生育)保险补缴金额	合计	14＝15＋16	
	单位补缴	15	
	个人补缴	16	

(续表)

项 目		栏 号	医 疗
基本医疗(生育)保险退款金额	合计	17＝18＋19	
	单位退款	18	
	个人退款	19	
大额互助资金应缴金额	合计	20＝21＋22	
	单位应缴	21	
	个人应缴	22	
大额互助资金补缴金额	合计	23＝24＋25	
	单位补缴	24	
	个人补缴	25	
大额互助资金退款金额	合计	26＝27＋28	
	单位退款	27	
	个人退款	28	
在职公务员人数		29	
在职公务员缴费工资基数总额		30	
公务员医疗补助金额	合计	31＝32＋33－34	
	单位应缴	32	
	单位补缴	33	
	单位退款	34	
离休医疗统筹金额	合计	35＝36＋37－38	
	单位应缴	36	
	单位补缴	37	
	单位退款	38	

单位负责人： 填报人： 联系电话： 填报日期： 年 月 日

注 解

1. 此表由社保经办机构按月生成，也可根据社保经办机构要求按月申报。
2. 如按月申报此表一式两份，单位与社保经办机构核对一致后各留存一份。

表3-18的实例结果如表3-20所示。

表 3-20　北京市社会保险费缴费月报表

结算日期：2020 年 5 月
统一社会信用代码(组织机构代码)：911101058002298××3
单位名称(章)：北京×××贸易有限责任公司　　　　　　　单位：人、元(保留两位小数)

项	目	栏号	养老	失业	工伤	合计
缴费单位个数		1	1	1	1	—
缴费人数	本月合计	2	10	10	10	—
	上月人数	3	0	0	0	—
	本月增加	4	10	10	10	—
	本月减少	5	0	0	0	—
缴费基数合计		6	45 178	45 178	52 704	—
应缴金额	应缴合计	7	10 842.72	437.32	158.12	11 438.16
	单位缴费	8	7 228.48	361.4	158.12	7 748
	其中　统筹基金	9	7 228.48	—	—	7 228.48
	其中　单位划转	10	0	—	—	0
	个人缴费	11	3 614.24	75.92	—	3 690.16
	其他缴费	12	0	—	—	0

单位负责人：伍××　填报人：马×　联系电话：010-649999××　填报日期：2020 年 10 月 22 日

表 3-19 的结果如表 3-21 所示。

表 3-21　医疗(生育)保险费单位缴费月报表

结算日期：2020 年 5 月
单位名称(章)：北京×××贸易有限责任公司
社会保险登记证编号：911101058002298××3　　　　　　单位：元(保留两位小数)

项	目	栏　号	医　疗
缴费单位个数		1	1
缴费人数	缴费人数合计	2=3+4+5	10
	在职人数	3	10
	退休人数	4	0
	离休人数	5	0
缴费工资总额		6	39 800
实际应缴金额合计		7=8+9-10	7 438.64

(续表)

项　目		栏　号	医　疗
应缴金额合计		8＝11＋20	7 438.64
补缴金额合计		9＝14＋23	0
退款金额合计		10＝17＋26	0
基本医疗保险应缴金额	合　计	11＝12＋13	6 829.84
	单位应缴	12	5 672.24
	个人应缴	13	1 157.6
基本医疗保险补缴金额	合　计	14＝15＋16	0
	单位补缴	15	0
	个人补缴	16	0
基本医疗保险退款金额	合　计	17＝18＋19	0
	单位退款	18	0
	个人退款	19	0
大额互助资金应缴金额	合　计	20＝21＋22	608.8
	单位应缴	21	578.8
	个人应缴	22	30
大额互助资金补缴金额	合　计	23＝24＋25	0
	单位补缴	24	0
	个人补缴	25	0
大额互助资金退款金额	合　计	26＝27＋28	0
	单位退款	27	0
	个人退款	28	0
在职公务员人数		29	0
在职公务员缴费工资基数总额		30	0
公务员医疗补助金额	合　计	31＝32＋33－34	0
	单位应缴	32	0
	单位补缴	33	0
	单位退款	34	0

(续表)

项　　目		栏　号	医　疗
离休医疗统筹金额	合　　计	35＝36＋37－38	0
	单位应缴	36	0
	单位补缴	37	0
	单位退款	38	0

单位负责人：伍×× 　　填报人：马× 　　联系电话：010-649999×× 　　填报日期：2020年10月22日

2. 费用的征收

(1) 当月生成缴费月报。社保经办机构的人员在处理完参保单位的人员增减变动后生成当月缴费月报，双方进行业务核对。

(2) 征缴业务主管人员审核后进行月报汇总，于月底前产生社会保险费收缴月报核对表，对缴费单位的月报进行汇总核对，并和单位缴费数据转同级财务，进行结账处理，并将社会保险收缴月报汇总表报市社会保险中心业务部门。

(3) 同级财务人员根据收缴月报核对表对参保单位的收款方式进行处理，若采用银行扣款的，生成银行扣款信息并填报"社保经办机构银行扣款信息核对表"传送至市社保中心收缴岗。若是现金或支票等方式的需要参保单位缴至同级财务处。

(4) 参保单位将费用存入银行后，市社保中心的收缴岗位对银行扣款信息核对表进行核对汇总后，产生市社保中心银行扣款信息汇总核对表及扣款信息传递给市中心财务岗。财务岗进行核对后产生市社保中心银行扣款信息核对表和社会保险费扣款信息并传递给银行，银行进行扣款处理。

(5) 银行对费用进行首次扣款后，将收到的费用根据险种分账处理，将扣款信息和社会保险费银行扣款到位核对表返传至市社保中心的财务岗，同时为扣款成功的参保单位提供银行收款单据。

(6) 市社保中心财务根据收费情况生成市社保中心社会保险费银行扣款到位核对单后传递给市社保中心收缴岗。收缴岗会对参保人员的基本信息进行处理。市收缴岗产生出市社保中心社会保险费银行扣款到位通知单并传至区社保经办机构财务岗。

(7) 区社保经办机构根据社会保险费银行扣款到位通知单对已成功扣款单位分别进行账务处理。

2018年3月21日，中共中央印发的《深化党和国家机构改革方案》第四十六条规定："为提高社会保险资金征管效率，将基本养老保险费、基本医疗保险费、失业保险费等各项社会保险费交由税务部门统一征收。"北京自2019年1月1日起，机关事业单位社会保险费和城乡居民基本养老保险费、城乡居民基本医疗保险费交由税务部门征收。机关事业单位社会保险费缴费方式、办事地点不变，税务部门在市、区两级社保中心派驻税务干部，为缴费人提供"一站式"联办服务。城乡居民基本养老保险费、基本医疗保险费缴费方式和街乡、村组、学校等单位代办渠道、办事地点不变。自2020年11月起，北京市企业职工各项社会保险费交由税务部门统一征收，具体操作方式为缴费人办理参保登记后向所属社保经办机构按照现行方式和渠道办理社会保险缴费申报，社保经办机构核定应缴纳的社会保险费并及时将应缴费额传递给税务部门。税务部门根据接收的应缴费额征收各项社会保险费。企业应于每月最后一个工作日(不含当日)前向税务部门缴纳当月费款。在企业社会保险费缴费渠道上发生变化,即,通过"税库银联网缴税"的,需要签订"银税三方(委托)划缴协议",可登陆"单位社会保险费管理客户端"(下载地址:http://download.bjca.org.cn/download/sbgl.zip)完成申报并实现银行划款缴费。实行"银行批量扣款",需要签订三方协议,由银行定期自动完成扣款缴费。实行"银行端现金缴税",适用于已签订或未签订三方协议的参保单位,可登录"单位社会保险费管理客户端"或到各区社保或医保经办大厅设置的税务窗口,也可到综合办税服务厅打印"银行端查询缴税凭证"后,持此凭证至商业银行完成缴费。灵活就业人员社会保险费缴费渠道为商业银行定时完成批量扣款。

3.2.4 人员减少

此业务内容是由于人员变动而产生,做此业务的目的是中断用人单位与职工之间的关系,从而该企业从办理减少的当月起不再为其缴纳社会保险费。

例如:假如E员工在11月份离开北京×××贸易有限责任公司,去了同城区的另外一家公司,则公司的业务经办人员则需要在11月份为该员工做减少业务。

第一步,需要填写北京市社会保险参保人员减少表(表3-22)。

第二步,需要进行人员变动后的月报申报。

练 习

根据上文所提供的公司的基本信息填写该公司11月份的北京市社会保险参保人员减少表(表3-22)和月报申报表(表3-18,表3-19)。

表3-22 北京市社会保险参保人员减少表

表　　号:京劳社统保险21表
制表机关:北京市人力资源和社会保障局
填报单位(公章):
批准机关:北京市统计局
统一社会信用代码(组织机构代码):
批准文号:京统函〔2009〕40号
社会保险登记证编码:
有效期至:2030年1月31日止

序号	*姓名	性别	*公民身份号码	*停止缴费(支付)险种				*个人停止缴费(支付)原因		是否清算	*缴费(支付)截止日期
				养老	失业	工伤	医疗(生育)	三险	医疗(生育)		
甲	乙	丙	丁	1	2	3	4	5	6	7	8

单位负责人:　　　　　　　　　　　　社保经办机构经办人员(签章):
单位经办人:　　　　　　　　　　　　社保经办机构(盖章):
填报日期:　　年　　月　　日　　　　办理日期:　　年　　月　　日

注 解

1. 停止缴费(支付)险种：根据职工需减少的险种选择划"√"，为必填项。参加三险的，在做缴费减少时必须所有缴费险种同时减少，不能单险种减少(工伤一至四级减少除外)。

2. 个人停止缴费(支付)原因：按照三险的减少原因分开填写，为必填项。三险减少的原因如表3-23所示；医疗(生育)保险的减少原因如表3-24所示。

3. 是否清算：发生参保人员在职死亡、退休死亡、转外国籍、农民工解除劳动合同、农民工达到退休年龄或参加工作缴费年限(含视同缴费年限)不满15年的人员达到退休年龄，个人提出申请后须清算个人账户时在"是否清算"栏划"√"，不清算的为空。

4. 缴费(支付)截止日期：填写参保人员停止缴费(支付)前最后一次缴费(支付)的具体年月，为必填项。

表3-23 三险减少原因表

代码	指标名称	代码	指标名称	代码	指标名称
011	转往外省市	026	假释期满	069	其他原因中断支付
012	转统筹外	041	转往他区	071	办理退休
013	农民工解除合同	051	转往本区	072	工伤(一至四级)减少
014	转外国籍	052	判刑劳教	073	停工留薪期内死亡
015	死亡	053	非带薪上学	081	享受工伤保险基金工亡人员供养直系亲属抚恤金
016	外地农民工一次性领取长期待遇	054	参军	082	享受建设征地超转人员生活补贴
020	转城乡居民养老保险	061	出国	083	其他原因终止支付
021	工伤(五至十级/未达等级/未鉴定)支付减少	062	失业转街道	022	工伤终止支付
023	转街道支付	068	其他原因中断缴费		

表3-24 医疗(生育)保险减少原因表

代码	名称	代码	名称
19	参军	80	判刑
20	上学	90	劳教
30	本区调出	100	出国定居
40	转往外区	110	转外国籍
50	转往外埠	120	死亡
60	失业转街道(镇)	130	失踪
61	失业转职介人才存档	140	其他
63	农民工失业		

3.2.5 补缴业务

有关补缴的规定各地具体标准不同,但在流程上基本相似,现以北京的补缴流程和要求为例进行介绍。

1. 一般补缴

假如北京×××贸易有限责任公司作为参保单位,在10月份没有办理好员工的缴费业务,那么在12月份办理时就需要补缴10月份的费用。

(1) 需要提供的资料。

单位须出示补缴说明、职工在本单位工作的有效证明及工资发放的原始凭证等材料。若补缴历年的养老保险须提供养老保险科审批批件及相关材料。

(2) 填写相关的业务表格。

应填写的表格有如下两个。

① 北京市社会保险费补缴明细表。
② 北京市社会保险费补缴汇总表。

由于用人单位原因应缴未缴社会保险费的,用人单位须出示补缴说明、职工在本单位工作的有效证明及发工资的原始凭证等材料去社保经办机构进行补缴。

补缴原因:参保单位根据补缴原因在补缴原因栏对应项中划"√",应按补缴原因分类填写,两类原因必须选择,同类原因只允许选择一项。

补缴原因(一)如下所示。

- 自查补缴:参保单位通过自查方式到社保经办机构办理补缴。
- 审计补缴:参保单位被北京市人力资源和社会保障局基金监督部门专项审计后,收到基金监督部门发出的补缴通知书,并到社保经办机构办理补缴。
- 监察补缴:参保单位被劳动监察部门监察后,按照劳动监察部门要求到社保经办机构办理补缴。
- 稽核补缴:参保单位被社保经办机构稽核检查后,收到补缴通知书,到社保经办机构办理补缴。
- 其他:不属于上述四种原因的补缴。

补缴原因(二)如下所示。

- 新参保单位补缴:新参加本市社会保险的用人单位为参保人办理的补缴。
- 个人补缴:因用人单位原因造成个人缴费间断,经有关部门批准办理的补缴。
- 补基数差额:经有关部门(劳动仲裁、法院等)裁决并经有关部门审核批准,办理的个人缴费基数差额的补缴。补基数差额的时限最早到2006年4月(含4月),在此时段之前的或者更早的不再补基数差。
- 个体工商户、自由职业者:按规定采取不定期缴费方式的人员。
- 农转居补缴:按京劳社养发〔2002〕151号文件(2009年3月废止)规定办理补缴的人员。
- 其他:不属于上述原因的补缴。

补缴款项逾期未到位,用人单位须重新办理补缴手续。

社会保险费由用人单位与被保险人按规定的标准分别补缴,同时加收按照个人账户记账利率计算的利息,对用人单位按日加收万分之五滞纳金。其中,发生在1999年1月22日以前的欠缴额,自1999年1月22日起加收滞纳金;发生在1999年1月22日以后的欠缴额,按照规定进行补缴。

医疗(生育)保险的缴费年限在2001年4月1日前退休的人员不用补缴医保费,直接以退休人员身份参保;但2001年4月1日前参加工作,2001年3月31日后退休的若缴费年限不够,需要补足企业和个人应缴纳的所有费用,才能享受退休人员的医保待遇。

(3) 材料要求。

① 补缴养老保险费核准表(表3-25)。

② 北京市社会保险费补缴明细表。

③ 北京市社会保险费补缴汇总表。

④ 补缴人员情况表。

除基数差额补缴外,每笔养老保险的补缴业务都需要到行政部门进行审批。审批内容包括补缴的起止日期、补缴人数、补缴基数等项。

表3-25 补缴养老保险费核准表

单位盖章:

补缴单位名称			申报日期	
补缴人数		联系人	联系电话	
所报材料	☐ 补缴人档案 ☐ 补缴期间的原始工资凭证复印件 ☐ 个人完税证明 ☐ 劳动合同或其他劳动关系证明 ☐ 补缴人户口本原件及复印件一份 ☐ 营业执照副本复印件 ☐ 其他有关材料			
补缴申请	(说明间断原因)			

注 解

基数差额补缴、生育和工伤保险补缴还须携带业务审批表到区社保中心稽核部门做审批;专项审计补缴除了上述证明材料外还须携带社会保险补缴通知书。

三险补缴所需材料如下。
- 补缴养老保险费核准表复印件。
- 劳动合同复印件。
- 原始工资凭证复印件。
- 个人完税证明。
- 其他有关材料。

医疗(生育)保险补缴核准所需材料如下。
- 补缴时段的原始工资凭证复印件。

- 劳动合同复印件。
- 个人完税证明。
- 具体情况说明。
- 其他有关材料。这包括"补缴医疗保险费核准表"(需要到社保中心稽核部核准)、"基本医疗保险补缴表"和"补缴人员情况表"等相关材料。

2. 特殊的基金补缴

(1) 办理范围。

因用人单位原因使被保险人不能按时缴纳基本养老保险费的人员。

(2) 办理流程及须报送材料。

参保单位及人员办理社会保险费补缴业务时,可选择银行扣款或零星缴费的收缴方式进行补缴,三险应填写"社会保险费补缴明细表"(表 3-26)和"社会保险费补缴汇总表"(表 3-27),医疗(生育)保险应填写"基本医疗(生育)保险基金补缴情况表"(表 3-28),并附补缴情况说明,其中需要劳动保障行政部门审批的养老保险补缴还须携带相关审批材料。

根据补缴的年代和人员类别的不同,补缴的要求也不同。

① 补缴 1992 年 10 月至 1998 年 6 月期间的基本养老保险费的,须提供如下相关材料。

- 补缴养老保险费核准表。
- 补缴人档案。
- 补缴期间的原始工资凭证,无法提供原始工资凭证的须说明情况并申请以上一年北京市职工平均为基数。
- 劳动合同或有效劳动关系。
- 补缴人户口本。
- 营业执照(副本)或相关的单位证明材料。

② 补缴 1998 年 7 月以后(不含补缴当年)的基本养老保险费的,须提供如下相关材料。

- 补缴养老保险费核准表。
- 补缴期间的原始工资凭证,无法提供原始工资凭证的须说明情况并申请以上相应缴费年度上一年本市职工平均工资为基数。
- 劳动合同或有效劳动关系证明。
- 补缴人户口本。
- 营业执照(副本)或相关的单位证明材料。

若须用原转移单的缴费基数,还须提供转移证明或转移单。以上材料要求所有复印件上应注明"与原件一致"字样并加盖公章。

3. 达到退休年龄的参保人员的补缴业务

(1) 条件要求。

对于"达到国家规定的退休年龄但未达到规定缴费年限"的城镇参保人员的补缴具有严格的要求。如依据《关于达到国家规定的退休年龄但未达到规定缴费年限的本市城镇参保人员可以继续缴纳社会保险费有关问题的通知》(京劳社养发〔2008〕9号),在国家规定的劳动年龄内具有北京市城镇户籍的参保人员,男年满 60 周岁、女年满 50 周岁时,累计缴纳基本养老保险费不满 15 年和累计缴纳基本医疗保险费男不满 25 年、女不满 20 年的,本人自愿,可以按本通知规定继续缴纳基本养老保险费和基本医疗保险费。

根据《关于贯彻实施〈北京市基本医疗保险规定〉有关问题的处理办法》(京劳社医发〔2001〕19号)的规定:2001年4月1日以前参加工作、2001年3月31日以后退休的职工,退休时累计缴纳基本医疗保险费的年限,男满25年、女满20年的不再缴纳基本医疗保险费。不足上述年限的,由本人按照用人单位和个人的缴费比例,按办理退休时的缴费工资基数一次性缴足基本医疗保险费和大额医疗费用互助资金后,享受退休人员医疗保险待遇。

(2) 缴费比例的规定。

① 基本养老保险费。

参保人员按照《关于贯彻实施〈北京市基本养老保险规定〉有关问题的具体办法》(京劳社养发〔2007〕21号)中关于个体工商户、灵活就业人员的缴费标准,继续按月缴纳基本养老保险费至满15年。

参保人员继续缴费至男年满65周岁、女年满55周岁时,仍不满足规定缴费年限的,本人自愿,也可以按个体工商户、灵活就业人员当年缴费标准。在连续缴费5年仍不够退休年龄的可以一次性补缴不足15年的差额年限。

② 基本医疗保险费。

参保人员缴纳基本医疗保险费男不满25年、女不满20年的,以上一年全市职工平均工资70%为基数,按7%的比例继续按月缴纳基本医疗保险费。

缴纳了基本养老保险费符合按月领取基本养老金的参保人员,仍不满足基本医疗保险缴费年限的,可以进行延长缴费,也可自愿申请一次性补缴差额年限的基本医疗保险费。

(3) 缴费流程。

① 存档人员。

应于男年满60周岁、女年满50周岁前30日,向存档机构提出自愿继续缴费的书面申请,并于次月起继续缴费。

第一步,档案在其他存档机构的参保人员,应于男年满60周岁、女年满50周岁前60日,向存档机构提出转移档案和社保关系的书面申请。

第二步,存档机构应于参保人员男年满60周岁、女年满50周岁前30日,将其个人档案和基本养老保险、基本医疗保险关系一并转移至其户口所在地区(县)职介/人才服务中心。

第三步,参保人员于男年满60周岁、女年满50周岁的当月,向存档的区(县)职介或人才服务中心提出自愿继续缴费的书面申请,并于次月起继续缴费。

② 企业即将达到退休年龄的职工。

第一步,参保人员系单位职工且符合享受一次性基本养老保险待遇条件的,应于男年满60周岁、女年满50周岁前30日,向用人单位提出解除劳动合同的书面申请。

第二步,用人单位应于职工申请的当月,办理劳动合同解除手续,并将职工个人档案和基本养老保险、基本医疗保险关系在15日内一并转移至其户口所在地区(县)职介/人才服务中心。

第三步,参保人员应于解除劳动合同的当月向存档的区(县)职介/人才服务中心提出自愿继续缴费的书面申请,并于次月起继续缴费。

练 习

以A员工为例填写补缴明细表3-26、表3-27和表3-28。

表 3-26 北京市社保保险费补缴明细表

报表日期：　　年　月　　　　　　　　　　　　　　　单位：元（保留两位小数）

单位名称（章）：

统一社会信用代码（组织机构代码）：

补缴原因（一）：A. 自查补缴；B. 稽核补缴；C. 审计补缴；D. 监察补缴；E. 其他。

补缴原因（二）：1. 新参保单位补缴；2. 个人补缴；3. 补基数差额；4. 月报补缴；5. 个体工商户；6. 自由职业者；7. 农转居补缴；8. 其他。

序号	电脑序号	公民身份号码	姓名	年度	单位缴费基数	职工月缴费基数	补缴起止时间	月数	养老保险						失业保险				工伤保险			合计
									小计	单位缴费		个人缴费	利息		滞纳金	小计	单位缴费	个人缴费	滞纳金	小计	单位缴费	滞纳金	
										统筹基金	单位划转		单位划转	个人缴费									
1	2	3	4	5	6	7	8	9	10	11	12	13	14	15	16	17	18	19	20	21	22	23	24=10+17+21
1																							
本页合计																							
累　计																							

单位负责人：　　　　　　　填报人：　　　　　　　联系电话：　　　　　　　填报日期：　　年　月　日

注解

1. 此表应按补缴原因分类填写。两类原因必须选择，同类原因只允许选择一项，一式两份。
2. 养老保险1998年1—6月和7—12月分行填写。
3. 同一缴费年度月缴费基数、缴费比例不一致的，以及缴费基数封顶不一致的，分行填写，此外每年度按行填写。
4. 此表中的利息与滞纳金栏目，由社保经办机构计算自动生成后由单位确认。
5. 10栏=11栏+12栏+13栏+14栏+15栏+16栏；17栏=18栏+19栏+20栏；21栏=22栏+23栏。
6. 此表按险种分行填写。

表 3-27　北京市社会保险费补缴汇总表

报表日期：　　　年　月

统一社会信用代码(组织机构代码)：　　　单位名称(章)：　　　单位：元(保留两位小数)

补缴原因(一)：A. 自查补缴；B. 稽核补缴；C. 审计补缴；D. 监察补缴；E. 其他。

补缴原因(二)：1. 新参保单位补缴；2. 个人补缴；3. 补基数差额；4. 月报补缴；5. 个体工商户；6. 自由职业者；7. 农转居补缴；8. 农转居趸缴；9. 农转自；10. 农转非；11. 其他。

险　种	项　目			栏　号	金　额
养老保险	单位缴费	统筹基金		1	
			其中补差	2	
		单位划转	单位划转	3	
			利　息	4	
			小　计	5	
	个人缴费	个人缴费		6	
		利　息		7	
		小　计		8	
	滞纳金			9	
	合　计			10	
失业保险	单位缴费			11	
	个人缴费			12	
	滞纳金			13	
	合　计			14	
工伤保险	单位缴费			15	
	滞纳金			16	
	合　计			17	
总　计				18	

单位负责人：　　　填报人：　　　联系电话：　　　填报日期：　　年　月　日

表 3-28 基本医疗(生育)保险基金补缴情况表

单位名称(章)：
社会保险登记证编号：

序号	姓名	公民身份号码	性别	缴费人员类别	补缴原因	补缴起止时间	月数	职工缴费工资基数	应缴金额合计	其中						
										个人应缴金额合计	其中		单位应缴金额合计	其中		
											基本医疗(生育)基金应缴	大额互助资金应缴		基本医疗(生育)基金应缴	大额互助资金应缴	公务员补助资金应缴
甲	乙	丙	丁	戊	己	庚	辛	壬	癸 1=2+5	2=3+4	3	4	5=6+7	6	7	8
累计	—	—	—	—	—	—										

单位经办人：　　　　　单位负责人：　　　　　社保经办机构申报岗：　　　　　社保经办机构(盖章)：
填表日期：　　　　　　核审日期：　　　　　　年　　月　　日

练 习

依照 A 的填写情况填写其他 9 名员工的数据至表 3-29 和表 3-30 中。

表 3-29 北京市社会保险费补缴明细表

报表日期：2020 年 12 月　　　　　　　　　　　　　　　　　　　　　　　　　单位：元

单位名称(章)：北京×××贸易有限责任公司

统一社会信用代码(组织机构代码)：91110105800222298×3

补缴原因(一)：A. 自查补缴；B. 稽核补缴；C. 审计补缴；D. 监察补缴；E. 其他。

补缴原因(二)：1. 新参保单位补缴；2. 个人补缴；3. 补基数差额；4. 月报补缴；5. 个体工商户；6. 自由职业者；7. 农转居补缴；8. 其他。

序号	电脑序号	公民身份号码	姓名	年度	单位缴费基数	职工月缴费基数	补缴起止时间	月数	养老保险 小计	单位缴费 统筹基金	单位缴费 单位划转	个人缴费	利息 单位划转	利息 个人缴费	滞纳金	失业保险 小计	单位缴费	个人缴费	滞纳金	工伤保险 小计	单位缴费	滞纳金	合计
1	60000 12340	110 105 198 012 10× ×××	A	2020	9 000	9 000	2020年10月-2020年10月	1	2 160	1 440		720				90	72	18		27	27		2 277
2																							
3																							
4																							
5																							
6																							
7																							
8																							
本页合计	—	—	—	—	9 000	9 000		1	2 160	1 440	0	720				90	72	18		27	27		2 277
累计	—	—	—	—	9 000	9 000		1	2 160	1 440		720				90	72	18		27	27		2 277

单位负责人：伍××　　　填报人：马×　　　联系电话：010-649999××　　　填报日期：2020 年 12 月 15 日

表3-30 基本医疗（生育）保险基金补缴情况表

单位名称（章）：北京×××贸易有限责任公司
社会保险登记证编号：911101058002298××3

单位：元

序号	姓名	公民身份号码	性别	缴费人员类别	补缴原因	补缴起止时间	月数	职工缴费工资基数	应缴金额合计	个人应缴金额合计	其中			单位应缴金额合计	其中		
											基本医疗（生育）基金应缴	大额互助资金应缴			基本医疗（生育）基金应缴	大额互助资金应缴	公务员补助资金应缴
甲	乙	丙	丁	戊	庚	辛	壬	癸	1=2+5	2=3+4	3	4		5=6+7	6	7	8
1	A	110105198012 10××××	女	本市城镇职工	自查补缴	2020年10月—2020年10月	1	9 000	1 155	183	180	3		972	882	90	0
累计	—	—	—	—	—	—											

单位办人：马× 单位负责人：伍××
填表日期：2020年12月15日 社保经办机构申报岗： 社保经办机构（盖章）：
核审日期： 年 月 日

当用人单位提交了养老、失业、工伤和医疗（生育）保险的补缴业务材料后，社保经办机构和医保经办机构会计算出滞纳金或利息，并把数据转给财务，用人单位可到财务进行还款。滞纳金的计算公式是：欠缴金额×欠缴天数×滞纳金计算比例。其中，计算欠缴天数的日期核定原则为：欠缴起始之日定为收款月的次月1日。截至用人单位申报补缴成功的前一日。此处的收款月是欠缴月份的下一个月。例如，本案例中欠缴月份为10月，欠缴月份为11月，开始计算欠缴天数的时间为12月1日。

由于本案例中的A职工欠缴本金为四险合计金额3 432元，若12月15日申报成功，其用人单位应缴纳的滞纳金为：3 432×14×0.000 5=24.02(元)。

利息的还款原则是：当补缴涉及员工个人账户时，用人单位还需要为员工本人还欠个人利息，个人利息一般按照当年的记账利率进行核算。各地标准可能存在差异。

模块 3.3 业务实训与演练

3.3.1 业务练习(一)

企业人员增减变动统计表的填写,把表 3-31 填充完整。

表 3-31 某企业人员情况表   单位:人

名称	在岗职工		不在岗职工	聘用、留用的离退休人员	外籍及港澳台人员	人事关系保留在原单位的人员		人员总数	应参保人员小计		
	总数	其中,农民工				总数	其中,有缴费证明人员		总数	其中,在岗城镇职工	其中,农民工
序列	(1)	(2)	(3)	(4)	(5)	(6)	(7)	(8)	(9)	(10)	(11)
2020年											
1月	10	2	0	5	0	0	0				
2月	12	2	0	5	0	0	0				
3月	15	5	0	5	0	0	0				
4月	15	5	0	5	0	0	0				
5月	15	5	0	4	0	0	0				
6月	12	3	0	3	0	0	0				
合计人											
月平均											

注:(2)≤(1),(7)≤(6),(8)=(1)+(3)+(4)+(5)+(6),(9)=(1)+(3)+(6)−(7),(10)=(1)−(2),(11)=(2)。

3.3.2 业务练习(二)

认识员工工资表构成,把北京某公司人员工资表填充完整(表 3-32),其中当月工伤费率为 0.2%。

表 3-32　北京某公司人员工资表(2020 年 1 月)　　　单位：元

序号	姓名	人员类别	月工资	社保	医保	公积金	代扣个人所得税	实发工资	备注
1	A	本市城镇职工	6 000	492	123	720	0	4 665	
2	B	本市城职工	26 639						
3	C	本市城职工	8 418						
4	D	本市城职工	2 747						
5	E	本市城职工	17 688						
6	F	本市农民工	23 438						
7	G	外埠城镇职工	21 210						
8	H	本市农民工	10 557						
9	I	外埠城镇职工	6 429						
10	J	外埠城镇职工	29 569						
11	K	退休人员	2 568						
12	L	退休人员	1 974						
13	M	退休人员	2 971						
14	N	退休人员	2 594						
15	O	退休人员	1 411						
		合　计							

注　解

注：假如北京个人所得税的起征点为 5 000 元，个人所得税税率表具体标准如下：

个人所得税税率表一(综合所得适用)

级　数	全年应纳税所得额	税　率
1	不超过 36 000 元的	3%
2	超过 36 000 元至 144 000 元的部分	10%
3	超过 144 000 元至 300 000 元的部分	20%
4	超过 300 000 元至 420 000 元的部分	25%
5	超过 420 000 元至 660 000 元的部分	30%
6	超过 660 000 元至 960 000 元的部分	35%
7	超过 960 000 元的部分	45%

注1：本表所称全年应纳税所得额是指依照税法的规定，居民个人取得综合所得以每一纳税年度收入额减除费用六万元以及专项扣除、专项附加扣除和依法确定的其他扣除后的余额。

注2：非居民个人取得工资、薪金所得，劳务报酬所得，稿酬所得和特许权使用费所得，依照本表按月换算后计算应纳税额。

(1) 应纳税所得额＝工资薪金所得－起征点；
(2) 应纳税额＝应纳税所得额×税率－速算扣除数。

3.3.3 业务练习(三)

以本公司2020年1月份的工资情况作为员工的社会保险缴费工资，制作该公司2020年1月份的缴费月报表(三险与医疗(生育))，其中工伤费率为0.5%。

3.3.4 业务练习(四)

认识企业员工花名册(表3-33)，根据花名册做每月的人员增减变动表和缴费月报的变动表，并简要描述其操作流程，其中工伤费率为0.3%。

表3-33　2020年某公司人员花名册

序号	姓名	人员类别	性别	公民身份号码	第一个月工资(元)	备注
1	A	本市城镇职工	男	11010519780206××××	43 193	2020年1月入职
2	B	本市城镇职工	女	11010419770216××××	7 932	2020年1月入职
3	C	本市城镇职工	女	11010819700904××××	36 892	2020年1月入职
4	D	本市城镇职工	男	11010319801206××××	6 402	2020年1月入职,6月份离职
5	E	本市城镇职工	男	11010519770406××××	37 834	2020年1月入职
6	F	本市农民工	女	11010919841106××××	3 691	2020年1月入职,6月份离职
7	G	外埠城镇职工	男	31011519790206××××	43 297	2020年1月入职
8	H	外市农民工	男	12010919810206××××	8 051	2020年1月入职
9	I	外埠城镇职工	男	41012319780206××××	21 893	2020年1月入职
10	J	外埠城镇职工	男	13010519780206××××	14 453	2020年1月入职
11	K	退休人员	女	11010119520306××××	2 442	2020年1月入职
12	L	退休人员	男	11010619540206××××	1 405	2020年1月入职,5月份离职
13	M	退休人员	男	11010319501006××××	1 206	2020年1月入职,6月份离职

(续表)

序号	姓名	人员类别	性别	公民身份号码	第一个月工资（元）	备注
14	N	退休人员	男	110105195711106××××	1 235	2020年1月入职
15	O	退休人员	男	110102195912006××××	2 779	2020年1月入职
16	P	本市城镇职工	男	110103197711116××××	36 358	2020年2月入职,从本区调入
17	Q	外埠城镇职工	女	310115197906066××××	39 323	2020年2月入职,新参统
18	R	本市农民工	男	110108198212206××××	8 482	2020年3月入职,从外区调入
19	S	外市农民工	男	310115198403304××××	9 404	2020年3月入职,从外区调入,6月离职
20	T	外市农民工	女	310115198311106××××	4 147	2020年3月入职,从外区调入

3.3.5 业务练习(五)

依据目前本地区的社会保险政策征缴规定和最新的个人所得税标准填写表3-33,若表3-33中的月工资作为本月的缴费工资,并制作本月的缴费月报表(三险与医疗(生育)),工伤费率按照1‰进行计算。

表3-33 北京某公司人员工资表 单位:元

序号	姓名	人员类别	月工资	社保	医保	住房公积金	代扣个人所得税	实发工资	备注
1	A	本市城镇职工	4 000						
2	B	本市城镇职工	3 800						
3	C	本市城镇职工	4 000						
4	D	本市城镇职工	3 500						
5	E	本市城镇职工	2 900						
6	F	本市农民工	2 900						
7	G	外埠城镇职工	4 000						
8	H	本市农民工	2 900						
9	I	外埠城镇职工	4 000						
10	J	外埠城镇职工	4 000						
11	K	退休人员	900						
12	L	退休人员	900						

(续表)

序号	姓名	人员类别	月工资	社保	医保	住房公积金	代扣个人所得税	实发工资	备注
13	M	退休人员	900						
14	N	退休人员	900						
15	O	退休人员	1 000						
16	P	本市城镇职工	5 000						
17	Q	外埠城镇职工	4 000						
合 计									

项目 4

个人账户的管理

学习内容

模块 4.1　知识要点的回顾
模块 4.2　业务演示与讲解
模块 4.3　业务实训与演练

实训目标

1. 工作内容与人员要求

本模块的项目内容主要是处理有关参保人员的个人账户的记账方法、管理细则、转移、中止、接续和清算等业务。

参保人员参保后,养老保险和医疗保险实行的是统账结合的筹资模式,在基金业务处理中除了统筹基金账户外,还存在养老和医疗的个人账户。另外,参保人员的失业保险待遇依据其缴费记录,在实际业务中需要记载该险种的缴费情况。

个人账户业务一般由统筹区内的收缴岗位根据缴费情况进行记录,社保经办机构对个人账户的具体业务进行处理。从分工上讲,社保部门的负责人进行账户的内部处理,参保单位的业务经办人主要负责各部分的申报工作。个人账户是计发社会保险待遇的重要依据,这就要求社保经办机构要对参保人员的个人账户进行定期的公示,并接受核对等社会监督。

2. 实训目标

完成本项目的实训过程应该能够:

- 掌握个人账户的基本构成要素;
- 拥有处理个人账户的信息变更、转移、支付和清算等业务的能力;
- 能够正确理解和解释个人账户相关业务表格中的指标;
- 熟悉个人账户管理的办事流程。

> **工作任务**
> C,女,本市城镇职工,汉族,公民身份号码为11011119680722××××,1994年7月1日进入一全额拨款的事业单位工作,到其离开单位时上一年月平均收入为2 600元。2009年12月31日她离开机关进入北京×××思特企业工作,她进入该企业后月工资为3 000元,但该企业当年并没有为其缴纳社会保险,直到2011年1月才开始为其缴纳社会保险,之前所欠缴的保险也没为其补缴。2011年C的月收入仍为3 000元。2012年企业为其提高收入,每月为3 200元。后因为与上司意见不合,她于2013年5月份辞职进入北京×××红叶有限责任公司工作,第一个月的收入为4 000元,工作到2013年底,然后辞职在家。2014年1月至2020年9月,她均在家待业。2020年10月,C再次进入新成立的北京×××贸易有限公司。请思考截至2020年底该员工个人账户的基本情况是怎样的。

模块 4.1　知识要点的回顾

4.1.1　了解个人账户

1. 个人账户的构成

个人账户指社保经办机构为每位参加保险的职工设立的一个终身不变的账户。个人账户是用来记录职工个人基本信息、企业缴费信息、个人缴费信息、基金收益等内容,并作为计算职工应享有权益额度的重要依据。

若依照存入的时间来分,个人账户主要包括三个部分:

(1) 当年缴费本金;

(2) 当年本金生成的利息;

(3) 历年累计储存额。

若依照资金的来源可分为:

(1) 个人缴纳;

(2) 单位划转;

(3) 利息金额。

2. 个人账户的管理方法

(1) 建立与补建。

依据《劳动部办公厅关于印发〈职工基本养老保险个人账户管理暂行办法〉的通知》(劳办发〔1997〕116号)与《关于规范企业职工基本养老保险个人账户管理有关问题的通知》(劳社厅发〔2001〕5号)的规定,社保经办机构要以公民身份号码为标识,为所有参加社会保险的职工建立或补建个人账户,并由社保经办机构对个人账户实行统一管理。

个人账户要按月记账。当用人单位和职工按规定缴费后,社保经办机构要及时记录个人账户。若职工的工资或劳动关系发生变化,要及时变更。不得采取"先记账、后缴费"的做法。

只有用人单位和职工按时足额缴纳社会保险费,才能计算缴费年限。若未能按时足额缴纳社会保险费的,依据养老保险、失业保险、工伤保险顺序记载个人缴费信息及账户,医疗(生育)保险另外计算。若养老保险费缴纳不足额时,先满足个人账户部分,剩余纳入统筹基金。但因为不足额,故不记载缴费年限。失业、医疗(生育)保险与此相同。

对于曾缴过费但未在社会保险数据库里建立个人缴费信息及账户的参保人员,可根据记录的缴费情况进行补建。但个人账户同一险种只能记录一份,不能多头或重复记录。如果出现多头或重复记录的现象,要将多个养老保险个人账户进行合并,具体处理办法如下。

① 属于多个账户在不同时间段发生的缴费,要及时转移,由其中一个符合接续要求的参保地的社保经办机构负责接续,依据其他参保地区的社保机构所开具的社会保险转移单进行补填。

② 属于同一个时间段内发生的多个账户缴费,保留最晚建账参保地的个人账户;本人自愿,也可保留建账时间长的参保地个人账户。其他个人账户储存额转移合并到保留的个人账户,缴费基数不合并。

(2) 转移、接续、封存和清算。

① 转移。

- 职工在不同地区之间的转移。

A. 基本养老保险的转移。

个人账户可以随参保者的自由流动而进行转移。转移分为统筹区内、外的转移。依据《关于严格执行职工基本养老保险个人账户转移政策的通知》(劳社厅发〔1999〕22号)和《国务院办公厅关于转发人力资源社会保障部财政部城镇企业职工基本养老保险关系转移接续暂行办法的通知》(国办发〔2009〕66号),转移办法的基本内容如下。

第一,职工在同一统筹地区内流动时,只转移基本养老保险关系和个人账户档案,不转移基金。有些地区参保者若在同一统筹区内发生工作变动,基本养老保险关系和个人账户档案也不需要转移。如在北京不同区进行工作,参保者的个人账户关系不需要变动,这是因为个人缴费的记录是由北京市社会保险管理中心统一管理。

第二,若职工跨统筹地区流动时,按时间可分为以下两个阶段。

在2010年1月之前,参保人除转移基本养老保险关系和个人账户档案外,还要按规定转移职工个人账户基金,具体内容如下:对职工转移时已建立了个人账户的地区,转移基金额为个人账户1998年1月1日之前的个人缴费部分累计本息加上从1998年1月1日起记入的个人账户全部储存额。对职工转移时仍未建立个人账户的地区,1998年1月1日之前转移的,1996年之前参加工作的职工,转移基金额为1996年1月1日起至调转月止的职工个人缴费部分累计本息;1996年、1997年参加工作的职工,基金转移额为参加工作之月起至调转月止职工个人缴费部分累计本息;1998年1月1日之后转移的,基金转移额为1998年之前按前述规定计算的职工个人缴费部分累计本息,加上从1998年1月1日起按职工个人缴费工资基数一定比例计算的缴费额累计本息;未建个人账户期间,个人缴费部分的利息按当时中国人民银行一年期定期城乡居民储蓄存款利率计算。对年中调转职工调转当年的记账额,调出地区只转本金不转利息,由调入地区按劳办发〔1997〕116号规定对职工调转当年记账额一并计息。基金转移时,不得从转移额中扣除管理费。

2010年1月1日后,参保人员除转移基本养老保险关系、个人账户档案和储存额外,还转移12%的用人单位缴费,各地区之间的转移不再受户籍限制。

办理基本养老保险关系、个人账户和基金的转移手续时,转移前后的个人账户储存额合并计算。

B. 失业保险关系的转移。

依据《关于单位成建制跨统筹地区转移和职工在职期间跨统筹地区转换工作单位时失业保险关系转迁有关问题的通知》(劳社厅函〔2002〕117号),城镇企事业单位成建制跨统筹地区转移或职工在职期间跨统筹地区转换工作单位的,失业保险关系应随之转移。其中,跨省、自治区、直辖市的,其在转出前用人单位和职工个人缴纳的失业保险费不转移;在省、自治区内跨统筹地区的,是否转移失业保险费由省级劳动保障行政部门确定。

对于跟随户口而转移关系的人员,一般分两种情况。第一种是若因调动工作而落户的人员,失业保险关系在转移时其失业保险费不转移,由其原所在地统筹地区的地、市失业保险经办机构为其开具失业保险关系转迁证明,并注明累计缴费时间,调入现户口所在地后60日内,由用人单位到其参统的区(县)社保经办机构办理失业保险费接续手续,转入前后的缴费时间合并计算。第二种是落户人员在转移关系时失业或在外埠参统并且转回户口所在地申领失业保险金的本地区城镇人员。首先,应由原用人单位为其出具终止、解除劳动(聘用)合同或者工作关系的证明以及参统地的省(直辖市)、市、区(县)人力资源和社会保障局社保经办机构提供的参保证明材料和就业失业保险登记证,与档案一起于落户后30日内移交现落户人员户籍所在地区(县)劳动保障部门。区(县)劳动保障部门接到档案7日内,将档案转移到其户籍所在街道劳动保障部门管理。社保经办机构将会收到落户人员失业的保险费。须划转的失业保险费用包括失业保险金、医疗保险金和职业培训、职业介绍补贴。其中,医疗保险金和职业培训、职业介绍补贴按失业人员享受的失业保险金总额的一半计算。待失业保险基金转入后,其户口所在地的区(县)社保经办机构填写"北京市失业保险金转入通知单",并负责通知失业保险的支付部门按照落户区的失业保险金发放标准重新核定其应领取的金额、期限和其他失业保险待遇。落户人员凭失业保险登记证和迁出地经办机构出具的证明材料,到其户籍所在地街道劳动保障部门办理享受失业保险待遇手续,并按落户地区的有关规定享受促进就业优惠政策。

若外埠城镇人员提出回原籍领取失业保险金的,原用人单位须填写"外埠城镇人员失业保险金转移单",并附上证明其为城镇户口的有关材料,由现区(县)社保经办机构负责与其户口所在地的省(直辖市)、市、区(县)原劳动和社会保障局社保机构联系复核。准确无误的,由区(县)社保经办机构负责转移失业保险金。

C. 基本医疗保险关系的转移。

因调动工作落户的人员,在外埠参加基本医疗保险的缴费年限,可与在落户地的缴费年限合并计算。医疗保险关系的转移参照养老保险关系的转移流程。

已达到或超过国家规定退休年龄的落户人员,不转移基本医疗保险关系和个人账户,不享受落户区的基本医疗保险待遇。这类人员按照原所在地的规定,享受原所在地的基本医疗保险待遇。

- 企业与机关事业单位之间的转移规定。

参保职工在企业与机关事业单位之间的转移经历了从双轨制到统一制的过程。在2005年之前,参保职工若从企业转移到机关事业单位,则依据《关于职工在机关事业单位与企业之间流动时社会保险关系处理意见的通知》(劳社部发〔2001〕13号)进行操作,即已参加基本养老保险的企业职工,在调入已开展基本养老保险制度改革的机关事业单位时,要转移养老保险关系,个人账户储存额是否转移,由各省(自治区、直辖市)根据实际情况确定。调入未开展基本养老保险制度改革的机关事业单位,暂不转移个人账户,继续由调出地社保经办机构管理。机关事业单位职工调入企业时,从调入之日起建立个人账户,在调入企业前已经建立个人账户的,其个人账户随同转移,储存额合并计算。

A. 职工从机关事业单位转入企业。

新建个人账户,原单位从同级财政出资给予个人账户养老保险补贴。

补贴的标准为:本人离开机关上年度月平均基本工资×在机关工作年限×0.3‰×120。

补贴的人员范围为:2001年9月20日以后(含9月20日)进入企业工作的公务员及参照、依照、按照公务员制度管理的单位工作人员。

B. 从企业转入机关事业单位。

停止参保,执行机关事业单位的退休养老制度。退休时,个人账户储存额每月按规定标准计发,并相应抵减机关事业单位办法计发的养老金。

C. 多次转移。

从机关事业单位转入企业后又转入机关事业单位,返还原给予的一次性补贴的本金和利息。个人账户的处理类同于企业转入机关事业单位的办法。

2005年至2014年9月之间,当职工从机关事业单位转到企业时,若机关事业单位建立了基本养老保险制度,二者就直接进行接续。若机关事业单位没有建立基本养老保险,则原机关事业单位不再给予个人账户养老保险补贴,但计算个人账户补贴额。个人账户补贴额的计算标准为:

$$Z_{补贴} = \left[\left(\frac{C_{1992}}{12} \times 3 + C_{1993}\right) \times 2\% + \left(C_{1994} + C_{1995} + C_{1996} + C_{1997} + \frac{C_{1998}}{2}\right) \times 5\% \right.$$
$$\left. + \left(\frac{C_{1998}}{2} + C_{1999} + C_{2000} + \cdots + C_{2005}\right) \times 11\% + (C_{2006} + C_{2007} + \cdots + C_n) \times 8\%\right]$$
$$\times Z_{实指数}$$

其中,C_{1992},…,C_n分别为1992年至被保险人参保前,相应年度上一年本市职工平均工资;$Z_{实指数}$为被保险人参保至国家规定的退休年龄期间,相应年度的实际缴费工资基数与相应年度上一年本市职工平均工资比值之和的平均值。个人账户补贴额只用于被保险人个人账户养老金月标准的计算,不计入个人账户实际储存额,因此也只是在退休时进行核算。若企业转移到不实行基本养老保险的机关事业单位时,企业基本养老保险个人账户暂时中止。若多次转移时,则遵循上述政策进行办理。

自2014年10月起,机关事业单位均建立了基本养老保险制度,此时若再发生转移可以直接对接。即参保人员在同一统筹范围内的机关事业单位之间流动,只转移养老保险关系,不转移基金。参保人员跨统筹范围流动或在机关事业单位与企业之间流动,在转移养老保险关系的同时,基本养老保险个人账户储存额随同转移,并以本人改革后各年度实际缴费工资为基数,按12%的总和转移基金,参保缴费不足1年的,按实际缴费月数计算转移基金。转移后基本养老保险缴费年限(含视同缴费年限)、个人账户储存额累计计算。

② 接续。

企业因改制、关闭破产等原因与职工解除劳动关系,以及下岗职工出就业服务中心时,社保经办机构要及时与企业或职工本人核对个人账户记录。确认无误的,由社保经办机构、企业和本人三方签字(盖章),为他们重新就业后接续养老保险关系服务。

③ 封存。

对因自动离职、失业、参军、调入机关事业单位,以及被判刑、劳教等中断缴费人员的个人账户进行全面清理,作出分类,建立专门的中断缴费数据库,封存个人账户。

④ 清算。

对参保人员死亡、跨统筹地区调出、出国定居、缴费不满15年一次性领取个人账户储存额等情况,账户处理完毕后予以封存,与参保职工个人账户分开管理。

对于个人的情况不同,账户的处理方式也不同,具体的分类如表4-1和表4-2所示。

表4-1 养老保险个人账户处理方式

代 码	指 标 名 称	个人账户的处理
011	转往外省市	转移关系、12%的单位缴费、个人账户基金、出具社会保险关系转移证明
012	转统筹外	
020	转城乡居民养老保险	转移个人账户基金
014	转外国籍	封存或清算个人账户
015	死亡	清算个人账户
073	停工留薪期内死亡	
026	假释期满	启封个人账户
052	判刑劳教	封存个人账户
053	非带薪上学	
054	参军	
061	出国	
068	其他原因中断缴费	

表4-2 医疗保险个人账户处理方式

代 码	名 称	个人账户的处理
19	参军	停止转入资金,暂时封存
20	上学	
80	判刑	
90	劳教	
50	转往外埠	转移保险关系

(续表)

代码	名称	个人账户的处理
100	出国定居	可以清算或暂时封存个人账户,中止划转
110	转外国籍	
120	死亡	清算个人账户
130	失踪	暂时封存个人账户,等到确认死亡或视同死亡后进行清算

3. 个人账户的计息方法

(1) 养老保险的个人账户金额的计息办法有两种。

① 第一种是年度计算法,即至本年底个人账户累计储存额,在每个缴费年度结束以后按年底计算,其计算公式为:

至本年底个人账户累计储存额=历年个人账户累计储存额×(1+本年记账利率)
　　　　　　　　　　　　　　+个人账户当年金额×(1+本年记账利率
　　　　　　　　　　　　　　×1.083×1/2)

> 例:某职工至上年底个人账户累计储存额为18 642元,当年定期的记账利率假设为2.25%,活期利率为0.36%,此职工当年的缴费基数为3 000元,用年度计算法计算当年末该职工个人账户累计储存额。
>
> 计算至本年底个人账户累计储存额为:
>
> 18 642×(1+2.25%)+3 000×8%×12×(1+0.36%×1.083×1/2)=21 947.06(元)

② 第二种为月积数计算法,其计算公式为:

被保险人个人账户累计储存额=至上年底个人账户累计储存额
　　　　　　　　　　　　　×(1+本年储存额记账利率)
　　　　　　　　　　　　　+当年存入个人账户金额
　　　　　　　　　　　　　+当年存入个人账户金额的利息

式中,"当年存入个人账户金额的利息"的计算公式如图4-1所示。

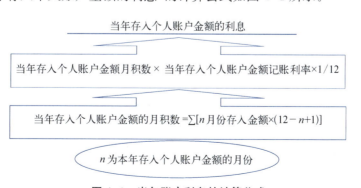

图4-1 当年账户利息的计算公式

> 例：某职工至上年底个人账户累计储存额为18 642元，当年定期的记账利率假设为2.25%，活期利率为0.36%，此职工当年的缴费基数为3 000元，用月积数计算法计算当年末该职工个人账户累计储存额。
>
> 18 642×(1+2.25%)+3 000×8%×12+3 000×8%×(12+11+10+9+8+7+6+5+4+3+2+1)×0.36%×1/12=21 947.06(元)

退休人员个人账户余额部分的利率为银行规定的同期居民1年期存款利率。退休期间个人账户利息的计算公式则为：

被保险人个人账户余额的利息＝个人账户年初余额×本年储存额记账利率

－本年度支付月积数×本年储存额记账利率

×1/12

注：本年度支付月积数=∑[n月份支付额×(12－n+1)]（其中，n为本年度各支付月份）

练 习

> 某职工某年3月退休时个人账户余额为88 480元，其中个人缴费的本息合计为42 400元，每月支付他养老金1 100元，其中个人账户部分是340元，要求计算当年年末被保险人个人账户余额的利息，其中当年的定期利率为2.75%，活期利率为0.36%。

当参保单位和参保人补缴或还欠缴的个人账户金额时以社保经办机构实际收到补缴或还欠缴的社会保险费的当月开始计息。

为了统一规范管理、继续增强个人账户管理制度的激励作用，提高计发待遇时的替代率水平，人力资源和社会保障部、财政部于2017年4月颁布了《关于印发统一和规范职工养老保险个人账户记账利率办法的通知》（人社部发〔2017〕31号），其中规定职工基本养老保险个人账户记账利率由人力资源和社会保障部及财政部每年6月份统一公布，不再由各省、自治区、直辖市人民政府确定。

(2) 医疗保险的个人账户金额的计息办法。

医疗保险的个人账户金额的计息办法参照同期银行的活期利率。

4. 个人账户的查询与公示、支付、继承

(1) 个人账户的查询与公示。

社保经办机构要妥善保存社会保险的缴费记录和个人账户记录，每年至少公示或打印一次养老保险个人账户对账单，并采取多种形式，建立个人账户查询制度，记录个人查询和对账情况，方便参保人员了解用人单位缴费和个人账户结存情况。

(2) 个人账户的支付。

个人账户的支付根据享受条件的不同分为不同情况，具体分类如表4-3所示。

表 4-3　不同情况下的个人账户的支付方式

名　　称	养老保险	医　疗	失　业
退休人员	按月支付	因病而支付	无
死亡	由继承人领取参保人所缴纳的本息	由继承人领取个人账户的余额本息	无
失踪			
转外国籍	可以清算,个人缴费的本息由本人一次性领取,也可以直接暂时封存	个人缴费的本息由本人一次性领取	无
参保后达到退休年龄而又不满足退休条件	一般转移到城乡居民养老保险,若申请清算则个人缴费的本息由本人一次性领取	个人缴费的本息由本人一次性领取	

(3) 个人账户的继承。

① 职工在职期间死亡后,其养老保险的个人账户继承额为职工死亡时个人账户储存额中个人缴费部分的本息合计。医疗保险的个人账户储存额可全部继承。

② 离退休人员死亡时,其个人账户继承额为个人账户储存额支付其个人账户养老金后,个人缴费部分的本息余额。

$$继承额 = 离退休人员死亡时个人账户余额 \times \frac{离退休时个人账户中个人缴费部分本息}{个人账户全部储存额}$$

医疗保险的个人账户储存额可全部继承。

练　习

某职工退休时养老保险个人账户储存额为 15 万元,其中个人缴费部分为 5 万元。王某退休后某年死亡,死亡后其个人账户余额为 6 万元,其继承人可继承的个人账户金额为多少?

4.1.2　业务内容

参保单位和个人向社保经办机构全额缴费后,社保经办机构进行记录,分别记入统筹基金账户和个人账户。

企业社保业务经办人负责本企业的职工账户的建立、转移、清算和终止的申报,并负责向社保经办机构提供相关的申报资料。社保经办机构的业务负责人受理审核资料,并依照政策的规定进行个人账户的记录、划转、计息、转移、清算、中止、封存、恢复等业务。社保经办机构对所缴纳费用的分配方式如图 4-2 所示。

业务处理的基本要求如下。

① 掌握个人账户的分配原则。

② 审核资料的真实性、准确性和完整性,保证基金的安全性。

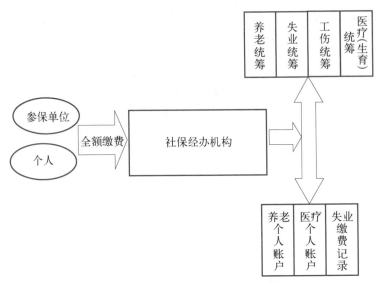

图 4-2　社会保险费用的分配图

③ 熟悉各种业务的基本操作流程,保证基金的有效管理与支付。

1. 建立个人账户

(1) 养老保险个人账户的建立。

① 新参保人员:由参保单位或职介/人才服务中心等代办机构填写"社会保险个人信息登记表",带上身份证复印件(外地需要提供户口簿复印件)到社保经办机构进行登记,该机构的业务负责人将根据所提供的参保人员的基本信息建立个人账户的基本信息。

② 对于缴过费但未建立个人账户的参保人员,可填写"社会保险个人信息登记表"和"社会保险费补填表",并提供相关的证明材料,经社保经办机构审核后若合格则为其建立和完善个人账户缴费信息和划拨资金。

其中,个人缴费记录补填所针对的人员主要有清册遗漏、异地基金转入和老库转新库人员。

个人账户补填须携带的材料有"社会保险个人账户转移单"(转移单补填用)、"职工养老保险手册"、异地转出的"养老保险个人账户转移单"(缴费明细)或"基本养老保险参保缴费凭证"和"基本医疗保险参保凭证"等。

③ 对于原行业统筹有过缴费但未建立个人账户或外地户口迁移但在原户口所在地有参保记录的参保人员,可根据原户口所在地的社保经办机构所开的"社会保险个人账户转移单"、现参保单位或职介/人才服务中心等机构填写的"社会保险个人信息登记表"以及本人的户口簿及复印件去现社保经办机构进行审核,在确认基金从原户口所在地转到现户口所在地的账户上后,可以为其建立个人账户。

(2) 医疗保险的个人账户的建立。

对于新参保人员,由参保单位或职介/人才服务中心等代办机构填写"社会保险个人信息登记表",带上身份证复印件到社保经办机构进行登记,该机构的业务负责人将根据所提供的参保人员的基本信息建立个人账户。

建立信息后进行初次缴费的第二个月,个人即可通过银行获得个人账户的费用,都存在医保个人账户中。

若是在职长期驻外职工或异地安置的退休人员,他们个人账户的资金可以不通过银行发放,而是社保经办机构将以邮寄汇款的方式按季度每季度末邮寄给本人。一般有两种方式可以选择:一种是通过汇款单的方式领取,参保人必须提供正确的居住地址和邮编;二是通过邮政储蓄的存折领取,参保人可在当地邮局开立一个结算户的邮政储蓄存折。随着退休人员管理的社会化,退休人员的个人账户将越来越脱离原单位,如医疗保险个人账户的分配不再与原参保单位缴费状态挂钩,即无论参保单位是否欠缴医疗保险费,退休人员均按月足额分配医疗保险个人账户。退休人员个人参加的大额医疗费用互助资金也不再通过参保单位代为缴纳,改由区(县)社会保险基金管理中心从分配给退休人员医疗保险个人账户中代为扣缴。

例如在北京,每月医疗保险个人账户的金额具体标准如表4-4所示。

表4-4 北京市医疗保险个人账户每月金额标准

在职人员(以本人缴费基数计算)		退 休 人 员	
35周岁以下	2.8%	70周岁以下	100元/月
35~45周岁	3%		
45周岁以上	4%	70周岁以上	110元/月

注 解

由于退休人员一般参加每月3元的医疗保险的大额统筹,所以医保经办机构为方便业务操作,会在划入个人账户的金额中扣除3元,转移到大额统筹基金中。退休人员每月实际到账的金额分别是:70周岁以下为97元,70周岁以上为107元。

医保个人账户的资金流转方式如图4-3所示。

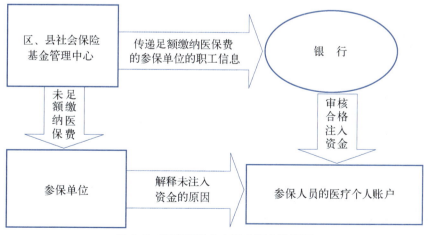

图4-3 医疗保险个人账户资金流转图

参保人员因工作变动不跨统筹区时,或在职人员转退休时,其医疗保险个人账户也一样不需要重新建立,可继续使用。

2. 个人账户的管理:查询与公示

(1) 社保经办机构在参保人缴费年度结束后,应根据缴费记录为职工打印养老保险的个人账户对账单如表4-5所示,可下发至参保单位。

(2) 参保单位可以把对账单发给本单位的参保人员,让其进行核对、确认签字。本表是参保人个人账户金额的储存凭证。参保人依据此表查询、核对个人信息及账户的记载情况。

(3) 职工也可以根据自己的账户号在微信、12333热线、网络或公共查询台上查询养老保险的账户。参保人员可随时查询核对本人的个人账户记录情况,可直接到参保地社保经办机构的业务窗口要求工作人员为其查询,或到参保地社保经办机构设立的个人账户查询屏上自己查询,已经实现养老保险数据联网的地方可网上查询,目前正在推行采用邮寄对账单或发送电子邮件给本人的方式来强化对个人账户的管理。

(4) 用人单位和个人对社保经办机构公布的个人账户对账单有异议时,可到社保经办机构查询,提出更正的要求。对用人单位和职工的异议,社保机构要及时核实和更正。

表4-5 北京市社会保险个人缴费信息对账单

统一社会信用代码(组织机构代码): 　　　　单位名称:
姓名: 　　　　公民身份号码: 　　　　电脑序号:

月份	缴费基数				养老保险个人账户		失业缴费记录	工伤缴费记录	生育缴费记录
	养老	失业	工伤	医疗(生育)	个人缴费	单位划转			
1									
2									
3									
4									
5									
6									
7									
8									
9									
10									
11									

(续表)

月份	缴费基数				养老保险个人账户		失业缴费记录	工伤缴费记录	生育缴费记录
	养老	失业	工伤	医疗（生育）	个人缴费	单位划转			
12									
当年账户		—	—				—	—	—
当年利息		—	—				—	—	—
历年账户		—	—				—	—	—
历年利息		—	—				—	—	—
累计账户		—	—				—	—	—

附注：养老保险视同缴费年限：　　年　　　　实际缴费年限：　　年
　　　失业保险实际缴费年限：　　年
　　　趸缴年限：　　年　　　　　　　　趸缴金额本息合计：　　元
　　　社保经办机构　　年　　月　　日　　　　职工签字：

说明：如有异议时，请参保单位于60日内至所属社保经办机构核实。

3. 个人账户的转移

（1）外埠的转入与转出。

在国家规定的劳动年龄范围内（男不超过50周岁、女不超过40周岁）的本地在职职工可转入统筹外的基本养老保险关系和基金、医疗保险关系和个人账户累计储存额，以及失业保险关系，并在本地区继续参保，其在外埠工作期间符合国家政策规定的连续工龄和缴费年限，可与在本市的缴费年限合并计算，不受外地户籍或农业户籍的限制。若已达到或超过国家规定退休年龄的外埠人员或落户人员，不转移基本养老保险关系和基本养老保险个人账户。这类人员按照原所在地的规定，享受原所在地的基本养老保险待遇和基本医疗保险待遇。

具体流程如下：

第一，上一参保单位业务负责人在转出地的征缴部（或账户补填岗）办理减员手续，转出中原因三险选择"转外省申请中断"，医疗保险选择"转往外埠"，并填写人员减少表，此减少表与一般填写不同的是一定要在表格右下方空白处注明"本人同意将基本养老保险和基本医疗保险转往外省市"，由参保人本人签字确认，标注日期。

第二，转出地的征缴部（或账户补填岗）依此打印"基本养老保险参保缴费凭证"和"基本医疗保险参保缴费凭证"，并最终交给参保人。目前此表均可在网上由参保者直接打印。

第三，现参保单位业务负责人提交相关材料给转入地社保经办机构的征缴部（或账户补填岗），并填写"基本养老保险关系转移接续申请表"和"基本医疗保险关系转移接续申请表"。

第四，转入地社保经办机构的征缴部（或账户补填岗）发"转移接续联系函"给转出地的社保经办机构。

第五,转出地的社保经办机构会根据接受函转移养老和医疗保险个人账户中的资金到转入地的社保经办机构所指定的账户上,并寄出"基本养老保险关系转移接续信息表"和"基本医疗保险关系转移接续信息表",同时上传数据到人力资源和社会保障部。

第六,转入地社保经办机构业务负责人从人力资源和社会保障部网站上下载转移人员的数据,并在个人信息进入现社保经办机构的数据库、收缴部门收到原社保经办机构所寄给的个人账户基金后,开始为其进行养老保险的合并记录,接续原来的个人账户的关系记载。

若是养老保险关系的转出一般是针对外埠人员或迁出户口的人员,具体流程与转入反向行之即可。

(2) 退休人员的转移。

① 本区内的转移。

依据《关于规范社区管理企业退休人员人事档案转移程序有关问题的通知》(京劳服社发〔2005〕1号),已实行社区管理的退休人员因户口在本市、本区(县)内迁移的,由退休人员本人持户口本,向户口迁出地的街道(乡镇)社保所提出书面申请,社保所到区(县)社保经办机构办理社会保险关系转移手续后,到区(县)社会化管理服务机构办理人事档案的转移手续。区(县)社会化管理服务机构将退休人员人事档案转到退休人员户口迁入地的街道(乡镇)社保所。其档案与保险关系的流转方式如图4-4所示。

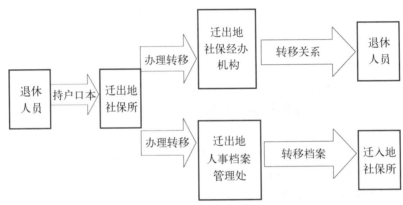

图4-4 退休人员本区关系转移流程图

② 同一市内不同区(县)间的转移。

人事档案和退休关系由一个区(县)的社保所迁移到另一区(县)的社保所,即户口迁移到外区(县)的,由退休人员本人持户口本,向户口迁出地的街道(乡镇)社保所提出书面申请,社保所到区(县)社保经办机构办理社会保险关系转移手续后,由本人持社会化管理服务机构出具的"企业退休人员人事档案转移通知书"(具体样式如图4-5所示)和迁出地区(县)社保经办机构出具的"转往街道管理退休人员养老金转移单"(具体样式如表4-6所示),到退休人员户口迁入地的区(县)社保经办机构、社会化管理服务机构办理相关转移手续。由迁入地区(县)社会化管理服务机构将退休人员人事档案转移到退休人员迁入地的街道(乡镇)社保所,具体的流转方式如图4-6所示。

③ 由职介/人才服务中心转向社保所。

以个人名义在职介/人才服务中心存档的人员,由职介/人才服务中心按规定为存档人员办理按月领取基本养老金审批手续后,应及时将审批材料的原件放入本人档案,由本人

企业退休人员人事档案转移通知书存根

编号：

_____社保所管理的退休人员_____同志,因户口迁移转入_____区_____街道(乡镇),档案随即转入你区。

年 月 日

企业退休人员人事档案转移通知书

编号：

_____区(县)劳动服务管理中心(社会化管理服务机构)：

我区_____社保所管理的退休人员_____同志,因户口迁移,现将该同志档案材料转入你区。请查收。档案共_____卷_____份。

_____区劳动服务管理中心(社会化管理服务机构)

年 月 日

回　　执

编号：

_____区劳动服务管理中心(社会化管理服务机构)：

你区于 年 月 日转来_____同志档案材料_____卷_____份,于 年 月 日收到。

接收人(签字)盖章　　　　　　　　　　　　接收单位盖章

年 月 日　　　　　　　　　　　　　　　　年 月 日

图 4-5　企业退休人员人事档案转移通知书的样式

表 4-6　_____转往街道管理退休人员养老金转移单

统一社会信用代码(组织机构代码)：　　单位名称：　　编码：

姓　名		性　别		出生年月		民　族	
退休前职务(称)		参加工作时间		视同缴费年限		缴费年限	
批准退休时间		是否因工致残				享受优异待遇%	
户口所在地地址						邮政编码	
户口所属街道						街道编码	
基本养老金计发办法						基本养老金金额	
转出单位	(公章) 劳资负责人： 经办人： 年 月 日	单位所在区(县)社保机构	(公章) 经办人： 年 月 日			转入区(县)社保机构	(公章) 经办人： 年 月 日
自　　年　　月起由转入单位发放基本养老金							

 注 解

职介/人才服务中心、外商企业、乡镇企业和破产企业清算组在将退休人员转到街道时,须填写本表,并报区、县社保经办机构。

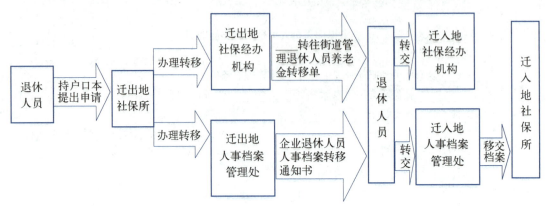

图 4-6　退休人员统筹区内的跨区转移流程图

持职介/人才服务中心出具的职介/人才服务中心退休人员人事档案转移通知书(具体形式如图 4-7 所示)和缴费地区(县)社保经办机构出具的"转往街道管理退休人员养老金转移单",到退休人员户口所在地区(县)社保经办机构办理社会保险关系接收手续后,到区(县)社会化管理服务机构办理人事档案的接收手续。其具体流程如图 4-8 所示。

编号:_____

_____社保所管理的退休人员_____同志,因户口迁移转入_____区_____街道(乡镇),档案随即转入你区。

　　　　　　　　　　　年　　月　　日

_____区(县)劳动服务管理中心(社会化管理服务机构):

兹有我中心存档人员_____同志达到退休年龄,已办理退休手续。现将该同志档案材料转入你区_____街道,请查收。档案共_____卷_____份。

_____职介/人才服务中心
年　　月　　日

回　　执

编号:_____

_____职介/人才服务中心:

你中心于　年　月　日转来_____同志档案材料_____卷_____份,于　年　月　日收到。

接收区(县)盖章:　　　　　　　　　　　接收人(签字)盖章:
年　　月　　日　　　　　　　　　　　　年　　月　　日

图 4-7　职介/人才服务中心退休人员人事档案转移通知书存根

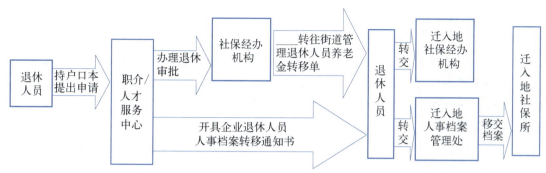

图 4-8　退休人员由职介/人才服务中心转向社保所的流程图

④ 外商投资企业中方职工的养老保险关系转移。

外商投资企业中方职工退休时,其养老保险关系要转移到户口所在地的区(县)社保经办机构,再由该区(县)的社保经办机构转移至社区进行管理。具体的流程如图 4-9 所示。外商投资企业业务负责人在转移企业退休人员的档案时要填写"企业退休人员社区管理人事档案移交名册",具体形式如表 4-7 所示。

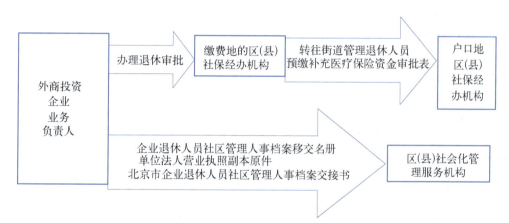

图 4-9　外资企业中方退休职工养老保险关系转移流程图

表 4-7　企业退休人员社区管理人事档案移交名册

填表单位(盖章)：　　　　　　　接收区(县)：　　　　　　　街道：

序号	姓名	公民身份号码	类别	详 细 地 址	档案卷数	其他资料
	区(县)合计					
所在区(县)社会化管理服务机构 公章 　经办人签字 　　年　月　日		接收区(县)社会化管理服务机构 公章 　经办人签字 　　年　月　日		接收街道(乡镇)社保所 公章 　经办人签字 　　年　月　日		

单位填写人：　　　　　　　负责人：　　　　　　　联系电话：

> **注 解**
>
> 1. 此表由企业按照退休人员户口所在地区(县)、街道分别填写,连同档案送所在区(县)社会化管理服务机构。
> 2. 此表一式四份,企业与转出区(县)、接收区(县)、街道社保所应在相应的表格内签字盖章,各存一份。
> 3. 已经先期转移档案的人员,应有文字的转移凭证,对没有档案或丢失档案的人员,应附书面说明材料。

国有破产企业、经批准退休人员实行社区管理的注销企业,同外资企业的办理相似。若原企业已不存在了,则可以个人名义申请;经批准实行社区管理的,申请人须持社保经办机构转接退休人员社会保险关系通知,分别到申报区(县)社保经办机构和社会化管理服务机构办理相关转移手续,区(县)社会化管理服务机构应及时将企业退休人员社区管理承诺书放入退休人员本人档案。转往外区(县)的,申请人持社保经办机构转接退休人员社会保险关系通知和申报区(县)出具的"转往街道管理退休人员养老金转移单"到户口所在地区(县)社保经办机构和社会化管理服务机构办理相关接收手续,接收区(县)社会化管理服务机构应及时将企业退休人员社区管理承诺书放入退休人员本人档案。

街道(乡镇)管理的失业人员,符合退休条件的,由社保所按规定办理按月领取基本养老金审批手续后,应及时将审批材料原件放入本人档案,纳入社区管理。

在档案的管理上,各区(县)社会化管理服务机构在接收或转移退休人员人事档案时,应按照档案管理办法的要求,按档案目录清单对退休人员人事档案材料进行核对,特别是影响退休人员养老金待遇的有关"企业城镇劳动者退休审批表"和"企业职工缴纳基本养老保险费前连续工龄审定表",这是退休人员人事档案内必存的材料,清点无误后由接收人签字。

企业和职介/人才服务中心要按照有关规定,对退休人员人事档案与相关材料进行整理,列出清单装订成册;人事档案材料不全的,由企业或原存档单位补齐;对因各种原因不能补办有关材料的,在办理移交手续时,由企业或原存档单位专门书面说明缺少材料的名称与具体原因,由经办人签字并加盖公章。区(县)社会化管理服务机构将出具的补充材料或书面说明放入本人档案。

(3) 农民工保险关系的转移。

① 养老保险关系。

以农民工参保,若曾在军队工作,其服役年限视同为基本养老保险的缴费年限。原以"农民工"身份参加的养老保险,其缴费年限计算为基本养老保险的缴费年限。但已一次性领取养老保险费的,不计算基本养老保险的缴费年限。

农民工在城镇就业参保后,建立农民工个人账户存储额,其记载与计息办法与企业城镇职工的基本养老保险的个人账户计息办法相同。当与用人单位终止、解除劳动关系后,在本市行政区域内重新就业的,可以接续养老保险关系,由社保经办机构接转其缴费记录。接续时,只接续养老保险关系,不转移养老保险基金;跨统筹区域就业的,可以转移养老保险关系,12%的单位缴费和个人账户全部随同转移。回农村的,可以保留养老保险关系,将其个人账户封存,作为其接续养老保险关系的依据,待在同一统筹区重新就业后,继续缴纳养老保险费,其缴费年限可以累计计算。也可凭社保经办机构开具的缴纳养老保险费凭证办理转移、接续、清算、终止养老保险关系等手续。若原已参加同一统筹区城乡居民养老保险的，也可将其在用人单位工作期间养老保险个人账户存储额和按规定核算的待遇转移到其城乡养老保险个人账户中；没有参加同一统筹区城乡养老保险的，可在其户口所在地城乡养老保险管理机构参加城乡养老保险，新建个人账户，同时将其在用人单位工作期间养老保险个人账户存储额和按规定核算的待遇转移到其新建个人账户中，并按同一统筹区域城乡居民养老保险的有关规定享受相应的待遇。

② 失业与医疗保险关系。

失业与医疗保险关系，农民工不做转移。

4. 封存或清算

（1）若参保人转统筹外、参军、非带薪上学、出国、判刑、劳教等，参保单位或代办机构应填写"社会保险参保人员减少表"做缴费减少的手续。再由社保经办机构打印"社会保险人员转移凭证"，并对其社会保险个人缴费信息及账户的记录予以转移或封存。

（2）若参保人员死亡的、转外国籍的、农民工解除劳动合同本人申请一次性清算、农民工达到或城镇职工达到退休年龄但条件不够不能享受退休待遇的，均需要做个人账户的清算。

若参保人员死亡的、转外国籍的，首先，参保单位做人员减少的记录；其次，社保经办机构依据参保单位提供的死亡证明或转国籍证明材料，确定合格后对其个人账户进行清算，打印"社会保险一次性领取清算单"，并把费用拨付给参保单位，由其转交给参保人员或其继承人，同时在社保经办机构注销个人账户。

若是农民工达到或城镇职工达到退休年龄但条件不够不能享受退休待遇的人员与此类同，只是证明材料不同。

对于符合按月领取养老金条件的人员，个人账户也要做清算，但不注销或封存，清算的目的是核实养老金个人账户部分的金额是多少，具体流程参照项目5"养老保险待遇支付"部分的内容。

5. 个人账户的支付

此部分内容将在项目5"养老保险待遇支付"部分的详细论述。

6. 个人账户的继承

（1）职工在职期间死亡时，其个人账户继承额为职工死亡时个人账户储存额中个人缴费部分的本息合计。

（2）离退休人员死亡时，其个人账户继承额为个人账户储存额支付其个人账户养老金后，个人缴费部分的本息余额。

4.1.3 技能要求

（1）应用政策的能力：能够判断个人账户的基本构成，账户管理的基本要求，特殊情况下个人账户的管理办法。

（2）能够处理个人账户的建立、记载、变更、转移、清算、封存、注销等业务，关键是熟悉办理流程和资料要求。

（3）掌握各种业务表格的指标内涵，并能根据社保软件或网络进行基本的操作。

4.1.4 实训环境

（1）个人账户缴费信息的数据。

(2) 社会保险软件。
(3) 个人账户的表格、处理个人账户的各种业务表格。

4.1.5 岗位名称

主要有登记岗、收缴岗、财务岗、支付岗,这4个岗位都涉及个人账户的处理问题。
(1) 登记岗:建立、变更、转移个人账户。
(2) 收缴岗:记载、中止、封存个人账户。
(3) 支付岗:清算、封存、注销个人账户。
(4) 财务岗:个人账户的收、支、清算等。

模块 4.2 业务演示与讲解

4.2.1 任务一的讲解

下面将以第一部分导入的"任务"为中心,对个人账户的业务进行演示,以方便大家对此部分业务的理解。

> C,女,本市城镇职工,汉族,公民身份号码为110111119680722××××,1994年7月1日进入一全额拨款的事业单位工作,到其离开单位时上一年月平均收入为2 600元。2009年12月31日她离开机关进入北京×××思特企业工作,她进入该企业后月工资为3 000元,但该企业当年并没有为其缴纳社会保险,直到2011年1月才开始为其缴纳社会保险,之前所欠缴的保险也没为其补缴。2011年C的月收入仍为3 000元。2012年企业为其提高收入,每月为3 200元。后因为与上司意见不合,她于2013年5月份辞职进入北京×××红叶有限责任公司工作,第一个月的收入为4 000元,工作到2013年底,然后辞职在家。2014年1月至2020年9月,她均在家待业。2020年10月,C再次进入新成立的北京×××贸易有限公司。请思考截至2020年底该员工个人账户的基本情况是怎样的。

1. 工作与参加社会保险的经历

员工的工作经历和所在单位的性质决定着社会保险的险种和参保年限。表4-8为C员工的养老保险参保年限表。

表 4-8 员工的养老保险参保年限表

工作时间	工作单位	养老缴费年限	养老欠缴年限	养老视同缴费年限
1994年7月—2009年12月31日	全额拨款的事业单位	0年	0年	15年6月
2010年1月—2010年12月31日	原企业	0年	1年	0年
2011年1月—2013年4月30日	原企业	2年4月	0年	0年
2013年5月—2013年12月	原企业	8月	0年	0年

(续表)

工 作 时 间	工作单位	养老缴费年限	养老欠缴年限	养老视同缴费年限
2014年1月—2020年9月	无	0月	0年	0年
2020年10月—2020年12月	现企业	3月	0年	0年

从1994年7月至2009年12月31日,C员工在全额拨款的事业单位工作的工龄可作为"视同缴费年限",有15年零6个月。从2010年1月至2010年12月,该员工进入企业工作,北京市于1998年7月正式要求城镇企业的职工参加养老保险,故该职工属于应缴而未缴,即欠缴,欠缴的时间为1年。欠缴是由于企业原因没给其参保,该员工可要求该企业为其补缴。若原企业不存在了,也可通过现在的企业进行补缴,补缴后计算其缴费年限。若不补缴则在北京市最新的养老保险待遇条例中,应缴的年限就会大于实际缴纳的年限,从而影响最后的待遇水平。从2011年1月至2013年12月,C员工都参加了养老保险,故实际的缴费年限为3年。

由于该员工工作经历比较复杂,最初进入的是北京市全额拨款的事业单位,从1994年至今,北京市此种性质的全额拨款的事业单位,依据《北京市劳动局、北京市人事局、北京市财政局关于事业单位参加失业保险有关问题的通知》(京劳就发〔1999〕75号)文件,自1999年1月起只缴纳失业保险费。1998年12月底以前事业单位职工个人的连续工龄,视同缴纳失业保险费年限。表4-9为C员工的失业保险参保年限表。

表4-9 员工的失业保险参保年限表

工 作 时 间	工作单位	失业缴费年限	失业欠缴年限	失业视同缴费年限
1994年7月—1998年12月	全额拨款的事业单位	0年	0年	4年6月
1999年1月—2009年12月	全额拨款的事业单位	11年	0年	0年
2010年1月—2010年12月	原企业	0年	1年	0年
2011年1月—2013年4月	原企业	2年4月	0年	0年
2013年5月—2013年12月	现企业	8月	0年	0年
2014年1月—2020年9月	无	0月	0年	0年
2020年10月—2020年12月	现企业	3月	0年	0年

医疗的缴费年限同养老类同,具体年限情况如表4-10所示。在2012年以前,在全额拨款的事业单位里工作,该职工参加的是公费医疗,所以算作视同缴费年限。

表4-10 员工医疗保险参保年限表

工 作 时 间	工作单位	医疗缴费年限	医疗欠缴年限	医疗视同缴费年限
1994年7月—2009年12月	全额拨款的事业单位	0年	0年	15年6月

(续表)

工作时间	工作单位	医疗缴费年限	医疗欠缴年限	医疗视同缴费年限
2010年1月—2010年12月	原企业	0年	1年	0年
2011年1月—2013年4月	原企业	2年4月	0年	0年
2013年5月—2013年12月	现企业	8月	0年	0年
2014年1月—2020年9月	无	0月	0年	0年
2020年10月—2020年12月	现企业	3月	0年	0年

2. 职工在机关、事业单位和企业之间的转移

因为C员工在北京工作,依据《关于职工在机关事业单位与企业之间流动时养老保险关系处理办法的通知》(京劳社养发〔2004〕161号),给予一次性补贴的人员范围是2001年9月20日以后(含9月20日)进入企业工作的公务员及参照、依照、按照公务员制度管理的单位工作人员。C员工是2005年12月底离开事业单位,在之前她没有进行过任何职业流动,从没间断过工作,原事业单位也从未给其办理养老保险手续、补建基本养老保险个人账户,故她当时应该享受"同级财政部门"所给予的一次性补贴。

当C员工在离开原事业单位进入企业工作时,就应该参保,建立个人账户,向原单位提出一次性的养老保险补贴。但她进企业后却没有及时参加养老保险,原机关无法将给予的补贴转入她所应有的养老保险个人账户。

2011年1月社保经办机构为其建立个人账户后,她就可以向原单位申请补贴。

申请补贴的具体步骤如下。

第一步,该事业单位填写"北京市机关或单位工作人员一次性补贴标准认定表"(具体样式如表4-11所示),按照干部管理权限由主管部门审批后报送同级财政部门。

第二步,经主管部门审批报送同级财政部门批准同意后,原所在的机关或单位可将一次性补贴数额"14 508元"划转到工作人员现企业所在地的社保经办机构,社保经办机构会把其记录到C员工的养老保险的个人账户上。

表4-11 北京市机关或单位工作人员一次性补贴标准认定表

单位名称(原全额拨款事业单位的名称):　　　　　主管部门名称:该部门的上级主管部门

姓名	C	性别	女	民族	汉	出生年月	19680722	年龄	51
参加工作时间	1994年7月	工作年限(N)		15.5年		基本养老保险缴费年限			0
职务	无			社会保障号码					
离开机关上年度月平均基本工资(G)(元)	2 600	其中		基础工资		1 000			
				工龄工资		400			
				职务工资		0			
				级别工资		1 200			
				职务补贴		0			

(续表)

一次性补贴 ($G \cdot N \cdot 0.3\% \cdot 120$ 个月) （元）		$2\,600 \times 15.5 \times 0.3\% \times 120 = 14\,508$	
机关或单位审批意见 （盖章） 年　　月　　日		上级主管部门审批意见 （盖章） 年　　月　　日	同级财政部门审批意见 （盖章） 年　　月　　日
备　注			

第三步，社保经办机构将一次性补贴记入C员工的基本养老保险个人账户，并对其个人账户中的个人缴费、单位缴费划入个人账户部分和一次性补贴分别记账。即对C员工而言她与一般纯粹企业员工不同的是，她的个人账户由三部分构成，其中一部分就是之前的一次性补贴额 14 508 元。

注　解

1. 工作年限按照本人符合国家规定的连续工龄计算，但应扣除原有基本养老保险个人缴费记录的年限；
2. 没有基本养老保险费年限和社会保障号码的人员，此两栏中填写"0"。

分别记账的原因是若职工再次转入机关或全额拨款的事业单位时，企业做完减少后，社保经办机构将会把一次性补贴的本金和利息重新退回同级财政。但其参加养老保险期间的个人账户的基金将被暂时中止并按规定计息。在机关或全额拨款的事业单位退休后，其基本养老保险个人账户储存额中的个人缴费部分本息之和除以固定的月数，并按月抵减按机关事业单位办法计发的养老金一部分；若死亡，个人缴费部分的本息余额可以继承；若再次转出机关或事业单位到企业工作，其具体手续同第一次转出一样，这时个人账户可以再次恢复记载。当 2006 年之后，此转移政策就发生了改变。

3. 补缴

依据补缴政策的规定，C 职工由于用人单位的原因，故可以进行补缴。个人补缴的本金全部划入个人账户，若存在单位划转部分，单位补后也记入个人账户。C 职工欠 2010 年一年的保险费，2010 年当年缴费基数应为 3 000 元。

因此，2010 年个人缴费为 $3\,000 \times 8\% \times 12 = 2\,880$（元）。

4. 各年份的对账单

2011 年 C 职工的社会保险个人缴费信息对账单如表 4-12 所示。

表 4-12　2011 年 C 职工的社会保险个人缴费信息对账单　　　　　　单位：元

组织机构代码：×××××××　　　　　　单位名称：×××××××
姓名：C　　公民身份号码：11011119680722××××　　电脑序号：60000×××××

月份	缴费基数				养老保险个人账户		失业缴费记录	工伤缴费记录	生育缴费记录
	养老	失业	工伤	生育	个人缴费	单位划转			
1	3 000	3 000	3 000	3 000	240	0	√	√	√
2	3 000	3 000	3 000	3 000	240	0	√	√	√
3	3 000	3 000	3 000	3 000	240	0	√	√	√
4	3 000	3 000	3 000	3 000	240	0	√	√	√
5	3 000	3 000	3 000	3 000	240	0	√	√	√
6	3 000	3 000	3 000	3 000	240	0	√	√	√
7	3 000	3 000	3 000	3 000	240	0	√	√	√
8	3 000	3 000	3 000	3 000	240	0	√	√	√
9	3 000	3 000	3 000	3 000	240	0	√	√	√
10	3 000	3 000	3 000	3 000	240	0	√	√	√
11	3 000	3 000	3 000	3 000	240	0	√	√	√
12	3 000	3 000	3 000	3 000	240	0	√	√	√
当年账户	2 880	—	—	—	2 880	0	—	—	—
当年利息	7.8	—	—	—	7.8	0	—	—	—
历年账户	0	—	—	—	0	0	—	—	—
历年利息	0	—	—	—	0	0	—	—	—
累计账户	2 887.8	—	—	—	2 887.8	0	—	—	—

养老保险视同缴费年限：0 年　　　　　实际缴费年限：1 年
失业保险实际缴费年限：12 年
逫缴年限：0 年　　　　　　　　　　　逫缴金额本息合计：0 元
××区社保经办机构　2012 年 3 月 20 日　　　职工签字：

注　解

如有异议时，请参保单位于 60 日内至所属社保经办机构核实。

由上文分析可知，C 员工应该有"养老保险视同缴费年限"，若此时她没有办理补贴和向劳动部门申请视同缴费年限的审核，在此将不会体现。

2012 年 C 职工的社会保险个人缴费信息对账单如表 4-13 所示。

表 4-13　2012 年 C 职工的社会保险个人缴费信息对账单　　　　单位：元

组织机构代码：××××××××　　　　　　单位名称：×××××××
姓名：C　　公民身份号码：11011119680722××××　　电脑序号：60000×××××

月份	缴费基数				养老保险个人账户		失业缴费记录	工伤缴费记录	生育缴费记录
	养老	失业	工伤	生育	个人缴费	单位划转			
1	3 000	3 000	3 000	3 000	240	0	√	√	√
2	3 000	3 000	3 000	3 000	240	0	√	√	√
3	3 000	3 000	3 000	3 000	240	0	√	√	√
4	3 000	3 000	3 000	3 000	240	0	√	√	√
5	3 000	3 000	3 000	3 000	240	0	√	√	√
6	3 000	3 000	3 000	3 000	240	0	√	√	√
7	3 000	3 000	3 000	3 000	240	0	√	√	√
8	3 000	3 000	3 000	3 000	240	0	√	√	√
9	3 000	3 000	3 000	3 000	240	0	√	√	√
10	3 000	3 000	3 000	3 000	240	0	√	√	√
11	3 000	3 000	3 000	3 000	240	0	√	√	√
12	3 000	3 000	3 000	3 000	240	0	√	√	√
当年账户	2 880.00	—	—	—	2 880.00	0			
当年利息	6.86	—	—	—	6.86	0			
历年账户	2 880.00	—	—	—	2 880.00	0			
历年利息	108.87	—	—	—	108.87	0			
累计账户	5 875.73	—	—	—	5 875.73	0			

养老保险视同缴费年限：0 年　　　　实际缴费年限：2 年
失业保险实际缴费年限：13 年
苁缴年限：0 年　　　　　　　　　　苁缴金额本息合计：0 元
××区社保经办机构　2013 年 3 月 20 日　　职工签字：

注　解

如有异议时，请参保单位于 60 日内至所属社保经办机构核实。

练　习

假如缴费比例不变，该职工 2013 年的对账户单应如何？请填写表 4-14 的 2013 年 C 职工的社会保险个人缴费信息对账单。

表 4-14　2013 年 C 职工的社会保险个人缴费信息对账单　　　　　　单位：元

组织机构代码：××××××××　　　　　　单位名称：北京×××红叶有限责任公司
姓名：C　　公民身份号码：11011119680722××××　　电脑序号：60000×××××

月 份	缴 费 基 数				养老保险个人账户		失业缴费记录	工伤缴费记录	生育缴费记录
	养老	失业	工伤	生育	个人缴费	单位划转			
1									
2									
3									
4									
5									
6									
7									
8									
9									
10									
11									
12									
当年账户	—	—	—	—			—	—	—
当年利息	—	—	—	—			—	—	—
历年账户	—	—	—	—			—	—	—
历年利息	—	—	—	—			—	—	—
累计账户	—	—	—	—			—	—	—

养老保险视同缴费年限：　　年　　　　实际缴费年限：　　年
失业保险实际缴费年限：　　年
趸缴年限：　　年　　　　　　　　　　趸缴金额本息合计：　　元
××区社保经办机构　2014 年 3 月 20 日　　　　职工签字：

> **注 解**
>
> 如有异议时，请参保单位于 60 日内至所属社保经办机构核实。

表 4-14 的参考答案如表 4-15 所示。

表 4-15　2013 年 C 职工的社会保险个人缴费信息对账单　　　　单位：元

组织机构代码：×××××××　　　　　　　　单位名称：×××××××
姓名：C　　　公民身份号码：11011119680722××××　　电脑序号：60000×××××

月 份	缴费基数				养老保险个人账户		失业缴费记录	工伤缴费记录	生育缴费记录
	养老	失业	工伤	生育	个人缴费	单位划转			
1	3 000	3 000	3 000	3 000	240	0	√	√	√
2	3 000	3 000	3 000	3 000	240	0	√	√	√
3	3 000	3 000	3 000	3 000	240	0	√	√	√
4	3 200	3 200	3 200	3 200	256	0	√	√	√
5	4 000	4 000	4 000	4 000	320	0	√	√	√
6	4 000	4 000	4 000	4 000	320	0	√	√	√
7	4 000	4 000	4 000	4 000	320	0	√	√	√
8	4 000	4 000	4 000	4 000	320	0	√	√	√
9	4 000	4 000	4 000	4 000	320	0	√	√	√
10	4 000	4 000	4 000	4 000	320	0	√	√	√
11	4 000	4 000	4 000	4 000	320	0	√	√	√
12	4 000	4 000	4 000	4 000	320	0	√	√	√
当年账户	3 536	—	—	—	3 536	0	—	—	—
当年利息	6.34	—	—	—	6.34	0	—	—	—
历年账户	5 760.00	—	—	—	5 760.00	0	—	—	—
历年利息	306.69	—	—	—	306.69	0	—	—	—
累计账户	9 609.03	—	—	—	9 609.03	0	—	—	—

养老保险视同缴费年限：0 年　　　　实际缴费年限：3 年
失业保险实际缴费年限：14 年
欠缴年限：0 年　　　　　　　　　　欠缴金额本息合计：0 元
××区社保经办机构　2014 年 3 月 20 日　　职工签字：

注 解

1. 如有异议时，请参保单位于 60 日内至所属社保经办机构核实。
2. 当年利息：[240×(12+11+10)+256×9+320×(8+7+6+5+4+3+2+1)]×0.35%/12=6.34(元)

练 习

C 职工 2014 年 1 月至 2020 年 9 月待业在家。2020 年 10 月进入新成立的北京×××贸易有限责任公司，第一个月工资为 4 000 元。请为其制作 2020 年底该员工的个人账户。（记账利率参考附录 C）

表 4-16　2020 年 C 职工的社会保险个人缴费信息对账单　　　　　单位：元

统一社会信用代码(组织机构代码)：××××××××××××××××
单位名称：北京×××贸易有限责任公司
姓名：C　　公民身份号码：11011119680722××××　　电脑序号：60000×××××

月份	缴费基数				养老保险个人账户		失业缴费记录	工伤缴费记录	生育缴费记录
	养老	失业	工伤	医疗(生育)	个人缴费	单位划转			
1									
2									
3									
4									
5									
6									
7									
8									
9									
10									
11									
12									
当年账户	—	—	—	—			—	—	—
当年利息	—	—	—	—			—	—	—
历年账户									
历年利息									
累计账户	—	—	—	—			—	—	—

养老保险视同缴费年限：　　年　　个月　　　　实际缴费年限：　　年　　个月
失业保险实际缴费年限：　　年　　个月
趸缴年限：　　年　　　　　　　　　　　　　　趸缴金额本息合计：　　　　元
××区社保经办机构　2021 年 3 月 20 日　　　　职工签字：

注解

如有异议时，请参保单位于 60 日内至所属社保经办机构核实。

4.2.2　任务二的讲解与演练：异地转移

张×，汉族，河北省保定市的城镇职工，公民身份号码为 132108198110××××××，电脑序号为 600100××××。2018 年 7 月进入北京市××区长城××有限责任公司工作，用人单位的统一社会信用代码为 91110105500002××××。她第一个月的收入为 4 000 元，其收入持续到当年年底。2019年月平均收入为4 500元,2020年月平均收入5 000元,到2021年2月她辞职后回河北省保定市×××信息咨询有限责任公司工作,其统一社会信用代码为91132122410000××××,该公司属保定人保局,所属工商银行,交换号95588,账号为040101040007×××。现她须转移自己的保险关系,具体操作流程是什么?

现在的问题是,张×能否把她在北京所缴纳的养老保险转移到河北省保定市。2010年以前,城镇职工养老保险能否转入取决于该职工的户口是否在转入地。若可以办转入,养老保险基金的转入前提就是被转入人员必须为转入地的居民。2010年之后,异地转移则不需要以户口为前提条件。

现在要办理张×的保险关系需要两个工作单位的业务负责人去处理该业务,他们是河北保定市的工作单位的保险业务负责人和北京市××区长城××有限责任公司的社会保险业务负责人。

具体流程如下。

第一步:申请转外省。

北京市的原工作单位长城××有限责任公司的业务负责人为其办理减员,填写业务表格"北京市社会保险参保人员减少表"(具体如表4-17所示),北京××区征缴部办理张×的减员手续。停止缴费原因中,三险选择"转外省申请中断",医疗(生育)保险选择"转往外埠"。

表4-17 北京市社会保险参保人员减少表

填报单位(公章):　　　　　统一社会信用代码(组织机构代码):　　　　　社会保险登记证编码:

序号	*姓名	性别	*公民身份号码	*停止缴费(支付)险种				*个人停止缴费(支付)原因		是否清算	*缴费(支付)截止日期
				养老	失业	工伤	医疗(生育)	三险	医疗(生育)		
甲	乙	丙	丁	1	2	3	4	5	6	7	8
1											
2											

单位负责人:　　　　　　　　　　　　　社保经办机构经办人员(签章):
单位经办人:　　　　　　　　　　　　　社保经办机构(盖章):
填报日期:　　　　　　　　　　　　　　办理日期:　　　年　　月　　日

注 解

1. 表格中带*号的项目为必填项。
2. 三险按收缴业务、支付业务分别填报。

第二步:出凭证。

北京社保经办机构的征缴部打印"基本养老保险参保缴费凭证"(具体如表4-18所示)和"基本医疗保险参保凭证"(具体如表4-19所示)并最终转交给张×。

表 4-18　基本养老保险参保缴费凭证

参保人员基本信息

姓名		性别		个人编号	
公民身份号码			户籍地地址		
在本地参保起止时间		本地实际缴费月数		本地参保期间个人账户储存额	
社保经办机构信息					
行政区划号码			单位名称		
电话		地址		邮政编码	

经办人（签章）：　　　　　　　社保经办机构（盖章）：

（本凭证一式两联，填发此凭证的社保机构和参保人员本人各一联）

> **注　解**
>
> 1. 本凭证是参加基本养老保险的权益记录，是申请办理基本养老保险关系转移接续手续的重要凭证，请妥善保管。
> 2. 当跨省（自治区、直辖市）流动就业时，基本养老保险关系在原参保地社保经办机构保留，个人账户储存额按规定继续计算利息。到新就业地参保时，请向当地社保经办机构出示本凭证，办理基本养老保险关系转移接续手续。
> 3. 本凭证如不慎遗失，请与填发此凭证的社保经办机构联系，申请补办。联系方式可到任何一个社保经办机构查询。

表 4-19　基本医疗保险参保凭证

凭证号：第　　　号　　　省（自治区、直辖市）　　　区/县　　　制表日期：

基 本 信 息					
参保人	姓名		公民身份号码		医疗保障编号
	户籍所在地			户籍类型	
户主	姓名		公民身份号码		
参 保 信 息					
医疗保障类型			参保地经办机构		
参保时间	起	年　　月	待遇享受起止时间	起	年　　月
	止	年　　月		止	年　　月
个人账户余额	（小写）				
	（大写）				
经办机构信息					
办理机构名称					
联系人				电话	

> **注　解**
>
> 1. 尚未将公民身份号码作为城镇职工基本医疗保险、城镇居民基本医疗保险参保人员唯一身份识别码的统筹地区填写医疗保险编号；填写办理参保登记的机构名称，此表由参保人员转出地经办机构提供。
> 2. 本凭证根据国家有关规定制发，是参保的权益记录，以及申请办理基本医疗保险关系转移手续的重要凭证，请妥善保存。
> 3. 本凭证一式三联。第一联用于参保人员办理基本医疗保险关系转移；第二联由原参保统筹地经办机构存档备查；第三联由参保人员自己留存。
> 4. 跨统筹地区流动的就业人员，有接收单位的，将此凭证交由单位按照规定办理参保接续手续。
> 5. 其他跨统筹地区流动就业人员，应携带此凭证及有效证件在 3 个月内到指定办理机构办理相关登记手续。

第三步，提交材料。

保定×××信息咨询有限责任公司的社保业务经办人应填写"基本养老保险关系转移接续申请表"（具体如表 4-20 所示）和"基本医疗保险关系转移接续申请表"（具体如表 4-21 所示），并提交北京社保经办机构出具的"基本养老保险参保缴费凭证"和"基本医疗保险参保凭证"、劳动合同（无就业单位的参保人须提交与本市存档缴费机构签订的"缴费协议"或街道享受政策人员"申请表"）、张×的身份证复印件、参保人的户口本复印件等材料。

表 4-20　基本养老保险关系转移接续申请表

编号：

姓　名		性　别		公民身份号码	
原个人编号		户籍所在地			
原参保所在地区名称				原参保地社保机构行政区划代码	
原参保地社保机构名称				原参保地社保机构联系电话	
原参保地社保机构地址				原参保地社保机构邮政编码	

参保单位(盖章)：　　　　　　　　　申请人(签字)：
联系电话：　　　　　　　　　　　　联系电话：
　年　　月　　日　　　　　　　　　　年　　月　　日
（落款中的参保单位和申请人，二选一即可）

表 4-21　基本医疗保险关系转移接续申请表

编号：

参保人员信息					
姓名		性别		年龄	
公民身份号码			联系电话		
户籍地址				户籍类型	
联系地址				邮政编码	
原参保地经办机构名称			原参保地经办机构行政区划代码		
现就业地工作单位					
现参加的医疗保险类型					
代办人员信息（若本人办理，则不需填写）					
姓名		与参保人关系		联系电话	
联系地址				邮政编码	

申请人（或代办人）（签字）：　　　　　申请时间：　　　年　　月　　日

注　解

1. 户籍类型：已进行户籍改革的地区，选填居民；尚未进行户籍改革的地区，选填农业或非农业。

2. 原参保地经办机构行政区划代码：根据人力资源和社会保障部制定的各地行政区划代码表填写。

3. 现就业地工作单位：以个人身份参保的人员不填写此项。

第四步，发转移接续联系函。

保定市的劳动保障局邮寄参保人的养老和医疗保险关系转移接续联系函（具体如表4-22和表4-23所示）给原社保中心，要求北京市社保经办机构转出张×的个人账户基金。

表 4-22　基本养老保险关系转移接续联系函

（原参保地社保机构名称）：

　　原在你处的参保人员＿＿＿＿＿＿＿，现申请将其基本养老保险关系转至我处，如无不妥请按相关规定办理转移手续。

原个人编号		姓名		性别	
公民身份号码			新就业地社保机构开户全称		
新就业地社保机构开户银行			新就业地社保机构银行账号		
新就业地社保机构地址			新就业地社保机构邮政编码		

经办人（签章）：　　　　新就业地社保机构（盖章）：　　　　电　话：　　　年　月　日
（本函一式两联，一联发给原参保地社保机构，一联留存）

表 4-23 基本医疗保险关系转移接续联系函

（原参保地经办机构名称）：

原在你处的参保人员_____，因流动就业等原因，现申请将其基本医疗保险关系转移至我处。若无不妥，请按相关规定办理转移手续。

参保人员信息					
姓名		性别		年龄	
公民身份号码			户籍类型		
新就业地经办机构信息					
开户全称					
开户银行				银行账号	
地址				邮政编码	

经办人（签章）　　　新就业地经办机构（盖章）：　　　电话：　　　日期：

注　解

1. 户籍类型：已进行户籍改革的地区，选填居民；尚未进行户籍改革的地区，选填农业或非农业。

2. 本函一式两联。一联发给原参保地经办机构，另一联发函经办机构留存。

第五步，转移基金。

北京市社保经办机构会根据接续联系函转移养老和医疗保险个人账户中的资金到保定市劳动保障部门的社保经办机构所指定的账户上，并寄出基本养老保险关系转移接续信息表和参保人员医疗保险类型变更信息表（转出）。

第六步，补填。

当张×的个人信息进入现社保经办机构的数据库后，保定市社保经办机构的收缴部门会在收到北京市社保经办机构所寄给的个人账户基金后，开始为其进行养老保险的合并记录，接续原来的个人账户的关系记载。

练　习

尝试把以上表格中未填写的数据填入表格。在实际操作中不需要个人来填写，都由社会保险系统软件根据数据库的历史数据自动产生，并被打印出来。

模块 4.3　业务实训与演练

4.3.1　业务训练一：个人账户信息与转移

> 小王和小李都是大学毕业后进入北京市女性权益协会工作，该单位属于全额拨款的事业单位，其主管部门为中国妇联。小王 2010 年 7 月进入该单位，属于本单位的事业编制人员，将来实行退休制度。他 2012 年月均收入为 4 000 元，2013 年 1—2 月收入均为 4 500 元。小李比小王晚来一年（2011 年 7 月），他来时第一个月的收入为 3 000 元，试用期 3 个月后其月收入调整为 3 500 元并持续到 2011 年年底。2012 年其月均收入为 4 000 元，在 2011 年 7 月至 2013 年 3 月，小李通过人事代理制度而非在编人员参加了社会养老保险。2020 年 4 月，两者都进入企业工作，假如你是该事业单位的工作人员，请分别核定小王和小李的视同缴费年限和实际缴费年限。

4.3.2　业务训练二：社会保险个人账户的建立、变更和转移流程

> 假设你是企业的社保业务负责人，为一名员工建立社会保险的个人账户，缴费 3 年后为其做异地转移。
> 要求：写出业务流程，填写所需的相应业务表格。

项目 5

养老保险待遇支付

学习内容

模块 5.1 知识要点的回顾
模块 5.2 业务演示与讲解
模块 5.3 业务实训与演练

实训目标

本项目是社会保险支付业务中的养老保险待遇支付部分,主要内容为对申请退休的参保人员进行资格审核、待遇确定和待遇支付。由于社会养老保险待遇支付业务包括申请、审核、支付、转移和清算等业务,每一部分业务都要填写相对应的业务表格,所以各业务之间的关联性非常强,每个参保人员的情况又复杂多样,这就要求业务办理人员在工作过程中要专业、认真负责。

学习本项目能够:
- 了解社会养老保险待遇支付人员的主要业务职责;
- 掌握社会养老保险待遇支付的政策规定;
- 根据情景处理养老保险待遇支付业务,填写相应的表格和办理相关手续。

工作任务

1. 任务导入

刘×,公民身份号码为110105196007××××××,电脑序号为6030××××××,1980年7月正式参加工作,一直都是北京市城镇职工,工人身份,现在北京aaaa企业工作,从1992年10月正式缴纳保险费,缴费至2013年6月后中断缴费,

> 2020年7月退休。若你是该企业的社会保险业务负责人,应该如何为刘×办理退休手续呢?
>
> **2. 任务分析**
>
> 由案例可以看出,工作任务是企业的社会保险业务负责人为参保人员办理退休手续。完成任务的知识和能力的要求为:
>
> (1) 掌握享受社会养老保险待遇的条件;
>
> (2) 办理退休业务;
>
> (3) 进行养老保险待遇支付的管理。
>
> 为了完成以上这些具体的工作,首先需要回顾基本的知识点——养老保险的基本政策规定,然后在此基础上了解办理业务的流程,最后再去执行流程以完成此任务。

模块 5.1 知识要点的回顾

5.1.1 职位分析

参保者、代表参保者办理退休业务的用人单位负责人、社保经办机构的业务负责人是办理退休的三方主体。依据项目2和项目3的内容,目前养老保险参保者的类型主要有在职职工、城乡居民、自由职业者和个体工商户。代表参保者办理退休业务的用人单位有在职职工所在的单位、职介/人才服务中心、街道(乡镇)的社保所或其他代理社会保险的中介机构。目前在养老保险的业务办理中,在职职工所在的单位与职介/人才服务中心往往是主体,但随着社保业务越来越社会化,街道(乡镇)的社保所或其他代理社会保险的中介机构将会成为业务办理的主体。

主体的功能不同,所需要处理的业务也不同。以下将分别介绍每一部分主体所负责的具体业务。

1. 代表参保者办理退休业务的用人单位负责人

从图5-1可以看出,办理社会保险退休业务的不能是个人,应由用人单位或代办机构的社保业务负责人处理。该环节业务的主要工作内容有:为准备退休的人员进行退休申报,负责为退休人员转发待遇,处理待遇支付中出现的各种情况,并接受社保经办机构的监督与审核,具体的业务流程如图5-2所示。

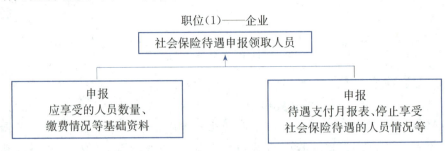

图 5-1 企业的社保业务负责人的职责分析图

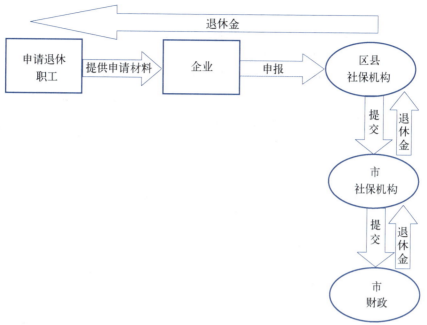

图 5-2 退休业务的分工图

若参保人的养老保险不归固定的企业所负责,其档案存在职介/人才服务中心或街道(乡镇)社保所,则该中心的业务负责人需要为达到退休条件并申请退休的职工办理退休业务的前期服务,职介/人才服务中心、街道(乡镇)社保所的业务负责人向社保经办机构进行个人退休业务的申报。通过审批和申报后,职介/人才服务中心还需要把退休人员的档案和支付关系转移到社区的社保所,退休人员的退休关系就由社保所代表退休人员进行处理。存档人员的退休业务分工如图 5-3 所示。

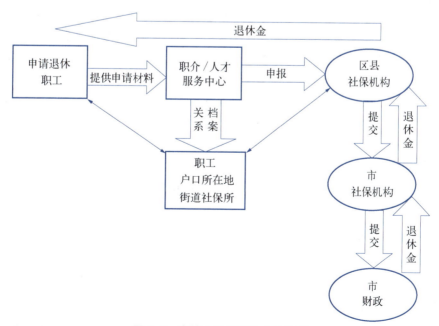

图 5-3 存档人员的退休业务分工

2. 社保经办机构养老支付业务的负责人

社保经办机构担负着离退休人员基本养老金领取资格的认定责任,经办参保单位离退休人员基本养老金账户的清户、冻结和恢复业务。

当离退休人员因死亡、判处徒刑、失踪及其他原因失去领取基本养老金资格时,应及时清户或者冻结账户,由社保经办机构向上级社保局和代发机构报送基本情况,促使代发机构及时办理清户或冻结手续。清户或冻结明细表应及时送达上级社保局和企业社保经办机构。清户的基本养老金应及时返回统筹区的社保局基本养老金支出专户。具体的业务内容如图5-4所示。

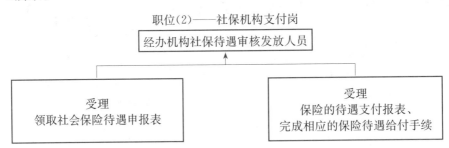

图5-4 社保机构业务负责人的职责分析图

在此要注意的是,企业与职介/人才服务中心在办理退休业务上的工作内容是一样的,不同的是企业办理完申报后,若该退休人员不进行社区化管理,企业仍需要负责其退休金的发放和退休服务的管理。职介/人才服务中心在办完领取退休保险资格认证后,将会退出退休人员与社保机构之间的关系,由社区的社保所代为管理。

参保单位的职工退休审批工作的管理权限一般按照养老保险费的缴拨渠道实行市、区(县)劳动保障行政部门审批制度。未实行养老保险费缴拨属地管理的参保单位和中央级居地方的行业或系统企业,职工退休由市级劳动保障行政部门负责审批。

参保单位在核定职工退休条件和基本养老金待遇时,要严格按有关政策及标准执行。各级人力资源和社会保障行政部门要依据政策严格把关审批。各级社保经办机构在退休职工待遇纳入养老保险基金时要进行复核,对于按因病或非因工致残办理退休的,要有劳动鉴定委员会确认的完全丧失劳动能力的"职工劳动能力鉴定表";对于按提前退休工种办理退休的,要经批准的"职工提前退休审批表",方可纳入统筹基金支付范围。

3. 代发机构:银行或邮局

统筹区的社保经办机构与建设银行、工商银行、中国银行、农业银行和各邮政局(简称代发机构)签订的"基本养老金代发协议"规定,依据社保经办机构提供的数据发放基本养老金,不受第三方干预。

5.1.2 知识要点的回顾

1. 国家关于退休人员的基本条件及其待遇规定

(1) 退休人员类别。

① 离休(国发〔1980〕253号、国发〔1982〕62号)。

离休是指中华人民共和国成立前参加中国共产党所领导的革命战争、脱产享受供给制待遇和从事地下革命工作的老干部或老工人,以及在东北和个别老解放区,1948年底前享受当地人民政府制定的薪金制待遇的干部,达到国家规定的年龄界限时,实行离职休养制度。老干部的离休年龄是:正省级及以上干部为65岁,副省级及以下干部为60周岁,其中女性处级以下干部为55周岁。目前,除个别在人大、政协任职的同志还没有办理离休手续外,在职人员中已很少符合离休标准了。

② 正常退休。

符合国发〔1978〕104号文件退休的为正常退休。正常退休为男性干部、工人年满60周岁,女干部年满55周岁,女工人年满50周岁,连续工龄或工作年限满15年及以上。

③ 提前退休(《中华人民共和国公务员法》)。

国家公务员符合下列条件之一的,经本人提出要求,任免机关批准,可以提前退休:第一,男年满55周岁、女年满50周岁,且工作年限满20年的;第二,工作年限满30年的。

对于在海拔较高或条件比较艰苦的地区,其提前退休的年龄要再小一些,对工作年限要求也要短些一些。例如,依据《西藏自治区人民政府关于机关事业单位工作人员提前退休和离岗休养有关问题的通知》(藏政发〔2012〕64号)的规定:针对因身体不能适应高原气候或因病不能坚持正常工作的在编人员,只要符合下列条件之一就可以由本人自愿提出书面申请,按管理权限审批,可以提前退休:第一,公务员(含参公人员)男年满55周岁、女年满50周岁且工作年限满20年的,或者工作年限满30年的不受年龄限制,或在藏工作年限满25年后不受年龄限制。第二,事业单位管理人员、专业技术人员除可选择公务员的退休条件之一外,另参加了基本养老保险统筹累计缴费年限(含视同缴费年限)满25年后不受年龄限制。第三,4 300米及以上地区工作人员在以上条件基础上再提前5岁,工作年限减少5年,即男年满50周岁、女45周岁且工作年限满15年,或工作年限满25年的,或在藏工作年限满20年后。

④ 因病、因残退休(国发〔1978〕104号文件)。

男年满50周岁、女年满45周岁,参加革命工作年限满15年,因病或非因公致残经过医院证明完全丧失工作能力的可以办理因病(残)退休手续。因工致残,经过医院证明和工伤鉴定完全丧失工作能力的,可以办理因残退休手续。因工致残退休不受年龄和工龄限制。

⑤ 退职(国发〔1978〕104号文件)。

因病或非因公致残,经过医院证明完全丧失工作能力,又不具备正常退休和因病(残)退休条件的,应当退职。国家公务员不实行退职。

⑥ 延长离退休年龄(国发〔1982〕62号、国发〔1983〕141号、人退发〔1990〕5号、国办发〔1991〕40号、劳人老〔1987〕2号)。

干部退休年龄应当按照国发〔1978〕104号文件规定标准执行,特别是在当前机关事业单位超编、人员分流任务重的情况下,更应该如此,应该坚持到龄即退。对于高级专家,特别是在国内外有重大影响的杰出高级专家及民主党派人士,应当延长他们的退休年龄。延长后的退休年龄一般的副高级专家最长不超过65岁,高级不超过70岁;处级以上女干部不超过60岁退休,部长或副部级干部正职可工作到65周岁。

(2) 企业性质职工退休条件。

① 正常退休。

依据《国务院关于工人退休、退职的暂行办法》,对工人的退休资格一般要求如下:第一,男工人、职员年满 60 周岁,连续工龄满 5 年,一般工龄(包括连续工龄,下同)满 20 年的;女工人年满 50 周岁,女职员年满 55 周岁,连续工龄满 5 年,一般工龄满 15 年的。第二,从事井下、高空、高温、特别繁重体力劳动或者其他有损身体健康工作的工人、职员,男年满 55 周岁、女年满 45 周岁,连续工龄满 5 年,一般工龄满 20 年的。第三,男年满 50 周岁、女年满 45 周岁的工人、职员,连续工龄满 5 年,一般工龄满 15 年,身体衰弱丧失劳动能力,经过劳动鉴定委员会确定或者医生证明不能继续工作的。第四,连续工龄满 5 年,一般工龄满 25 年的工人、职员,身体衰弱丧失劳动能力,经过劳动鉴定委员会确定或者医生证明不能继续工作的。第五,专职从事革命工作年限满 20 年的工作人员,因身体衰弱不能继续工作而自愿退休的。

依据《国务院关于安置老弱病残干部的暂行办法》,对干部的退休资格的一般要求是:党政机关、群众团体、企业、事业单位的干部,符合下列条件之一的,都可以退休:第一,男年满 60 周岁,女年满 55 周岁,参加革命工作年限满 10 年的;第二,男年满 50 周岁,女年满 45 周岁,参加革命工作年限满 10 年,经过医院证明完全丧失工作能力的;第三,因工致残,经过医院证明完全丧失工作能力的。

目前在退休年龄上这两个规定仍然部分有效,可简单地用图 5-5 来表示。

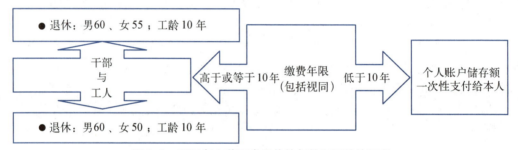

图 5-5 2005 年之前正常退休的年龄和工龄的规定

在待遇上,依据《国务院关于建立统一的企业职工基本养老保险制度的决定》(国发〔1997〕26 号)的规定,待遇支付共有以下三类人。

● 老人:1997 年 7 月 1 日前已经离退休的人员,仍按国家原来的规定发给养老金,同时执行养老金调整办法。各地区和有关部门要按照国家规定进一步完善基本养老金正常调整机制,认真抓好落实。

● 中人:1997 年 7 月 1 日前参加工作、1997 年 7 月 1 日后退休且个人缴费和视同缴费年限累计满 15 年的人员,按照新老办法平稳衔接、待遇水平基本平衡等原则,在发给基础养老金和个人账户养老金的基础上再确定过渡性养老金,过渡性养老金从养老保险基金中解决。具体办法由劳动部会同有关部门制订并指导实施。

● 新人:1997 年 7 月 1 日后参加工作的职工,个人缴费年限累计满 15 年的,退休后按月发给基本养老金。基本养老金由基础养老金和个人账户养老金组成。若个人缴费年限累计不满 15 年的,退休后不享受基础养老金待遇,其个人账户储存额一次支付给本人。

依据《国务院关于完善企业职工基本养老保险制度的决定》(国发〔2005〕38 号)的规定,对新、中、老人的退休金的支付办法进行了调整,具体内容如下。

● 老人:本决定实施前已经离退休的人员,仍按国家原来的规定发给基本养老金,同时执行基本养老金调整办法。

- 中人：国发〔1997〕26号令实施前参加工作，国发〔2005〕38号令实施后退休且缴费年限累计满15年的人员，在发给基础养老金和个人账户养老金的基础上，再发给过渡性养老金。各省、自治区、直辖市人民政府要按照待遇水平合理衔接、新老政策平稳过渡的原则，在认真测算的基础上，制订具体的过渡办法，并报劳动保障部、财政部备案。本决定实施后到达退休年龄但缴费年限累计不满15年的人员，不发给基础养老金；个人账户储存额一次性支付给本人，并增发一定的养老补偿金，终止基本养老保险关系。

- 新人：《国务院关于建立统一的企业职工基本养老保险制度的决定》（国发〔1997〕26号）实施后参加工作、缴费年限（含视同缴费年限，下同）累计满15年的人员，退休后按月发给基本养老金。基本养老金由基础养老金和个人账户养老金组成。退休时的基础养老金月标准以当地上年度在岗职工月平均工资和本人指数化月平均缴费工资的平均值为基数，缴费每满1年发给1%。个人账户养老金月标准为个人账户储存额除以计发月数，计发月数根据职工退休时城镇人口平均预期寿命、本人退休年龄和利息等因素确定。

26号令与38号令在退休条件上的对比情况如图5-6所示。

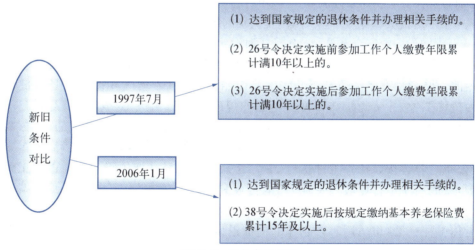

图5-6 退休条件对比

26号令与38号令在退休人员类别方面的对比情况如图5-7所示。

在待遇支付上，目前主要的类别有以下4种。

- 1997年7月1日前退休的老人的待遇标准。
- 1997年7月1日以前工作，1997年7月1日以后2006年1月1日以前退休的待遇标准。
- 1997年7月1日以前工作，2006年1月1日以后退休的待遇标准。
- 1997年7月1日以后工作和2006年1月1日以后退休的待遇标准。

② 提前退休。

依据《劳动和社会保障部关于制止和纠正违反国家规定办理企业职工提前退休有关问题的通知》（劳社部发〔1999〕8号），国家对提前退休的工种年龄和工作年限有明确的规定。

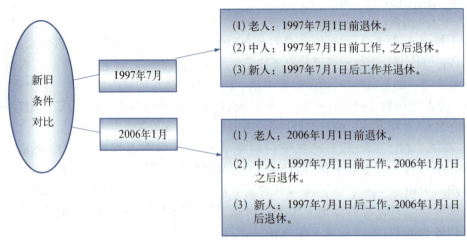

图 5-7　退休人员类别对比

企业职工从事特殊工种提前退休的年龄为：男职工年满55周岁，女职工年满45周岁；工作年限为：从事高空、特别繁重体力劳动工作累计满10年，从事井下、高温工作累计满9年，从事其他有害身体健康工作累计满8年（以下称特殊工种）。

特殊工种是指从事特种作业人员岗位类别的统称，是容易发生人员伤亡事故，对操作本人、他人及周围设施的安全有重大危害的工种。

特殊工种的特点如下：第一，特殊工种的确定，是由各行业主管部门或劳动部门统一确定的。原劳动部将从事井下、高空、高温、特重体力劳动或其他有害身体健康的工种定为特殊工种，并明确特殊工种的范围如焊工、电工、锅炉工、驾驶员、起重工等。原劳动部和有关行业主管部门批准的特殊工种，随着科技进步和劳动条件的改善，需要进行清理和调整。新的特殊工种名录由原劳动和社会保障部会同有关部门清理审定予以公布，公布之前暂按原特殊工种执行。第二，针对性。经批准的行业提前退休工种和适用范围，只适用于本行业所属企业，其他行业和企业不得参照，任何单位不得擅自扩大提前退休工种的范围。第三，标准程序。企业应根据原劳动部或行业主管部门确定的提前退休工种标准，将适用于本企业的提前退休工种的岗位名称列出明细，经行业主管部门和企业局、总公司劳动处汇总确认后报市人力资源和社会保障局的职业安全卫生监察处和养老保险处审核。经确认后，按养老保险缴拨关系报区（县）劳动保障行政部门备案。企业对从事提前退休工种的人员要建立档案管理制度，统一填写"提前退休工种岗位登记表"，严格记载职工从事提前退休工种的工作时间及变动情况。企业在申报职工按提前退休工种办理退休审批时，要填写"职工提前退休审批表"并提供职工的档案。各级劳动保障行政部门在审核时，要对照职工从事提前退休工种的名称和档案记载的从事该工种的工作时间，经审核完全符合条件的方可批准其办理提前退休；在职工档案中没有"提前退休工种岗位登记表"或表中记载不全的，不得按提前退休工种办理提前退休。

若职工因病或非因工致残完全丧失劳动能力办理提前退休或退职时，需要通过市、区（县）劳动能力鉴定委员会出具完全丧失劳动能力的鉴定结论（"职工劳动鉴定表"），否则不得批准其办理退休、退职。

在 2006 年以前,依据国办〔1999〕10 号文件及劳社部发〔1999〕8 号文件,对于部分提前退休的人员要适当减发养老金,提前退休的职工,其基本养老金按本人距正常退休年龄(男年满 60 周岁,女年满 50 周岁)的年限,每提前一年减发基本养老金 2%(不含个人账户养老金),即提前退休人员基本养老金=(全额基本养老金-个人账户养老金)×(1-提前退休年限×2%)+个人账户养老金;当基本养老金低于本市基本养老金最低标准时,按基本养老金最低标准发给。2006 年以后,此规定不再执行。

(3) 机关、事业单位性质的退休条件的规定。

2015 年之前,大部分地区的机关、事业单位退休人员的退休年龄和待遇构成依据 1978 年颁布的 104 号令,有少部分地区先后进行过试点改革,但在全国全面推行机关事业单位基本养老保险退休制度是从 2015 年开始,实施时间倒推到 2014 年 10 月。2015 年 1 月,相继颁布了《国务院关于机关事业单位工作人员养老保险制度改革的决定》(国发〔2015〕2 号)、《国务院办公厅关于印发机关事业单位职业年金办法的通知》(国办发〔2015〕18 号)、《人力资源社会保障部、财政部关于贯彻落实〈国务院关于机关事业单位工作人员养老保险制度改革的决定〉的通知》(人社部发〔2015〕28 号)、《人力资源社会保障部办公厅、财政部办公厅关于完善机关事业单位工资制度实施中有关问题的通知》(人社厅发〔2015〕47 号)和《人力资源社会保障部办公厅、财政部办公厅关于机关事业单位养老保险制度改革几个具体问题处理意见的通知》(人社厅发〔2015〕121 号),依据这一系列通知,各地相继颁布了本地的机关事业单位工作人员养老保险制度改革实施办法,机关事业单位工作人员和离退休人员统一被纳入城镇职工基本养老保险制度体系。

此次改革参保主体主要有按照公务员法管理的用人单位、参照公务员法管理的机关(单位)、事业单位及其编制内的工作人员。其中,事业单位为公益一类和二类。编外人员应依法参加企业职工基本养老保险,在社保经办机构管理上归市、县(市、区)机关事业社保经办机构经办管理。在基金筹集用人单位缴费按其缴费基数的 20%(2019 年 5 月起调整为 16%)缴纳,个人按其缴费基数的 8%缴纳基本养老保险费,由单位代扣代缴。机关单位(含参公管理的单位)工作人员的个人缴费工资包括:本人上年度工资收入中的基本工资、国家统一的津贴补贴(特区津贴、警衔津贴、海关津贴等国家统一规定纳入原退休费计发基数的项目)、规范后的津贴补贴(地区附加津贴)、年终一次性奖金;事业单位工作人员的个人缴费工资包括:本人上年度工资收入中的基本工资、国家统一的津贴补贴(特区津贴等国家统一规定纳入原退休费计发基数的项目)、绩效工资。其余项目暂不纳入个人缴费工资基数。个人缴费工资基数为所在地区上年度在岗职工平均工资 60%~300%。除基本养老保险外,工作人员还有职业年金,单位按本单位基本养老保险缴费基数的 8%缴费,个人按本人缴费基数的 4%缴费。

在待遇构成上,"新人"指本办法实施后参加工作、按照本办法参保的机关事业单位编制内工作人员。"新人"缴费年限累计满 15 年,退休后按月发给基本养老金。基本养老金=基础养老金+个人账户养老金。其中,基础养老金=(参保人员退休时所在地区上年度在岗职工月平均工资+本人指数化月平均缴费工资)÷2×缴费年限×1%。在此公式中,本人指数化月平均缴费工资=参保人员退休时所在地区上年度在岗职工月平均工资×本人平均缴费工资指数;本人平均缴费工资指数为各年度实际缴费指数的平均值,即:本人平均缴费工资指数=$(X_n/C_{n-1}+X_{n-1}/C_{n-2}+\cdots+X_{2016}/C_{2015}+X_{2015}/C_{2014}+X_{2014}/C_{2013})/N_{实缴}$;$X_n$,

$X_{n-1}, \cdots, X_{2014}$ 为参保人员退休当年至 2014 年相应年度本人各月缴费工资基数之和；C_{n-1}，$C_{n-2}, \cdots, C_{2013}$ 为参保人员退休上一年至 2013 年相应年度所在地区在岗职工平均工资；$N_{实缴}$ 为参保人员实际缴纳养老保险费年限。个人账户养老金＝退休时本人基本养老保险个人账户累计储存额÷计发月数。

"中人"指本办法实施前参加工作、实施后退休且按照参保的机关事业单位编制内工作人员。"中人"缴费年限累计满 15 年，基本养老金＝基础养老金＋个人账户养老金＋过渡性养老金。其中，基础养老金计算公式与"新人"基础养老金计算公式有些相同，不同的是本人平均缴费工资指数为视同缴费指数与实际缴费指数的平均值，即：本人平均缴费工资指数＝（视同缴费指数×视同缴费年限＋实际平均缴费指数×实际缴费年限）÷缴费年限；视同缴费指数由基准视同缴费指数和调节系数两个因素决定。按照参保人员退休时的职务职级（技术职称）确定基准视同缴费指数，再乘以其所在地区对应的调节系数即为最终的视同缴费指数。基准视同缴费指数和各地的调节系数由各地人社厅（局）、财政厅（局）规定。个人账户养老金的计算公式与"新人"个人账户养老金计算公式相同。按照参保人员视同缴费年限长短发给过渡性养老金，过渡系数为 1.3%。计算公式为：过渡性养老金＝参保人员退休时所在地区上年度在岗职工月平均工资×本人视同缴费指数×本人视同缴费年限×过渡系数。

对机关事业单位基本养老保险实施前参加工作、改革后退休的"中人"设立 10 年过渡期。过渡期内退休的人员，其养老金实行新老待遇计发办法对比，保低限高。即：新办法（含职业年金待遇）计发待遇低于老办法待遇标准的，按老办法待遇标准发放，保持待遇不降低；高于老办法待遇标准的，超出的部分，第一年（2014 年 10 月 1 日至 2015 年 12 月 31 日）退休的人员发放超出部分的 10%，第二年（2016 年 1 月 1 日至 2016 年 12 月 31 日）退休的人员发放超出部分的 20%，以此类推，到过渡期末年（2024 年 1 月 1 日至 2024 年 9 月 30 日）发放超出部分的 100%。过渡期结束后退休的人员执行新办法。新、老办法计算公式分别为：新办法待遇月计发标准＝基础养老金＋个人账户养老金＋过渡性养老金＋职业年金；老办法则有相对统一的公式。

$$老办法待遇月计发标准 = (A \times M + B + C) \times \prod_{n=2015}^{N}(1 + G_{n-1})$$

式中，A 为 2014 年 9 月工作人员本人的基本工资标准；B 为 2014 年 9 月工作人员本人的职务职级（技术职称）等对应的退休补贴标准；C 为按照国办发〔2015〕3 号文件规定相应增加的退休费标准；M 为工作人员退休时工作年限对应的老办法计发比例；G_{n-1} 为参考第 $n-1$ 年在岗职工工资增长等因素确定的工资增长率，$n \in [2015, N]$，且 $G_{2014}=0$；N 为过渡期内退休人员的退休年度，$N \in [2015, 2024]$，2014 年 10 月 1 日至 2014 年 12 月 31 日期间退休的，其退休年度视同为 2015 年。

在 2014 年 10 月之前已经退休的"老人"继续按国家和地方规定的原待遇标准发放基本养老金，其中，基本退休费、生活性补贴两项由基本养老保险基金列支，其他项目原渠道列支。自 2014 年 10 月及之后，"老人"的待遇调整按基本养老金调整办法执行。

2. 地方规定（以北京为例）

下面以北京的养老保险政策为例来说明不同退休人员在待遇标准计算方法上的不同。

（1）企业性质的职工正常退休的待遇。

① 1998年7月1日以前退休的"老人"的待遇标准。

"老人"月基本养老金 ＝ 退休前档案工资×计发比例＋综合性补贴＋历年调整　（5-1）

其中，综合性补贴指按北京市规定发放的各项价格补贴、生活补贴及过渡性补贴。综合性补贴为147.5元，禁食猪肉的少数民族及与之通婚的其他民族为149.5元。

计发比例的具体标准如图5-8所示。

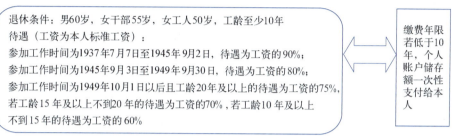

图5-8　"老人"的待遇标准

　练　习

北京建成有限责任公司崔职工1996年5月18日退休，退休前档案工资为400元，计发比例为80%，综合性补贴为147.5元，截至2020年1月的历年调整金额为5 550元，请计算该员工2020年1月份的养老金。

② 1998年7月1日以前工作，1998年7月1日（包括7月1日）以后2006年1月1日（不包括1月1日）以前退休的待遇标准如图5-9所示。这批人员被称为"2号老人"。

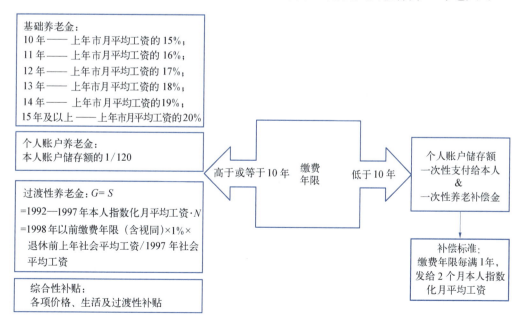

图5-9　"2号老人"的退休待遇标准

其中,一次性养老补偿金,缴费年限每满1年,发给2个月以1992年至1997年12月期间按本人缴费工资($X_{1992}, X_{1993}, X_{1994}, X_{1995}, X_{1996}, X_{1997}$)计算的指数化月平均缴费工资(S)。

$$Y = N \cdot S \cdot 2 \tag{5-2}$$

式中,N为1998年7月前的缴费年限(含视同缴费年限)。

$$S = \frac{\left(\dfrac{C_{1997}}{C_{1992}}X_{1992} + \dfrac{C_{1997}}{C_{1993}}X_{1993} + \dfrac{C_{1997}}{C_{1994}}X_{1994} + \dfrac{C_{1997}}{C_{1995}}X_{1995} + \dfrac{C_{1997}}{C_{1996}}X_{1996} + \dfrac{C_{1997}}{C_{1997}}X_{1997}\right)}{n \times 12}$$

n为1992年10月至1997年12月之间的实际缴费年限。

练 习

李先生,男,1942年3月4日出生,1962年9月参加工作,2002年3月退休,2001年北京市社平工资为20 728元。该职工从1992年10月至退休前一直参加社会保险,其中从参加工作截至1992年9月视同缴费年限为30年;自1992年10月至1998年6月30日,实际缴费年限为5年9个月,每一年的缴费工资如表5-1所示;退休时其个人账户累计储存额达到84 634元。假如他退休时每月的综合性补贴为147.5元,请计算其月退休金。

表5-1 李先生1992—1997年的缴费工资情况表　　　　　　　　　　　　单位:元

	1991年	1992年	1993年	1994年	1995年	1996年	1997年
市社平工资	2 877	3 402	4 523	6 540	8 144	9 579	11 019
个人缴费工资		1 438	6 624	9 000	11 232	16 152	24 432

③ 1998年7月1日以前工作,2006年1月1日以后退休的被称为"中人",其待遇标准如图5-10所示。

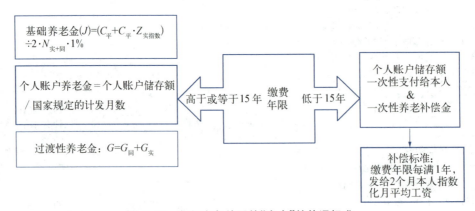

图5-10 新规定条件下的"中人"的待遇标准

● 基础养老金(J)计算公式。

$$J = (C_平 + C_平 \cdot Z_{实指数}) \div 2 \cdot N_{实+同} \cdot 1\% \tag{5-3}$$

式中　$C_平$——被保险人退休时上一年本市职工月平均工资(保留两位小数)。

$Z_{实指数}$——实际缴费工资指数,一般计算结果保留四位小数,其值 = $(X_n/C_{n-1} + \cdots + X_{1993}/C_{1992} + X_{1992}/C_{1991})/N_{应缴}$。(间断缴费期间,缴费工资基数为零)

$X_n, \cdots, X_{1993}, X_{1992}$——被保险人退休当年至 1992 年相应年度各月本人缴费工资基数之和。

$C_{n-1}, \cdots, C_{1992}, C_{1991}$——被保险人退休上一年至 1991 年相应年度本市职工平均工资,其中,C_{n-1} 为被保险人退休上一年本市职工平均工资除以 12 再乘以当年的应缴费月数,C_{1991} 为 1991 年本市职工平均工资除以 12 再乘以 3。

$N_{应缴}$——被保险人应缴纳基本养老保险费年限,统一以 1992 年 10 月作为应缴费年限的起始时间,经有关部门批准,参加本市基本养老保险时间晚于 1992 年 10 月的,以批准确定的参保时间为应缴费年限的起始时间。

$N_{实+同}$——实际缴费年限与视同缴费年限之和。

- 过渡性养老金(G)计算公式。

$$G = G_同 + G_实 \tag{5-4}$$

$$G_同 = C_平 \cdot Z_{同指数} \cdot N_同 \cdot 1\% \tag{5-5}$$

$$G_实 = C_平 \cdot Z_{实指数} \cdot N_{实98} \cdot 1\% \tag{5-6}$$

式中　$G_同$——按视同缴费年限计算的过渡性养老金。

$C_平$——被保险人退休时上一年本市职工月平均工资。

$Z_{同指数}$——视同缴费年限的缴费工资指数,其值为 1。

$N_同$——视同缴费年限,为实行个人缴费前按国家规定计算的连续工龄。

$G_实$——按实际缴费年限计算的过渡性养老金。

$Z_{实指数}$——本人指数化月平均工资。

$C_平 \cdot Z_{实指数}$——本人指数化月平均缴费工资。

$N_{实98}$——被保险人 1992 年 10 月 1 日至 1998 年 6 月 30 日前的实际缴费年限。

- 一次性养老补偿金。

按被保险人的全部缴费年限(含视同缴费年限),缴费每满 1 年,发给 2 个月本人指数化月平均缴费工资(缴费年限计算到月,保留两位小数)。其具体计算公式为:

$$C_平 \cdot Z_{实指数} \cdot N_{实+同} \cdot 2 \tag{5-7}$$

式中　$C_平$——被保险人退休时上一年本市职工月平均工资。

④ 1998 年 7 月 1 日以后工作和 2006 年 1 月 1 日以后退休的"新人"的待遇标准如图 5-11 所示。

2011 年 7 月《社会保险法》实施后,当参保职工的基本养老保险缴费年限达不到 15 年的可以实行延缴,也可以把城镇职工基本养老保险转移到城乡居民养老保险中,这就使得一次性支付的人员数量减少。

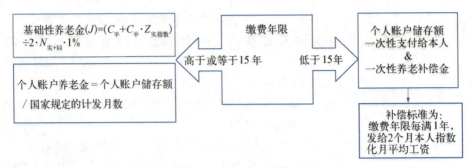

图 5-11 "新人"的待遇标准

北京市的城镇职工王先生,男,1960 年 3 月 4 号出生,1980 年 10 月 1 日进入某企业参加工作,2020 年 3 月退休,退休当年月缴费基数为 6 265 元,该职工截至 1992 年 9 月视同缴费年限为 12 年;自从 1992 年 10 月至 2020 年 3 月,每年的个人缴费工资如表 5-2 所示,退休时其个人账户累计储存额达到 178 655.48 元。请计算此退休人员的退休金。(注:计算 2020 年北京市城镇职工基本养老保险所使用的月平均工资为 9 262 元,计算 $Z_{实指数}$ 则使用附录 B 中的北京市上年月平均工资。)

表 5-2 王先生的个人缴费工资表

缴费年份	1992	1993	1994	1995	1996	1997	1998	1999	2000	2001
个人缴费工资(元)	1 438.5	6 624	9 000	11 232	16 152	24 432	22 113	24 800	28 307	32 566
缴费年份	2002	2003	2004	2005	2006	2007	2008	2009	2010	2011
个人缴费工资(元)	37 310	43 281	51 026	59 054	60 480	60 500	60 800	61 000	61 200	61 500
缴费年份	2012	2013	2014	2015	2016	2017	2018	2019	2020	2021
个人缴费工资(元)	65 100	66 900	68 700	70 500	72 300	74 100	75 900	77 700	18 795	

(2) 机关事业单位正常退休人员待遇

① 2014 年 10 月 1 日前退休的"老人"的待遇标准。

改革前机关事业单位"老人"的退休金计算办法一般是:第一部分为基础工资和工龄工资之和,按 100% 计发。第二部分为职务工资和级别工资之和,按工龄发放,具体为:工作年限满 35 年为 90%;工作年限满 30 年为 80%;工作年限满 20 年为 70%;工作年限满 10 年为 60%;工作年限不满 10 年为 40%。第三部分为历年调整。

改革前退休的"老人"其待遇标准不变,但退休金的支付渠道发生了变化。对于基本退休费,即退休时按基本工资折算的退休费、历年增加的退休费、退休补贴、增加的退休费等被纳入社会保险基金,有些非工资性质的福利费用则没被纳入,如物业、采暖、丧葬费和抚恤金等。

例如:某事业单位职工张某,2013 年 9 月办理退休。退休时基本退休费为 1 500 元、退休补贴(职务)为 3 650 元,退休年龄补贴为 120 元,增加的退休费为 350 元,每月物业补贴为 180 元、采暖补贴为每年 2 200 元。该职工每月发放的退休金为 5 983.33 元。

改革后,该退休职工的退休金除物业和采暖补贴原渠道支付外,其他部分则由社保经办机构发放待遇,即每月社保经办机构为该职工发放退休金 5 620 元,原用人单位为其发放 363.33 元。

② 2014年10月1日以前工作,2014年10月1日(包括10月1日)以后退休的"中人"的待遇标准。

"中人"的基本养老保险待遇政策实行了新老办法10年过渡的政策,具体内容为:过渡期内实行新老待遇计发办法对比,保低限高。即:新办法计发待遇低于老办法待遇标准的,按老办法待遇标准发放,保持待遇不降低;新办法计发待遇高于老办法待遇标准的,超出的部分,第一年退休的人员(2014年10月1日至2015年12月31日)发放超出部分的10%,第二年退休的人员(2016年1月1日至2016年12月31日)发放20%,以此类推,到过渡期末年退休的人员(2024年1月1日至2024年9月30日)发放超出部分的100%。过渡期结束后退休的人员执行新办法。

$$(A \times M + B + C) \times \prod_{n=2015}^{N}(1 + G_{n-1})$$

式中 A——2014年9月工作人员本人的基本工资标准。

M——工作人员退休时工作年限对应的老办法计发比例。

B——2014年9月工作人员本人的职务职级(岗位薪级)等对应的退休补贴标准。

C——以2014年9月工作人员本人的职务职级(岗位薪级),对应《国务院办公厅转发人力资源社会保障部、财政部关于调整机关事业单位工作人员基本工资标准和增加机关事业单位离退休人员离退休费三个实施方案的通知》(国办发〔2015〕3号)增加的退休费标准。

G_{n-1}——参考第 $n-1$ 年在岗职工工资增长等因素确定的工资增长率(具体标准由国家统一公布),$n \in [2015, N]$,且 $G_{2014}=0$。

N——过渡期内退休人员的退休年度,$N \in [2015, 2024]$。2014年10月1日至2014年12月31日期间退休的,其退休年度视同为2015年。

新办法的缴费年限(实际缴费年限+视同缴费年限)累计满15年的人员,退休后按月发给基本养老金,其待遇计算公式为

新办法计算基本养老金 = 基础养老金 + 个人账户养老金 + 过渡性养老金 + 职业年金

- 基础养老金 = 本人退休时本市上年度职工月平均工资×(1+本人平均缴费工资指数)÷2×缴费年限×1%

本人平均缴费工资指数 = (视同缴费指数×视同缴费年限+实际平均缴费指数×实际缴费年限)÷缴费年限

视同缴费指数:参照《北京市工资改革规范工作领导小组办公室关于公务员工资制度改革的实施意见》(京工改办〔2006〕1号)和《北京市工资改革规范工作领导小组办公室关于事业单位工作人员收入分配制度改革的实施意见》(京工改办〔2006〕3号)中关于工资标准的规定,工作人员退休时,视同缴费指数分别根据本人退休时的职务与级别、岗位与技术等级、岗位与薪级等确定。其中,按照及参照公务员法管理单位的工作人员,其视同缴费指数按本人职务和级别工资档次对应的指数之和确定;按照及参照公务员法管理单位的工勤人员,其视同缴费指数按本人技术等级和岗位工资档次对应的指数之和,或按岗位工资档次对应的指数确定;事业单位的工作人员,其视同缴费指数按本人岗位和薪级工资档次对应的指数之和确定。

实际平均缴费指数 = $(X_n/C_{n-1} + X_{n-1}/C_{n-2} + \cdots\cdots + X_{2016}/C_{2015} + X_{2015}/C_{2014} + X_{2014}/C_{2013})/N_{实缴}$

$X_n, X_{n-1}, \cdots, X_{2014}$ 为参保人员退休当年至 2014 年相应年度本人各月缴费工资基数之和，$C_{n-1}, C_{n-2}, \cdots, C_{2013}$ 为参保人员退休上一年至 2013 年相应年度本市职工年平均工资。

$N_{实缴}$ 为参保人员实际缴纳基本养老保险费年限。

同"新人"中的"实际平均缴费指数"的计算方法相一致。

- 过渡性养老金＝本人退休时本市上年度职工月平均工资×本人视同缴费指数×视同缴费年限×过渡系数(1%)。
- 个人账户养老金＝退休时本人基本养老保险个人账户累计储存额÷计发月数。其中，计发月数按国家统一规定执行。
- 职业年金＝退休时本人职业年金个人账户累计储存额÷计发月数。

例如，北京某机关公务员 2020 年 9 月办理退休，年龄为 60 周岁。退休时视同缴费指数为 2.148 7。本人基本工资标准为 1 950 元，退休时职务退休补贴为 5 060 元。视同缴费年限为 33 年 6 个月。实际缴费自 2014 年 10 月开始，其年缴费基数是：2014 年(10—12 月)、2015 年、2016 年、2017 年、2018 年、2019 年、2020 年(1—9 月)分别为 27 690 元、111 960 元、113 160 元、114 360 元、115 560 元、116 760 元、88 470 元。个人账户累计储存额为 65 490.09 元，职业年金累计额为 98 235.14 元。2015 年按照国办发〔2015〕3 号文增资 350 元。2015 年在岗职工工资增长率为 5%。北京市社会月平均工资参照附录 E。

老办法计算：

$$(A \times M + B + C) \times \prod_{n=2015}^{N}(1 + G_{n-1})$$

＝[1 950(本人基本工资标准)×90%＋5 060(职务职级(岗位薪级)等对应的退休补贴)＋350(按照国办发〔2015〕3 号文增资)]×(1＋5%)(在岗职工工资增长率，由国家统一公布)＝7 523.25 元

即改革后老办法该职工的退休养老保险待遇合计为 7 523.25 元。

实际平均缴费指数＝$(X_{2020} \div C_{2019} + X_{2019} \div C_{2018} + X_{2018} \div C_{2017} + X_{2017} \div C_{2016} + X_{2016} \div C_{2015} + X_{2015} \div C_{2014} + X_{2014} \div C_{2013}) \div N_{实缴}$

＝(88 470/106 168＋116 760/94 258＋115 560/111 599＋114 360/92 477＋113 160/85 038＋111 960/77 560＋27 690/69 521)/6

＝1.269 8

视同缴费指数＝2.148 7

平均缴费工资指数＝[2.148 7×(33＋6/12)＋1.269 8×6]÷(39＋6/12)＝2.015 2

基础养老金＝9 910×(1＋2.015 2)÷2×(39＋6/12)×1%＝5 901.42(元)

个人账户养老金＝65 490.09÷139＝471.15(元)

过渡性养老金＝9 910×2.148 7×(33＋6/12)×1%＝7 133.36(元)

职业年金＝98 235.14÷139＝706.73(元)

养老金合计＝5 901.42＋471.15＋7 133.36＋706.73＝14 212.66(元)

新老办法对比差额＝14 212.66－7 523.25＝6 689.41(元)

应领取养老金＝7 523.25＋6 689.41×60%＝11 536.90(元)

其中，统筹基金支付 11 536.90－706.73＝10 830.17(元)，职业年金支付 706.73 元。

对于改革前曾参加企业职工基本养老保险、改革后参加机关事业单位基本养老保险的工作人员（编制内劳动合同制工人除外），其参加企业职工基本养老保险的实际缴费年限应予确认，不认定为视同缴费年限，并与参加机关事业单位基本养老保险的实际缴费年限合并计算。其他情形视同缴费年限的认定，按照国家和本市有关规定执行。在本人退休时，根据其实际缴费年限、视同缴费年限及对应的视同缴费指数等因素计发基本养老金。

机关事业单位养老保险适用于北京市所属按照公务员法管理的单位、参照公务员法管理的机关或单位；根据《中共中央、国务院关于分类推进事业单位改革的指导意见》（中发〔2011〕5号）有关规定进行分类改革后的公益一类、二类事业单位（以下简称事业单位），以及上述机关事业单位编制内的工作人员。纳入此项改革范围的机关事业单位要严格按照编制管理规定确定参保人员。编外人员应依法参加企业职工基本养老保险。对于编制管理不规范的单位，要先按照有关规定进行清理规范，待明确工作人员身份后再纳入相应的养老保险制度。机关事业单位离休人员不纳入此项改革范围，继续按照国家和本市有关规定发给离休费，并调整相关待遇。按照此规定纳入参保范围的编制内劳动合同制工人，改革后参加机关事业单位基本养老保险，其在改革前参加企业职工基本养老保险的年限视同为参加机关事业单位基本养老保险的缴费年限，退休时按有关规定计发待遇。改革前未参加企业职工基本养老保险的，按规定补缴其未参保期间的基本养老保险费后，视同为参加机关事业单位基本养老保险的缴费年限。改革前其参加企业职工基本养老保险的个人账户累计储存额，划转至改革后本人机关事业单位基本养老保险个人账户并合并计算。

改革后，按照国家有关政策和干部管理权限，经批准可适当延长退休年龄的工作人员，继续参保缴费。其中少数人员年满70岁时仍继续工作的，个人可以选择继续缴费，也可以选择不再继续缴费。待正式办理退休手续时，按规定计发养老待遇。

③ 2014年10月1日（包括10月1日）以后工作并退休的"新人"的待遇标准。

改革后参加工作、个人缴费年限累计满15年的人员，退休后按月发给基本养老金，其待遇计算公式为

$$基本养老金 = 基础养老金 + 个人账户养老金 + 职业年金$$

式中，
- 基础养老金 = 本人退休时本市上年度职工月平均工资 × (1 + 实际平均缴费指数) ÷ 2 × 缴费年限 × 1%。
- 个人账户养老金 = 退休时本人基本养老保险个人账户累计储存额 ÷ 计发月数。计发月数按国家统一规定执行。
- 职业年金 = 退休时本人职业年金个人账户累计储存额 ÷ 计发月数。

5.1.3 业务流程

1. 退休人员增加

（1）正常退休的业务流程。

① 参保人员达到退休年龄时，参保单位在其退休前一个月做参保人员的减少业务，填写"社会保险参保人员减少表"报送各区（县）的社保经办机构。

② 社保经办机构依据"社会保险参保人员减少表"打印出"养老保险个人账户退休清算单"，具体样式如表5-3所示（表5-4是实例填写），然后交给参保单位。

表 5-3 养老保险个人账户退休清算单

统一社会信用代码(组织机构代码):　　　　　　　　　　　　　单位名称:

公民身份号码	电脑序号	姓 名	职工身份	缴费人员类别	缴费截止日期	清算原因	清算日期
视同缴费年限		实际缴费年限		足缴年限		n 值	
个人账户储存情况	至上年末个人账户累计储存额						
	合计	个人缴费	累计个人利息	单位划转	单位划转	累计划转利息	
	当年个人账户						
	合计	个人缴费	个人利息	单位划转	单位缴费	划转利息	
补缴原因	补缴年限	补缴基数	补缴金额		个人缴费	单位划转	个人比例
个人账户总计				个人账户养老金 (1/国家规定月数)			

社保经办机构:　　　　　　经办人:　　　　　　　　　　　　　年　月　日

注 解

1. 职工身份:按照本人在职时的职别分别填写"干部""军转干部""两航起义""100%老专家""工人"身份中的其中一种。
2. 清算原因:退休。
3. 视同缴费年限:填写个人账户中所认定的视同缴费年限。实际缴费年限:填写个人缴费的实际月数。每满12个月为一年,不足一年按实际月数填写。足缴年限:视同缴费年限+实际缴费年限。全部缴费年限=视同缴费年限+实际缴费年限。一次性缴费年限,一般为5.25年。
4. n 值:1992年10月至1997年12月应缴费月数。

表 5-4 北京市养老保险个人账户退休清算单

单位名称：北京某企业
单位：元

公民身份证号码	电脑序号	姓名	职工身份	缴费人员类别	缴费截止日期	清算原因	清算日期
110108196003040××××	6000×××××××	王×××	工人	本市城镇职工	2020年3月	退休	2020年4月10日
视同缴费年限	实际缴费年限			足缴年限		n 值	5.25
12年0月	27年6月			0年			

统一社会信用代码（组织机构代码）：91110108××××××××××

个人账户储存情况	至上年末个人账户累计储存额：						
	合计	个人缴费	累计个人利息	单位划转	累计划转利息		
	177 132.81	98 034.24	57 572.8	10 714.61	10 811.16		
	当年个人账户						
	合计	个人缴费	个人利息	单位划转	划转利息		
	1 522.67	1 503.60	19.07	0	0		
补缴原因	补缴年限	补缴基数	补缴金额	单位缴费	个人缴费	单位划转	个人比例
个人账户总计	178 655.48			个人账户养老金(1/139)		1 285.29	

社保经办机构：北京市×××区社会保险基金中心　　经办人：张××　　2020年4月10日

③ 参保单位依据"养老保险个人账户退休清算单"填报"基本养老保险待遇核准表"(具体样式如表5-5所示,表5-6是实例填写)。

表5-5 北京市基本养老保险待遇核准表

单位名称:　　　　　　　　　编号:

姓　　名		社会保障号			
年　　龄		参保年月		退休类别	
性　　别		参保原因		特殊工种名称	
民　　族		参加工作时间		从事年限	
出生年月		退休时间		因病退休鉴定级别	
户口性质		应缴费年限		劳动能力鉴定号	
职工身份		视同缴费年限		$N_{实98}$值	
专业技术职务		实际缴费年限		$Z_{实指数}$	
是否高级技师		趸缴年限		N值(至1998年6月缴费年限)	
个人账户累计储存额		全部缴费年限			
上年职工平均工资					
	现　办　法			原2号令办法	
基础养老金	计发基数		基础养老金	计发基数	
	计发比例(%)			计发比例(%)	
	计发金额			计发金额	
个人账户养老金	计发月数		个人账户养老金	计发金额	
	计发金额		过渡性养老金	$G=(S\cdot N\cdot 1\%)\cdot 2.98$	
过渡性养老金	$G_{视同}$		综合性补贴	计发金额	
	$G_{实际}$		因病退休	减发比例	
	计发金额			减发金额	
养老金合计			养老金合计		
过渡比例(%)			统筹支付金额		
参统单位申报意见		主管部门意见		劳动保障行政部门核准意见 起始支付年月	
签字(章):　　年　月　日		签字(章):　　年　月　日		签字(章):　　年　月　日	
备注					

> **备 注**
>
> 1. 对本退休核准结果不服的,可在60日内向上一级劳动保障退休核准部门或同级人民政府提起行政复议,或向劳动保障退休核准部门属地的人民法院提起行政诉讼。
> 2. 本"退休核准表"一式六份,分别交由劳动保障退休核准部门、社保经办机构、医保经办机构、申报单位(两份)和退休职工本人留存。

表 5-6　北京市基本养老保险待遇核准表

单位名称:北京某企业　　　　　　　　　编号:××××××

姓　名	王××	社会保障号	1101081960×××××××		
年龄	60	参保年月	1992年10月	退休类别	正常
性别	男	参保原因		特殊工种名称	
民族	汉族	参加工作时间	1980年10月	从事年限	0
出生年月	1960年3月	退休时间	2020年4月	因病退休鉴定级别	
户口性质	城镇(非农业户口)	应缴费年限	27.5年	劳动能力鉴定号	
职工身份	工人	视同缴费年限	12年	$N_{实98}$ 值	5.75
专业技术职务		实际缴费年限	27.5年	$Z_{实指数}$	1.696
是否高级技师	否	逯缴年限	0.00年	N 值(至1998年6月缴费年限)	17.75
个人账户累计储存额	178 655.48元	全部缴费年限	39.5年		
上年职工平均工资	106 168元				

	现办法			原2号令办法	
基础养老金	计发基数	12 485.18元	基础养老金	计发基数	—
	计发比例(%)	39.5		计发比例(%)	—
	计发金额	4 931.65元		计发金额	—
个人账户养老金	计发月数	139.00月	个人账户养老金	计发金额	—
	计发金额	1 285.29元	过渡性养老金	$G=(S \cdot N \cdot 1\%) \cdot 2.98$	—
过渡性养老金	$G_{视同}$	1 111.44元	综合性补贴	计发金额	—
	$G_{实际}$	903.23元	因病退休	减发比例	
	计发金额	2 014.67元		减发金额	
养老金合计		8 231.61元	养老金合计		—
过渡比例(%)		—	统筹支付金额		8 231.61元

参统单位申报意见	主管部门意见	劳动保障行政部门核准意见
(加盖印章) 签字(章):北京某企业　2020年4月12日	签字(章):　年　月　日	起始支付年月　2020年4月 签字(章):　年　月　日
备　注		

注 解

1. 对本退休核准结果不服的,可在60日内向上一级劳动保障退休核准部门或同级人民政府提起行政复议,或向劳动保障退休核准部门属地的人民法院提起行政诉讼。

2. 本"退休核准表"一式六份,分别交由劳动保障退休核准部门、社保经办机构、医保经办机构、申报单位(两份)和退休职工本人留存。

④ 单位持"职工档案""养老保险个人账户退休清算单"和填报的"基本养老保险待遇核准表"到劳动保障行政部门的养老保险科进行退休人员的审批。劳动保障行政部门在审核过程中,对于职工出生的时间难以确定的,以居民身份证与档案相结合的办法进行认定,当本人身份证与档案记载的出生时间不一致时,以本人档案最先记载的出生时间为准。

⑤ 参保人员经劳动保障行政部门批准退休后,参保单位凭"养老保险个人账户退休清算单"和"基本养老保险待遇核准表",填写"按月领取养老金人员登记表"(具体样式如表5-7所示,表5-8是实例填写)和"社会保险参保人员增加表"报送社保经办机构,并附本人身份证复印件(正反面),有高级职称的须提供证书和聘书的原件及复印件,特殊工种提前退休须提供"职工提前退休审批表",因病提前退休须提供"劳动能力鉴定、确认结论通知书",报送到社保经办机构的养老支付部。

⑥ 社保经办机构的支付部依据"社会保险参保人员增加表"将"按月领取养老金人员登记表"录入退休人员数据库,并从批准退休次月开始支付其基本养老金。

 注 解

1. 退休人员基本养老金因特殊原因被中断发放后须恢复支付时,由参保单位填报"社会保险参保人员增加表",由社保经办机构依据"社会保险参保人员增加表"为其恢复基本养老金发放。

2. 职介/人才服务中心和外商投资企业的职工、支援乡镇企业科技人员等满足退休条件的人员经劳动保障行政部门的养老保险科批准其退休。批准后,该人员的基本养老金支付关系转往街道则由转出部门或单位填写"转往街道管理退休人员养老金转移单"、"按月领取养老金人员登记表"、"退休人员审批表"和"××市养老保险个人账户退休清算单",报所属社保经办机构确认。转出社保经办机构将转移的相关资料转至该退休人员户籍所在社保经办机构。转入社保经办机构将相关资料转至该退休人员户籍所在街道,由街道社保所填写"社会保险参保人员增加表"报送转入社保经办机构。转入社保经办机构依据"社会保险参保人员增加表"做退休人员基本养老金支付的增加。

具体流程如下。

- 用人单位或代办机构提出申请,报送审批。
- 批准后用人单位或代办机构填写"转往街道管理退休人员养老金转移单"并带上其他相关材料,报送转出地社保经办机构。
- 转出地社保所将退休人员的社保关系与资料转到转入地的社保经办机构。

- 转入地社保经办机构将资料转至街道社保所。
- 街道社保所到转入地社保经办机构为退休人员办支付增加。
- 社保经办机构根据增加情况支付基本养老金。

3. 破产企业依据社会保险基金管理中心签发的转接破产企业退休人员关系的相关文件将退休人员的"养老保险退休人员转移单"报送退休人员所在街道的区（县）社保经办机构。区（县）社保经办机构将相关资料转至其户籍所在街道，由街道社保所填写"社会保险参保人员增加表"报送区（县）社保经办机构。区（县）社保经办机构依据"社会保险参保人员增加表"做退休人员基本养老金支付的增加。

若把退休人员的业务办理用流程图表示则如图 5-12 所示。

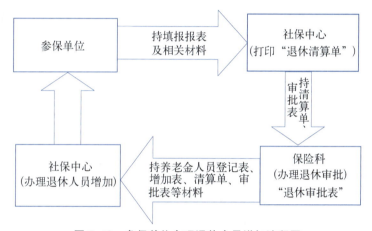

图 5-12　参保单位办理退休人员增加流程图

存档人员的退休增加业务的具体流程参照项目 4"个人账户的转移"部分的内容。

（2）提前退休的业务流程。

① 提前退休工种的确认程序。

第一，各企业局、总公司劳动部门要提供上级对本行业提前退休工种的有关文件，并确定本行业企业的适用范围。

第二，企业根据上级主管劳动部门认定的提前退休工种的适用范围，将本企业提前退休工种的岗位名称，报上级主管劳动部门审核。

第三，各企业局、总公司劳动部门，将所属企业上报并经审核的岗位汇总后，按属地原则分别列出企业名单和适用范围报市人力资源和社会保障局职业安全卫生监察处和养老保险处确认。经确认后，分别送各区（县）人力资源和社会保障行政部门。

若企业隶属关系发生变更的，由企业现在的上级劳动主管部门与企业原上级劳动主管部门联系，企业原上级劳动主管部门应提供该企业提前退休工种的确认文件并对其提前退休工种的岗位给予认定，由现企业上级劳动主管部门将有关材料报市人力资源和社会保障局职业安全卫生监察处和养老保险处确认，并送企业所在区（县）人力资源和社会保障部门。

表 5-7 北京市 183 号按月领取养老金人员登记表

统一社会信用代码(组织机构代码)：
单位名称(章)：
退休核准表编号： □社会化发放代发机构 □破产企业 □转制企业 □户口性质 □个人存档 □超龄人员

电脑序号	公民身份号码	姓名	性别	民族	出生年月	现居住地址	街道编码	邮政编码
用工形式	专业技术职务	工人技术等级	行政职务	参加工作时间				
增加日期	退休前所在单位代码	退休前所在单位名称		经济类型				
退休分类					缴费年限			
					视同缴费年限	实际缴费年限	复缴年限	个人缴费
			特殊工种		合计	个人账户金额		
参保原因	应缴费年限	名称			表属关系	发放地点		
参保时间					邮政汇款账号	户口所在地址	街道编码	邮政编码
			从事年限		因病退休鉴定级别	劳动能力鉴定表号	批准退休时年龄	批准支付日期
$N_{实98}$值	$Z_{实指数}$	上年职工平均工资	$Z_平$	T值	$G_平 = (730 \cdot N \cdot 1\%) \cdot 2.98$	183号统筹支付金额	183统筹养老金差额	
	N值(1998年6月缴费年限)							

183号令计发办法

基础养老金		个人账户养老金			过渡性养老金			养老金合计
计发基数	计发比例(%)	计发金额	计发月数	个人账户补贴(机、事用)	计发金额	$G_{视同}$	$G_{实际}$	过渡比例(%)	计发金额	

（续表）

原2号计发办法

基础养老金		个人账户养老金计发金额	过渡性养老金 $G=(S\cdot N\cdot 1\%)\cdot 2.98$	综合性补贴计发金额	因病退休		中断缴费核减（206号）		2号令养老金合计
计发基数（元）	计发比例（%）	计发金额			减发比例（%）	减发金额	中断缴费月数（206号）	核减金额	
2 734									

原2号令计发办法（117号和60号）

基础养老金		个人账户养老金计发金额	过渡性养老金 $G=(G_P+Z_P)\cdot T$	综合性补贴计发金额	因病退休		中断缴费（206号）		原机关事业办法纳入统筹项目的养老金合计	养老金合计
计发基数（元）	计发比例（%）	计发金额			减发比例（%）	减发金额	中断缴费月数（206号）	核减金额		
2 734										

养老金补贴明细表

代码	名称	金额
01	待遇补差	
02	最低保障补差	
03		
04		

统筹内其他补贴明细表

代码	名称	金额
01	护理费	
02	临时工医疗补贴	—
03	取暖费	
04	[99]专家生活补贴	—
05	书报费	
06	洗理费	
07	京国工改[1994]10号	
08	用车包干费	

正常调整明细表

代码	年度	金额
01		
02		
03		

统筹外金额明细表

代码	名称	金额
01		
02		
03		
04		

填报日期：　　　　年　　月　　日

单位负责人：　　　　　　填报人：　　　　　　联系电话：

> **注 解**

1. 单位情况：组织机构代码与单位名称(章)。
2. 退休核准表编号：申请退休是退休核准表上的编号。
3. 退休人员的基本情况：
   □社会化发放代发机构　　□破产企业　　□转制企业
   □原行业　　　　　　　　□个人存档　　□超龄人员
   (1) 社会化发放代发机构：属于社会化发放人员此栏填写发放银行或邮局。
   (2) 破产企业退休：经有关部门批准企业破产后转往街道发放养老金的人员此栏打"√"。
   (3) 转制企业：往往指的是事业单位转变为企业。
   (4) 原行业：指进行社会统筹前归属于行业系统。
   (5) 个人存档：存档人员。
   (6) 超龄人员：超出退休年龄的人员。
4. 外埠标志：应填写"是"或"否"。
5. 街道编码：现居住地的街道的编码。
6. 用工形式：按照本人的身份填写"固定工""合同工""农转工""原工商业者"中的一种。
7. 职工身份：按照本人在职时的职别填写"干部""军转干部""两航起义""100%老专家""工人"身份中的其中一种。
8. 增加日期：办理退休增加的日期。
9. $N_{实98}$值：1992年10月1日至1998年6月30日前的实际缴费年限。
10. $Z_{实指数}$：实际缴费工资指数，其计算公式 $= (X_n/C_{n-1} + \cdots + X_{1993}/C_{1992} + X_{1992}/C_{1991})/N_{应缴}$。若间断缴费期间，缴费工资基数为0；$X_n, \cdots, X_{1993}, X_{1992}$为被保险人退休当年至1992年相应年度各月本人缴费工资基数之和；$C_{n-1}, \cdots, C_{1992}, C_{1991}$为被保险人退休上一年至1991年相应年度本市职工平均工资，其中，C_{n-1}为被保险人退休上一年本市职工平均工资除以12再乘以当年的应缴费月数，C_{1991}为1991年本市职工平均工资除以12再乘以3；$N_{应缴}$为被保险人应缴纳基本养老保险费年限；统一以1992年10月作为应缴费年限的起始时间；经有关部门批准，参加本市基本养老保险时间晚于1992年10月的，以批准确定的参保时间为应缴费年限的起始时间。
11. N值(1998年6月缴费年限)：1998年7月1日前的缴费年限。
12. $Z_平$：平均个人账户补贴。其中，$Z_{补贴} = \{[(C_{1992}/12) \cdot 3 + C_{1993}] \cdot 2\% + [C_{1994} + C_{1995} + C_{1996} + C_{1997} + (C_{1998}/2)] \cdot 5\% + [(C_{1998}/2) + C_{1999} + C_{2000} + \cdots + C_{2005}] \cdot 11\% + [C_{2006} + C_{2007} + \cdots + C_n] \cdot 8\%\} \cdot Z_{实指数}$，故$Z_平 = Z_{补贴} \div 120$。

$Z_平$的计算分为以下情形：
(1) 参统前在企业工作过，缴纳过养老保险费但同时也间断过缴费(不在机关、事业单位工作)，扣除缴费及间断时间部分后，再计算$Z_平$。
(2) 参统前一直在机关、事业单位工作，未缴纳过养老保险费，全额计算$Z_平$。

13. T 值:"调节系数"按被保险人参加统筹之月至第 5 年的第 12 月期间,各年缴费工资基数之和与相应年度上一年本市职工平均工资之和的比值计算。计算公式为 $=(X_1+X_2+X_3+X_4+X_5)\div(C_1+C_2+C_3+C_4+C_5)$。

14. $G_平=(730 \cdot N \cdot 1\%) \cdot 2.98$。

其中,$G_平$ 为"平均过渡性养老金",是以 1992 年 10 月至 1997 年 12 月期间,本市职工月平均工资为基数计算的指数化月平均工资,乘以改革前的缴费年限,再乘以退休时的调节系数。其计算公式为:$(730 \cdot N \cdot 1\%) \cdot (C_0 \div 11\,019)$,若 C_0 固定在 2006 年的上一年社会平均工资,则 $C_0 \div 11\,019 = 2.98$。11 019 为 1997 年本市职工平均工资。

730 为以 1992 年 10 月至 1997 年 12 月本市职工月平均工资计算的指数化月平均工资。其计算公式 $=[(2\,877\div 12\times 3\times 3.24)+(3\,402\times 2.44)+(4\,523\times 1.68)+(6\,540\times 1.35)+(8\,144\times 1.15)+(9\,579\times 1)]\div 63=730.21$,取整后为 730。

N 为 1998 年 6 月 30 日前,符合国家或北京市规定计算的连续工龄。

C_0 为被保险人退休时,上一年本市职工平均工资。

15. 183 号统筹支付金额:依据 183 号令的办法计算出的统筹支付的金额。

16. 183 统筹养老金差额:自 2006 年 1 月 1 日至 2010 年 12 月 31 日,符合按月领取基本养老金条件、办理退休手续的人员,分别按照新办法和原办法计算基本养老金并进行比较。

新＜原	补足差额
新＞原	2006 年　　新/原≤120%
	2007 年　　新/原≤140%
	2008 年　　新/原≤160%
	2009 年　　新/原≤180%
	2010 年　　新/原≤200%

过渡期内,两种计算办法比较时,按原办法计算基本养老金使用的本市职工平均工资封顶在 2005 年的 32 808 元/年(2 734 元/月)。自 2011 年起,基本养老金的计发不再进行两种计算办法比较。

17. 基础养老金计发基数 $=[$上年职工平均工资$+($实际缴费指数$\times$上年职工平均工资$)]/2$。

18. 基础养老金计发比例 $=$ 全部缴费年限 $\times 1\%$。

19. 基础养老金计发金额 $=$ 基础养老金计发基数 $\times$ 基础养老金计发比例。

20. 个人账户计发月数见书末附录 D。

21. 个人账户计发金额 $=$ 个人账户总额/个人账户计发月数。

22. $G_{视同}$ 为按视同缴费年限计算的过渡性养老金,其计算公式为:

$$G_{视同}=C_平 \cdot Z_{同指数} \cdot N_同 \cdot 1\%$$

(1) $C_平$ 为被保险人退休上一年本市职工月平均工资。

(2) $Z_{同指数}$(视同缴费年限的缴费工资指数)$=1$。

(3) $N_同$(视同缴费年限)为实行个人缴费前按国家规定计算的连续工龄。

23. $G_{实}$ 为按实际缴费年限计算的过渡性养老金；其计算公式为：$G_{实际} = C_{平} \cdot Z_{实指数} \cdot N_{实98} \cdot 1\%$。$C_{平}$ 为被保险人退休上一年本市职工月平均工资。

24. 过渡性养老金 $= G_{视同} + G_{实际}$。

25. 养老金合计 = 基础养老金计发金额 + 个人账户计发金额 + 过渡性养老金。

26. 基础养老金计发比例为 15%—20%。

27. 基础养老金计发基数 = 2 734 元，2 734 元为 2005 年的月平均工资。

28. 基础养老金计发金额 = 基础养老金计发比例 × 基础养老金计发基数(2 734 元)。

29. 个人账户养老金 = 退休时个人账户储存额/120。

30. 过渡性养老金 = 1998 年时的职工平均指数化工资 $\cdot N \cdot 1\%$。

31. 综合性补贴选择：147.5 元或 149.5 元。

32. 基本养老金合计 = 基础养老金计发金额 + 个人账户养老金 + 过渡性养老金 + 综合性补贴。

33. 因病减发待遇比例为每提前一年减发除个人账户养老金的 2%。

34. 因病减发金额 = (基础养老金计发金额 + 过渡性养老金 + 综合性补贴) × 因病减发待遇比例。

35. 累计中断时间(年)：指被保险人自 2003 年 1 月起间断缴费的累计时间(失业人员领取失业保险金期间或按有关规定不缴费的人员除外)，填写到年(按每满 12 个月为一个间断缴费年度计算，不满 12 个月不计算)。

36. 核减金额，为正常计算与存在中断后的计算办法之间的差额。存在中断后的计算办法为：自 2003 年 1 月 1 日起，中断缴费每满 12 月，其办理退休时的基础养老金的计算以退休当年的计算额向前递推一年。例如：在 2003 年办理退休，应按社会平均工资 20 728 元(2002 年社会平均)计算，但其中断缴费 15 个月，此时计算时应按 18 092 元(2001 年社会平均)计算。

37. 原办法养老金合计 = 基本养老金合计 − 因病减发金额，或计发标准 − 因病减发金额。

项目 5 养老保险待遇支付

表 5-8 北京市 183 号令按月领取养老金人员登记表

统一社会信用代码（组织机构代码）：9111010 8××××××××× 单位名称（章）：北京某企业
退休核准表编号：×××××× ☑社会化发放代发机构 □转产企业 □原行业 ☑社会化发放代发机构 □破产企业 □原行业 □个人存档 □超龄人员

电脑序号	公民身份号码	姓名	性别	民族	出生年月	户口性质	外埠标志	现居住地址	街道编码	邮政编码
600××× ××××	110108196003 04××××	王××	男	汉族	1960-03	城镇	否	北京市丰台区××街道××号	110108 ×××	××× ×××
用工形式	职工身份	专业技术职务	行政职务	参加工作时间						
合同工	工人	工人技术等级 初级		1980-10-1						
增加日期	退休分类	退休前所在单位代码	退休前所在单位名称		经济类型	缴费年限				
2020年 4月	正常	91110108 ×××× ××××	北京某企业		有限责任公司	视同缴费年限 12	实际缴费年限 27.5	补缴年限 0	个人账户金额 178 655.48 元	个人缴费 157 129.71 元
						合计 39.5				
参保时间	参保原因	应缴费年限	上年职工月平均工资	从事年限	特殊工种 名称	发放地点	邮政汇款账号	户口所在地址	街道编码	邮政编码
1992年 10月		27.5 年	9 262 元			××街道社保所		北京市丰台区×××街道	110108 ×××	××× ×××
$N_{实98}$值	$Z_{实缴数}$	N值(1998年6月缴费年限)			因病退休鉴定级别		劳动能力鉴定表号	批准退休时年龄	批准支付日期	
5.75	1.696	15.75						60岁	2020年 4月	183统筹养老金差额
				T值			$G_{平}=(730 \cdot N \cdot 1\%) \cdot 2.98$		183号统筹支付金额	8 231.61 元

(续表)

183号今计发办法

基础养老金			个人账户养老金		过渡性养老金				养老金合计
计发基数	计发比例(%)	计发金额	计发月数	个人账户补贴(机,事用)	$G_{视同}$	$G_{实际}$	计发金额	过渡比例(%)	
12 485.18元	39.5	4 931.65元	139	—	1 111.44元	903.23元	2 014.67元	—	8 231.61元

原2号今计发办法

基础养老金			个人账户养老金计发金额	过渡性养老金 $G=(S \cdot N \cdot 1\%) \cdot 2.98$	综合性补贴计发金额	因病退休		中断缴费核减(206号)		2号今养老金合计
计发基数	计发比例(%)	计发金额				减发比例(%)	减发金额	中断缴费月数(206号)	核减金额	
2 734元	—	—	—	—	—	—	—	—	—	—

原2号今计发办法(117号和60号)

基础养老金			个人账户养老金计发金额	过渡性养老金 $G=(G_{平}+Z_{平}) \cdot T$	综合性补贴计发金额	因病退休		中断缴费核减		养老金合计	原机关事业办法纳入统筹项目的养老金合计
计发基数	计发比例(%)	计发金额				减发比例(%)	减发金额	中断缴费月数(206号)	核减金额		
2 734元											

（续表）

统筹内其他补贴明细表

代码	名称	金额
01	护理费	
02	临时工医疗补贴	
03	取暖费	—
04	[99]专家生活补贴	
05	书报费	
06	洗理费	—
07	京国工改〔1994〕10号	
08	用车包干费	

正常调整明细表

代码	年度	金额
01		
02		
03		

统筹外金额明细表

代码	名称	金额
01		
02		
03		
04		

养老金补贴明细表

代码	名称	金额
01	待遇补差	
02	最低保障补差	
03		
04		

单位负责人：×××　　填报人：×××　　联系电话：×××××××××　　填报日期：2020年4月13日

第四,企业对从事提前退休工种的人员要建立档案管理制度,依据档案记载和职工实际从事特殊工种的工作时间及变动情况,如实填写"提前退休工种岗位登记表"。对于以前职工档案记载不全的,本着实事求是的原则,查找原始依据,不得弄虚作假,要民主、公开,接受职工的监督,企业填报"提前退休工种岗位登记表"时,要由单位负责人和企业劳动部门签名并加盖公章后报人保部门确认。

对于曾经在原企业从事过提前退休工种工作后调离到其他企业的职工,其从事提前退休工种档案记载不全的,由现企业劳动部门和原企业劳动部门按上述办法给予认定。

② 职工退休的审批程序。

第一,企业申报职工退休时,须带从事提前退休工种人员的职工档案、"提前退休工种岗位登记表"(具体样式如表 5-9 所示)、个人缴费清算单,并由企业填报"职工提前退休审批表"(具体样式如表 5-10 所示)。

表 5-9 提前退休工种岗位登记表

姓名		性别		出生年月		参加工作时间		职务	
工种名称	列为提前退休工种依据	从事的时间				单位负责人签名盖章			
		年	月至	年	月				
		年	月至	年	月				
		年	月至	年	月				
		年	月至	年	月				

填表单位:

表 5-10 职工提前退休审批表

单 位		姓 名		
性 别		公民身份号码		相 片
参加工作时间		职务(工种)		
提前退休的工种和依据				
单位意见	(公章)　　年　月　日			
主管部门意见	(公章)　　年　月　日			
审批部门意见	(公章)　　年　月　日			

第二，申报职工按因病或非因工致残完全丧失劳动能力办理退休的，除带全上述材料外，须带经过劳动鉴定委员会鉴定的完全丧失劳动能力的"职工劳动鉴定表"。

若为职业/人才服务中心的存档人员或档案在街道的失业人员中，符合提前退休工种条件的人员，个人还可以提出申请，并由职业/人才服务中心或街道(镇)劳动科按规定填写"职工提前退休审批表"，报所在区(县)人力资源和社会保障局审批。

第三，各单位在审批时，要严格进行审查，以存档前或失业前的档案明确记载为准，后补的材料无效。

第四，企业在向社保经办机构报送"按月领取养老金人员登记表"时，要附经过劳动行政部门审批过的"职工提前退休审批表"。

提前退休一般遵循企业申报、主管部门审查、社保经办机构审核、劳动保障行政部门审批的制度。

因病退休、退职所需材料如下。

- 职工档案、劳动合同。
- 审批表。
- 个人账户清算单。
- 劳动鉴定机构鉴定为完全丧失劳动能力的"劳动能力鉴定(确认)结论通知书"(具体样式如图5-13所示，图5-14是实例填写)或提前退休审批表。
- 公示通知书(对取得"劳动能力鉴定(确认)结论通知书"的人员，公示一个月后再申报)。

```
            (劳动能力鉴定委员会简称)(工伤)劳鉴(初/复/再)字〔    〕号
被鉴定人姓名      性别      年龄      身份号码
通信地址
用人单位名称
住址
联系人
(鉴定申请人)于    年    月    日申请(被鉴定人姓名及申请事项)，(劳动能力鉴定经办机构)于    年    月    日组织鉴定专家组进行( 鉴定或确认 )，诊断为：(医疗诊断结论)
经劳动能力鉴定委员会办公室审定：
评定鉴定(确认)标准和条款项：
鉴定(确认)结论为：
(诉权及其依据)

                                              (盖章)
                                              年 月 日
送：(用人单位、工伤职工、经办机构各一份，存档一份)
劳动能力鉴定委员会办公室    年    月    日印发
```

图5-13 工伤职工劳动能力鉴定(确认)结论通知书

劳动能力鉴定(确认)结论通知书

×××市××区(2020年)劳鉴第×××××号

被鉴定人：×××　　性别：男　身份号码：1101081963××××××××

用人单位名称：×××××有限公司

×××于2020年1月9日提出劳动能力鉴定、确认申请。2020年1月14日××区劳动能力鉴定委员会医疗专家组对×××同志进行了鉴定、确认,情况是：双下肢肌力为零,感觉消失,完全性瘫痪。

根据医疗专家组按照《劳动能力鉴定职工工伤与职业病致残等级》(GB/T 16180—2006)标准提出的鉴定意见,×××同志的鉴定、确认结论是：目前已达到职工工伤与职业病致残程度鉴定标准伤残贰级。

用人单位或职工本人如对本鉴定、确认结论不服,在收到本鉴定结论之日起15日内可向北京市劳动能力鉴定委员会申请再次鉴定。自劳动能力鉴定结论作出之日起1年后,职工或者用人单位认为伤病情发生变化的,可以到××区劳动能力鉴定委员会申请劳动能力复查鉴定。

本通知一式三份,由××区劳动能力鉴定机构存档一份,用人单位一份,职工本人一份。

×××市××区劳动能力鉴定委员会

2020年1月14日

图 5-14　实例：×××市××区劳动能力鉴定(确认)结论通知书

(3) 延期退休的业务流程。

① 被保险人确因工作需要继续留用的,用人单位与超龄留用人员双方应签订相关合同或协议,明确留用时间及有关事项。

② 书面报市或区(县)劳动保障行政部门批准。

③ 被保险人超龄留用期间,用人单位和被保险人应继续按养老保险的规定缴纳基本养老保险费,其缴费按规定计入被保险人个人账户并计算缴费年限,留用期结束时,按当期养老金计算办法计发。

要注意的是,因用人单位原因延误为被保险人办理审批手续及未经劳动保障行政部门批准擅自延长退休年龄的,社保经办机构除拒收超龄部分缴纳的养老保险费外,其基本养老金的计算办法由劳动保障行政部门按被保险人符合养老保险规定的养老条件时的办法进行核算,基本养老金自审批日期的次月开始支付,不补发。由此使被保险人产生的损失由用人单位承担。

2. 退休人员减少

(1) 参保单位因退休人员死亡办理人员减少时,须填报"社会保险参保人员减少表"并附"死亡证明书"复印件及相关证明材料,提供给社保经办机构。

(2) 社保经办机构从其死亡的次月停止支付基本养老金。个人账户仍有余额的,社保经办机构为其办理个人账户清算,并打印"退休人员养老保险个人账户清算单"(具体样式如表5-11所示),此表只适用于"退休人员死亡"或"申请一次性领取其个人账户余额"的清算单。

表 5-11 退休人员养老保险个人账户清算单

统一社会信用代码(组织机构代码):　　　　　　　　　　　单位名称(章):

公民身份号码		姓　名		职工身份		退休日期	
电脑序号		清算原因		清算日期		死亡日期	
退休时个人账户本息	总　　计		月个人账户养老金(1/国家规定计发月数)				
	其中个人缴费		至死亡之月已支付账户金额				
至死亡之月个人缴费余额		应领利息		一次性支付金额			

社保经办机构(盖章):　　　　　　　经办人:　　　　　　　打印日期:　年　月　日

(3)参保单位依据社保经办机构所提供的"退休人员养老保险个人账户清算单"填报"养老保险金月报外支付汇总表"(具体样式如表 5-12 所示)和"养老保险金月报外支付明细表"(具体样式如表 5-13 所示)。

表 5-12 养老保险金月报外支付汇总表

统一社会信用代码(组织机构代码):　　　　单位名称(章):　　　　单位:元(保留两位小数)
支付原因:1.新参统补支;2.其他支付;3.调整补支。

离休金	退休金	退职、退养金	补贴	一次性支付个人账户	一次性支付补偿金	补支金额			小计	医疗费	丧葬抚恤补助	取暖补贴	护理费	异地安置费	破产企业统筹外负担	合计
						基础养老金	过渡性养老金	个人账户								
1	2	3	4	5	6	7	8	9	10	11	12	13	14	15	16	17

单位负责人:　　　　　填报人:　　　　　联系电话:　　　　　填报日期:　年　月　日

注　解

1.10 栏=1 栏+……+9 栏;17 栏=10 栏+……+16 栏。

2.本表由缴费单位每月 1 日前随"基本养老金支付月报增减变动表"一并上报社保经办机构。

3.1—4 栏填写新参统补支。

4.6 栏填写按政策规定须一次性支付的金额。

5.8、9 栏,填写当年因上年社会平均工资调整而需补发的增加额,按审批项分别填入。

6.写 1—9 栏应附相关证明。

7.1—16 栏只由街道填写,11—15 栏填写由街道管理的除破产企业之外的退休人员发生的各项支出,16 栏填写由街道管理的破产企业统筹外负担金额,填写此表时须附"破产企业离退休人员统筹外支付费用汇总表"。

表 5-13　养老保险金月报外支付明细表

报表日期：　　年　　月

统一社会信用代码(组织机构代码)：　　　单位名称(章)：　　　单位：元(保留两位小数)

支付原因：1. 新参统补支；2. 其他支付；3. 调整补支。

序号	电脑序号	公民身份号码	姓名	退休类别	离、退休金	各项补贴	一次性支付个人账户	一次性支付补偿金	补支金额			医疗费	丧葬抚恤补助	取暖补贴	护理费	异地安置费	破产企业统筹外负担	合计	备注
									基础养老金	过渡性养老金	个人账户								
甲	乙	丙	丁	戊	1	2	3	4	5	6	7	8	9	10	11	12	13	14	
总计	—	—	—																

单位负责人：　　　财务负责人：　　　填报人：　　　填报日期：　　年　　月　　日

注　解

1. 14 栏＝1 栏＋2 栏＋……＋13 栏。
2. 本表由参保单位每月 1 日前随"基本养老金支付月报增减变动表"一并上报所属社保经办机构,一式两份。
3. 1、2 栏填写新参统补支。
4. 3、4 栏填写"存档""个体""自由职业者""机关事业退休""农民工""在职死亡""在职转外国籍""中人缴费不满十年"等人员按政策规定的一次性支付金额。
5. 5、6、7 栏,填写当年因上年社会平均工资调整而需补发的增加额,按审批项分别填入。
6. 8—13 栏由按政策规定须在统筹内支付的单位填报。

(4) 社保经办机构依据表 5-12 和表 5-13 通过参保单位一次性返还其个人账户中个人缴费本息余额。

3.退休人员的转入与转出

退休人员一旦在某地退休以后,一般不会进行统筹内外的转移,所谓的转入与转出更多地发生在统筹内的不同区(县)之间的转移。对于退休人员的转移,具体的流程参照项目 4 个人账户中退休人员转移部分的具体职责分工和业务流程。现主要以支付为例说明退休人员的转移流程。

(1) 转入。

参保单位退休人员基本养老保险关系转出时,须填报"社会保险参保人员减少表",并附相关材料报送社保经办机构。由社保经办机构依据"社会保险参保人员减少表"打印"养老保险退休人员转移单"(具体样式如表 5-14 所示),并于次月停止支付基本养老金。

表 5-14　养老保险退休人员转移单

退休时所在单位统一社会信用代码(组织机构代码)：　　　　　单位名称(章)：

此职工的养老金已发放至：　　年　　月				
社发机构名称		调出单位组织机构代码		调出单位名称
调入单位上级社保机构		调入单位组织机构代码		调入单位名称

社保经办机构(盖章)：　　　经办人：　　　打印日期：年　　月　　日

(2) 转出。

破产企业办理退休人员转出时，企业须持有关部门批准破产的文件到企业所在区(县)社保经办机构核对补充退休人员的基本信息(退休人员的居住地址、户籍所在街道办事处等)。转出区(县)社保经办机构核对后为其增加"破产企业退休人员"标识，按其户籍所在区(县)打印"养老保险退休人员转移单"并办理相关转移手续。

4. 支付中断与恢复

退休人员因特殊原因(劳教、判刑等)须暂时中断基本养老金发放时，由参保单位填写"社会保险参保人员减少表"并附相关证明材料报送所属社保经办机构。社保经办机构依据"社会保险参保人员减少表"暂停其基本养老金发放。

若退休人员恢复享受资格后，由参保单位填报"社会保险参保人员增加表"，由社保经办机构依据增加表为其恢复基本养老金发放。

5. 退休人员信息变更

退休人员基本信息需要变更时，参保单位填报"社会保险个人信息登记变更表"并须提交相关证明材料，涉及待遇等重要信息变更时还须附劳动保障行政部门批准的证明，由社保经办机构核对后予以变更。

6. 支付

支付一般分两种情况：一种为月报支付，另一种为月报外支付。

(1) 月报支付。

① 参保单位在养老保险费支付前可以到社保经办机构办理退休人员的增加、减少、转移、中断或信息变更等手续，具体的流程参照上面相关内容。

② 一旦在本月退休人员的信息确定后，一般在月底前几天，参保单位报送"基本养老金支付月报增减变动表"(具体样式如表 5-15 所示，表 5-16 是实例填写)，该表格确定了所需要支付的养老保险待遇。

表 5-15　基本养老金支付月报增减变动表

报表日期：　　年　　月

统一社会信用代码(组织机构代码)：

单位名称(章)：　　　　　　　单位：人、元(保留两位小数)

	支付单位个数	1	
支付人数	本月人数　　2=3+4-5	2	
	上月人数	3	

(续表)

	支付单位个数	1	
支付人数	本月增加	4	
	本月减少	5	
支付金额	本月金额 6=7+8-12	6	
	上月金额	7	
	本月增加	8	
	其中 中华人民共和国成立前补贴金额	9	
	正常调整机制金额	10	
	表十七变更金额	11	
	本月减少	12	
补充资料	本月增加 中华人民共和国成立前补贴人数	13	
	正常调整机制人数	14	

单位负责人：　　　　填报人：　　　联系电话：　　　　　　填报日期：　年　月　日

注　解

1. 本表由参保单位于每月 1 日前按报表月发生的支付增减情况统计上报，一式两份。
2. 经社保经办机构审核确认后作为拨付报表月养老金的依据。
3. 如调整机制增加的养老金作为发放"中华人民共和国成立前补贴"的基数时，则其增加部分于调整的当月在第 9 栏、第 13 栏一次性填报。
4. 第 10 栏、第 14 栏，调整月填写，次月不再填写。

表 5-16　北京市基本养老金支付月报增减变动表

报表日期：2020 年 4 月

统一社会信用代码(组织机构代码)：91110108×××××××××

单位名称(章)：北京某企业　　　　　　单位：人、元(保留两位小数)

	支付单位个数	1	1
支付人数	本月人数　2=3+4-5	2	10
	上月人数	3	9
	本月增加	4	1
	本月减少	5	0
支付金额	本月金额　6=7+8-12	6	90 894.28
	上月金额	7	82 662.67
	本月增加	8	8 231.61

(续表)

支付金额		支付单位个数	1	1
	其中	中华人民共和国成立前补贴金额	9	0
		正常调整机制金额	10	0
		表十七变更金额	11	8 231.61
补充资料		本月减少	12	0
	本月增加	中华人民共和国成立前补贴人数	13	0
		正常调整机制人数	14	0

单位负责人：×××　填报人：××　联系电话：××××××××　填报日期：2020 年 4 月 15 日

③ 社保经办机构依据参保单位报送的"基本养老金支付月报增减变动表"生成"基本养老金支付月报表"（具体如表 5-17 所示），并以"基本养老金支付月报表"作为按月支付退休人员基本养老金的依据。

表 5-17　北京市基本养老金支付月报表

结算日期：　　年　月
社保经办机构（章）：　　单位：人、元　（保留两位小数）

		项　目		本　月	累　计
		支付单位个数	1		—
支付养老金人数		合　计　2＝3＋8	2		—
	"决定"实施前	小　计　3＝4＋5＋6＋7	3		—
		离　休	4		
		退　休	5		
		退　职	6		
		退　养	7		
	"决定"实施后	小　计　8＝9＋10	8		
		离　休	9		
		退　休	10		—
应支养老金		合　计　11＝12＋23	11		
	"决定"实施前	小计 12＝13＋…＋17＋19	12		
		离　休　金	13		
		退　休　金	14		
		退　职　金	15		
		退　养　金	16		
		各　项　补　贴	17		

(续表)

项 目				本 月	累 计
应支养老金	"决定"实施前	其中	中华人民共和国成立前工作补贴	18		
			调整机制增加额	19		
		其中	离休	20		
			退休	21		
			退职(养)	22		
	"决定"实施后		小计 23＝24＋25＋26	23		
			基础养老金	24		
			个人账户养老金	25		
			过渡性养老金	26		
		其中	中华人民共和国成立前工作补贴	27		
			调整机制增加额	28		
补充资料			库中实有支付人数	29		—

单位负责人：　　　填报人：　　　联系电话：　　　填报日期：　年　月　日

注 解

1. 本表由各级社保经办机构汇总上报使用,一式两份。
2. "《决定》实施后"是指按新政策规定审批的按月领取养老金的人员及其领取的养老金金额。

④ 每月初,社保经办机构支付部门把支付月报汇总生成"基本养老金支付月报汇总核对表"与"北京市基本养老保险金支付月报核对明细(附表)"(具体样式如表5-18与表5-19所示)并与支付数据一并转同级财务。财务部门确认后,业务部门将"基本养老金支付月报汇总表"上报市社保经办机构业务部门,审核后转市社保经办机构财务部门。

表5-18　北京市基本养老金支付月报汇总核对表

结算日期：　　　年　　月

合计	应付养老金							
	基础养老金	个人账户养老金	过渡性养老金	离休金	退休金	退职金	退养金	各项补贴

业务经办人：　　　财务经办人：　　　打印日期：

> **注 解**
> 1. 本表由各级社保经办机构使用。
> 2. 本表由各级社保经办机构业务根据"支付月报表"汇总并转财务。
> 3. 社保经办机构财务根据此表核准应付金额。

表 5-19 基本养老保险金支付月报核对明细(附表)

单位情况					应支养老金金额								
单位代码	单位简称	结算日期	经济类型	隶属关系	应支养老金合计	基础养老金	个人账户养老金	过渡性养老金	离休金	退休金	退职金	退养金	各项补贴

业务经办人：　　　　财务经办人：　　　　打印日期：　　年　月　日

（2）月报外支付项目。

① 条件。
- 在职转外国籍做清算支付。
- 1998年6月30日前参加工作缴费年限不满10年、1998年7月1日后参加工作缴费年限不满15年的缴费人员在达到退休年龄停止缴费，须一次性支付个人账户。
- 退休人员/在职人员死亡，丧葬抚恤金和个人账户余额的支付。
- 补发退休金。

② 流程。

若参保人员若发生以上情况须一次性支付时，具体流程如下。

第一步，参保单位做缴费或支付人员的减少。

第二步，社保经办机构依据减少表打印"社会保险一次性领取清算单"给予参保单位。

第三步，参保单位据此填写"养老保险金月报外支付汇总表"和"养老保险金月报外支付明细表"，报送所属社保经办机构。

第四步，社保经办机构核准月报外支付表确认无误后，汇总生成"养老保险金月报外支付汇总核对表"，并将支付数据转同级财务。

第五步，财务部门确认后，社保经办机构业务部门将"养老保险金月报外支付汇总表"上报市社保经办机构业务，由市社保经办机构业务审核后转市社保经办机构财务，然后办理支付业务。

若新参保单位需要补支离退休人员基本养老金，或上年社会平均工资调整需要补支基本养老金增加额时，其业务流程如下。

第一步，参保单位须报劳动保障行政部门审批。

第二步,若审批通过,参保单位应填写"养老保险金月报外支付汇总表"及"养老保险金月报外支付明细表",并附离退休人员基本养老金支付汇总、明细材料及批准支付审批件报所属社保经办机构。

第三步,由社保经办机构核准上报后支付基本养老金。

另外,街道负责发放的外商投资企业、支援乡镇企业科技人员和破产企业退休人员按政策规定须支付的冬季取暖补贴或丧葬补助费等费用发生后,由街道社保所填报养老保险月报表报到所属区(县)社保经办机构,该机构核准上报后由财政拨付相关费用。

5.1.4 技能要求

(1) 应用政策的能力:能够确定退休人员的基本条件,不同类别人员的不同待遇规定,特殊情况下的个人账户的管理办法。

(2) 能够审核退休人员的档案资料、退休申报、转移、变更、清算、封存、注销等业务,熟悉各个环节的办理流程,清楚各个环节对资料的要求。

(3) 掌握支付业务中各种表格的指标内涵,并能根据社保软件进行基本的填写。

5.1.5 实训环境

(1) 退休人员的缴费信息的数据。
(2) 社会保险软件。
(3) 支付业务的各种表格。

5.1.6 岗位名称

(1) 登记岗:变更、转移等业务。
(2) 支付岗:支付、清算、封存、注销个人账户。
(3) 财务岗:支付业务和清算的审核与确定。

模块 5.2 业务演示与讲解

本模块是对工作任务进行业务处理的演示与讲解。

> 刘×,公民身份号码为110105196007××××××,电脑序号为6030××××××,1980年7月正式参加工作,一直都是北京市城镇职工,工人身份,现在北京aaaa企业工作,从1992年10月正式缴纳保险费,缴费至2013年6月后中断缴费,2020年7月退休。若你是该企业的社会保险业务负责人,应该如何为刘×办理退休手续呢?

5.2.1 审查与补办资料

由于该职工在1992年10月前的工龄属于没有缴费情况,依据基本养老保险政策的规定算作视同缴费。若该员工在参保初期没有对其视同缴费年限进行认定,则需要带上其档案、户口本原件、身份证,"北京市企业职工缴纳基本养老保险费前连续工龄审定表"到社保经办机构的行政服务中心进行视同缴费年限认定。由于该员工属于正常退休,不属于"特殊工种提前退休"和"因病提前退休"等情况,就不需要提供"北京市人力资源和社会保障局特殊工种名录批复""提前退休工种岗位登记表""职工提前退休审批表"等资料。

5.2.2 减少业务

1. 第一步

(1) 办理人:企业社保业务负责人。
(2) 地点:缴费所在区的社保经办机构。
(3) 业务内容:在职转退休。
(4) 需要填写的表格"北京市社会保险参保人员减少表",表格的填写方法如表5-20所示。

2. 第二步

(1) 办理人:社保经办机构业务负责人。
(2) 地点:社保经办机构的征缴岗。
(3) 业务内容:受理人员减少,并打印清算单。
(4) 所提供的资料:"个人账户情况表""养老保险缴费情况明细""北京市养老保险个人账户退休清算单"。

具体的样式如表5-21、表5-22和表5-23所示。

5.2.3 填报申报表

(1) 办理人:企业社保业务负责人。
(2) 地点:企业。
(3) 业务内容:待遇核准表的填写。

要填写的表格有"北京市基本养老保险待遇核准表"。要注意的是"个人账户情况表"与"连续工龄审定表"信息不一致时,须填写"职工基本信息表",按"连续工龄审定表"更改信息。

具体的样式如表5-24所示。

5.2.4 申报

(1) 办理人:企业社保业务负责人与劳动保障行政部门。
(2) 地点:社保经办机构。
(3) 业务内容:退休待遇核准表的填写。
(4) 需要携带的资料如下。

- "北京市基本养老保险待遇核准表"。
- "连续工龄审定表"。
- "职工档案"。
- "北京市社会保险个人账户情况表"。
- 提供户口本复印件。

表 5-20 北京市社会保险参保人员减少表

表　号：京劳社统保险 21 表
制表机关：北京市人力资源和社会保障局
批准机关：北京市统计局
批准文号：京统函〔2009〕40 号
有效期至：2025 年 1 月 31 日止

填报单位（公章）：aaaa
统一社会信用代码（组织机构代码）：××××××××××××××××××
社会保险登记证编码：××××××××××××××

序号	*姓名	性别	*公民身份号码	*停止缴费（支付）险种				*个人停止缴费（支付）原因		是否清算	*缴费（支付）截止日期
				养老	失业	工伤	医疗（生育）	三险	医疗		
				1	2	3	4	5	6	7	8
甲	乙	丙	丁								
1	刘×	男	110105196007×××××××	√				071 办理退休		是	2020 年 7 月

单位负责人：×××
单位经办人：×××
填报日期：2020 年 7 月 10 日

社保经办机构经办人（签章）：
社保经办机构（盖章）：
办理日期：　　　年　　月　　日

表 5-21 职工基本养老保险历年个人账户情况表

单位：元

姓名	刘×		性别	男		身份号码	110105196007×××××××			

年份	上年在岗职工平均工资	当年缴费工资	当年缴费月数	当年缴费指数	缴费比例			当年缴费金额			首次建账时间	1992 年 10 月			个人账户储存额						当年记账利率
					合计(%)	其中		合计(%)	其中		上年底累计储存额及本年利息			本年记账额及利息				本年底累计储存额			
						个人缴费(%)	划转(%)		个人缴费	划转(%)	小计	个人缴费储存额	利息	小计	个人缴费储存额	利息	划转部分储存额	合计	其中个人缴费本息		
2020	8 847	0	0	0	8	8	0	8	8	0	63 411.64	27 506	26 392.24	5 055	4 458.40	0	0	63 411.64	53 898.24		6.04

表 5-22 1992 年 10 月—2013 年 6 月养老保险各年度缴费情况明细

单位：元

年　度	缴费月数	缴费基数	单位划转	个人缴纳	个人利息	划转利息	当年账户累计	历年账户累计	历年利息累计	当年个人账户累计
1992 年 10—12 月	3.0	300.0	0.0	18.0	0.1	0.0	18.1	0.0	0.0	18.1
1993 年 1—12 月	12.0	400.0	0.0	96.0	1.5	0.0	97.5	18.0	1.7	117.2
1994 年 1—12 月	12.0	500.0	0.0	300.0	4.7	0.0	304.7	114.0	14.0	432.7
1995 年 1—12 月	12.0	600.0	0.0	360.0	5.6	0.0	365.6	414.0	58.4	838.0
1996 年 1—3 月	3.0	700.0	0.0	105.0	2.9	0.0	107.9	774.0	102.5	984.3
1996 年 4—12 月	9.0	700.0	0.0	315.0	3.9	0.0	318.9	879.0	150.5	1 348.4
1997 年 1—12 月	12.0	800.0	0.0	480.0	4.4	0.0	484.4	1 194.0	255.2	1 933.6
1998 年 1—6 月	6.0	900.0	0.0	270.0	3.7	0.0	273.7	1 674.0	314.4	2 262.1
1998 年 7—12 月	6.0	900.0	324.0	270.0	1.3	1.6	597.0	1 944.0	382.2	2 923.2
1999 年 1—12 月	12.0	1 000.0	600.0	720.0	3.9	3.2	1 327.1	2 538.0	495.7	4 360.7
2000 年 1—12 月	12.0	1 200.0	720.0	864.0	4.6	3.9	1 592.5	3 858.0	600.9	6 051.4
2001 年 1—12 月	12.0	1 200.0	576.0	1 008.0	5.4	3.1	1 592.5	5 442.0	745.5	7 780.0
2002 年 1—12 月	12.0	1 500.0	720.0	1 260.0	4.9	2.8	1 987.7	7 026.0	908.0	9 921.8
2003 年 1 月—2003 年 3 月	3.0	1 500.0	135.0	360.0	2.4	0.9	498.3	9 006.0	964.9	10 469.1
2003 年 4 月—2003 年 12 月	9.0	1 500.0	405.0	1 080.0	3.2	1.2	1 489.5	9 501.0	1 123.6	12 114.1
2004 年 1 月—2004 年 3 月	3.0	1 500.0	135.0	360.0	2.4	0.9	498.3	10 986.0	1 196.2	12 680.5
2004 年 4 月—2004 年 12 月	9.0	2 000.0	540.0	8.0	0.0	1.6	549.6	11 481.0	1 413.5	13 444.1
2005 年 1 月—2005 年 3 月	3.0	2 000.0	180.0	480.0	3.2	1.2	664.4	12 029.0	1 490.7	14 184.1

(续表)

年度	缴费月数	缴费基数	单位划转	个人缴纳	个人利息	划转利息	当年账户累计	历年账户累计	历年利息累计	当年个人账户累计
2005年4月—2005年12月	9.0	2 000.0	720.0	1 440.0	4.3	2.2	2 166.5	12 689.0	1 734.4	16 589.9
2006年1月—2006年3月	3.0	2 000.0	0.0	480.0	3.2	0.0	483.2	14 849.0	1 845.4	17 177.6
2006年4月—2006年12月	9.0	2 200.0	0.0	1 584.0	4.8	0.0	1 588.8	15 329.0	2 173.3	19 091.0
2007年1月—2007年3月	3.0	2 200.0	0.0	528.0	3.9	0.0	531.9	16 913.0	2 375.6	19 820.5
2007年4月—2007年12月	9.0	2 200.0	0.0	1 584.0	5.3	0.0	1 589.3	17 441.0	2 995.0	22 025.3
2008年1月—2008年3月	3.0	2 200.0	0.0	528.0	3.5	0.0	531.5	19 025.0	3 228.3	22 784.7
2008年4月—2008年12月	9.0	2 500.0	0.0	1 800.0	5.4	0.0	1 805.4	19 553.0	3 939.2	25 297.6
2009年1月—2009年3月	3.0	2 500.0	0.0	600.0	2.0	0.0	602.0	21 353.0	4 086.9	26 041.9
2009年4月—2009年12月	9.0	2 800.0	0.0	2 016.0	3.0	0.0	2 019.0	21 953.0	4 528.3	28 500.4
2010年1月—2010年3月	3.0	2 800.0	0.0	672.0	2.2	0.0	674.2	23 969.0	4 727.3	29 370.5
2010年4月—2010年12月	9.0	3 000.0	0.0	2 160.0	3.2	0.0	2 163.2	24 641.0	5 335.3	32 139.5
2011年1月—2011年3月	3.0	3 000.0	0.0	720.0	2.6	0.0	722.6	26 801.0	5 619.8	33 143.4
2011年4月—2011年12月	9.0	3 000.0	0.0	2 160.0	3.6	0.0	2 163.6	27 521.0	6 492.4	36 177.0
2012年1月—2012年3月	3.0	3 000.0	0.0	720.0	2.9	0.0	722.9	29 681.0	6 812.6	37 216.5
2012年4月—2012年12月	9.0	3 000.0	0.0	2 160.0	4.0	0.0	2 164.0	30 401.0	7 792.4	40 357.4
2013年1月—2013年3月	3.0	3 000.0	0.0	720.0	0.0	0.0	720.0	32 561.0	8 452.2	41 733.2
2013年4月—2013年6月	3.0	3 000.0	0.0	720.0	0.0	0.0	720.0	33 281.0	8 817.3	42 818.3
合计	249.0	63 600.0	5 055.0	28 946.0	112.0	22.6	34 135.6	33 281.0	8 817.3	42 818.3

注：刘×从2013年到退休前，其个人账户按照历年计账利率进行计算。

表 5-23　北京市养老保险个人账户退休清算单

统一社会信用代码(组织机构代码)：×××××××××××××××××　　　　　　　单位名称：aaaa

公民身份号码	电脑序号	姓名	职工身份	缴费人员类别	缴费截止日期	清算原因	清算日期
110105196007××××××	6030××××××	刘×	工人	本市城镇职工	2013年6月	退休	2020年7月10日
视同缴费年限	实际缴费年限		20年9月	足缴年限	0年	N值	5.25
12年3月							

个人账户储存情况	至上年末个人账户储存额：						
	合计	个人缴费	累计个人利息	单位划转	累计划转利息		
	63 411.64元	27 506元	26 392.24元	5 055元	4 458.40元		
	当年个人账户						
	合计	个人缴费	个人利息	单位划转	划转利息		
	0	0	0	0	0		

补缴原因	补缴年限	补缴基数	补缴金额	单位缴费	个人缴费	单位划转	个人比例
						456.20元	

| 个人账户总计 | 63 411.64元 | | | 个人账户养老金(1/139) | | | |

社保经办机构：北京市×××区社会保险基金中心　　经办人：×××　　办理日期：2020年7月10日

表 5-24　北京市基本养老保险待遇核准表

单位名称：aaaa　　　　　　编号：　　　　　　　　　　　　　　　　　　　　　　　　　　单位：元

姓　名	刘×	公民身份号码	110105196007××××××		正常
年　龄	60	参保年月	1992-10	退休类型	
性　别	男	参保原因	其他新参统	特殊工种名称	
民　族	汉族	参加工作时间	1980-07	从事年限	0
出生年月	1960-07	退休时间	2020-07	因病退休鉴定级别	
户口性质	城镇(非农业)户口	应缴费年限	27.83 年	劳动能力鉴定号	
职工身份	工人	视同缴费年限	12.25 年	N 值	5.75
专业技术职务	正高级技术职务	实际缴费年限	20.75 年	Z 值实指数	0.719 9
是否高级技师	否	趸缴年限	0.00 年	N 值(至 98 年 6 月缴费年限)	18
个人账户储存额	63 411.64 元	全部缴费年限	33 年		
上年职工平均工资	106 168 元				

	现办法		原 2 号令办法		
基础养老金	计发基数	8 522.10 元	基础养老金	计发基数	
	计发比例(%)	33%		计发比例(%)	
	计发金额	2 812.29 元		计发金额	
个人账户养老金	计发月数	139.00	个人账户养老金	计发金额	
	计发金额	456.20 元	过渡性养老金	$G=(S\cdot N\cdot 1\%)\cdot 2.98$	
过渡性养老金	$G_{视同}$	1 213.98 元	综合性补贴	减发比例	
	$G_{实际}$	410.22 元	因病退休	减发金额	
	计发金额	4 892.69 元			
过渡比例(%)	100	养老金合计	4 892.69 元	统筹支付金额	4 892.69 元

参统单位申报意见	主管部门意见	劳动保障行政部门核准意见
同意(盖章)		起始支付年月
签字(章)：aaaa	签字(章)：	签字(章)：
2020 年 7 月 12 日	年　月　日	2020 年 7 月 15 日　2020 年 8 月

备注

> **注 解**
>
> 1. 曾领取失业金人员提供"北京市失业人员申领失业保险金登记表"复印件。
> 2. 女职工劳动合同复印件。
> 3. 按工人岗位办理退休的女职工,还需提供本人申请一份,单位签署意见并盖单位公章。
> 4. 办理因伤、病退休的人员提供经市(区)劳动能力鉴定委员会鉴定为完全丧失劳动能力的"劳动能力鉴定、确认通知书"。
> 5. 办理特殊工种提前退休的人员提供"提前退休工种岗位登记表"和"职工提前退休审批表"。
> 6. 事业单位及国家机关的合同制工人提供退休前最后一次调资表原件及复印件。转制企业职工提供"北京市企业劳动者'过渡性养老金'封定部分核定表"或转制前最后一张调资表原件及复印件。
> 7. 延期聘用办理退休手续人员提供经养老保险科审批的延期聘用手续。
> 8. 高级职称人员提供高级职称证书、在退休前被单位聘用为高级专业技术职务的聘书原件及复印件。
> 9. 转业军人须提供"军队转业干部审批表"复印件(失业军转干部提前退休须提供人事局审批表原件一份)。
> 10. 农转工、农转自、农转非人员须提供劳动局盖章的审批表复印件。
> 11. 其他相关材料。
> 由于本职工不具备 1 至 11 的任何特殊情况,故只携带基本的 5 样资料。

5.2.5　退休人员增加

(1) 办理人:参保单位社保业务负责人与社保经办机构业务负责人。
(2) 地点:社保经办机构。
(3) 业务内容:退休人员增加。
(4) 需要填报或携带的资料如下。
- "基本养老保险待遇核准表"。
- "社会保险参保人员增加表"。
- "按月领取养老金人员登记表"。

具体的样式如表 5-25 和表 5-26 所示。

5.2.6　退休人员待遇支付

(1) 办理人:参保单位社保业务负责人与社保经办机构业务负责人。
(2) 地点:社保经办机构。
(3) 业务内容:退休金月报支付。
(4) 需要填报或携带的资料:领取存折、"基本养老金支付月报表"。

在本月退休人员的信息确定,一般根据在月底前几天参保单位报送的"基本养老金支付月报增减变动表"。该表格确定了所需要支付的养老保险待遇,从当月起社保经办机构依据参保单位报送的"基本养老金支付月报增减变动表"按月支付退休人员基本养老金。具体的样式如表 5-27 所示。

表 5-25 北京市社会保险参保人员增加表

表　号：京劳社统保20表
制表机关：北京市人力资源和社会保障局
批准机关：北京市统计局
批准文号：京统函〔2009〕40号
有效期至：2030年1月31日止

填报单位（公章）：aaaa
统一社会信用代码（组织机构代码）：×××××××××××××
社会保险登记证编码：××××××××××××××

序号	*姓名	性别	*公民身份号码	*参加险种 养老	*参加险种 失业	*参加险种 工伤	*参加险种 医疗（生育）	*个人缴费支付（恢复）原因 三险	*个人缴费支付（恢复）原因 医疗（生育）	申报月工资 收入（档次）（元）	*增加日期
				1	2	3	4	5	6	7	8
甲	乙	丙									
1	刘×	男	110105196007×××××××	√				新退休			2020-07

单位负责人：×××　　单位经办人：　　　　社保经办机构经办人（签章）：
填报日期：2020年7月18日　　办理日期：　　年　　月　　日　　社保经办机构（盖章）：

注：1. 表格中带 * 号的项目为必填项，其他有前提条件的必填项请参考指标解释。
　　2. 四险按收缴业务、支付业务分别填报。
　　3. 请依照表格背面的增加原因按规定填写。

表 5-26 北京市183号令按月领取养老金人员登记表

统一社会信用代码（组织机构代码）：××××××××　　单位名称（章）：aaaa
退休核准表编号：××××××　　□社会化发放代发机构 □破产企业 □转制企业 □原行业 □个人存档 □超龄人员

电脑序号	公民身份号码	姓名	性别	民族	出生年月	户口性质	外埠标志	现居住地址	街道编码	邮政编码
6030××××××	110105196007××××	刘×	男	汉族	1960-07	城镇	否	北京市××区×××街道×××号	110105 ×××	××× ×××
用工形式	职工身份	专业技术职务	工人技术等级	行政职务	参加工作时间	缴费年限 视同缴费年限	缴费年限 实际缴费年限	缴费年限 应缴年限	个人账户金额	个人缴费
固定工	工人		初级		1980-07	12.25年	20.75年	0	64 311.64元	53 898.24元
				合计		33年				

（续表）

电脑序号	公民身份号码	姓名	性别	民族	出生年月	户口性质	外埠标志	现居住地址	街道编码	邮政编码
2020-08	退休前所在单位代码 ××××× ×××××	退休前所在单位名称 aaaa	经济类型 有限责任公司	隶属关系 其他	发放地点 ××街道社保所	邮政汇款账号	户口所在地址 北京市××区×××街道	街道编码 110105 ×××	邮政编码 ×××	
增加日期 2020-08	退休分类 正常									
参保时间 1992-10	参保原因 新参统	应缴费年限 23.83年	特殊工种名称	上年职工月平均工资 8 847元	$Z_{\text{平}}$	因病退休鉴定级别	劳动能力鉴定表号	批准退休时年龄 60岁	批准支付日期 2020-08	
$N_{\text{实98}}$值 5.75	$Z_{\text{实指数}}$ 0.719 9	18	从事年限	N值(1998年6月缴费年限)	$G_{\text{平}}=(730\cdot N\cdot 1\%)\cdot 2.98$		183号统筹支付金额 4 892.69元		183统筹养老金差额 4 892.69元	

183号计发办法

基础养老金			个人账户养老金			过渡性养老金			养老金合计
计发基数	计发比例(%)	计发金额	个人账户养老金计发金额	计发月数	个人账户补贴(机、事用) 计发金额	$G_{\text{同}}$	$G_{\text{实标}}$	过渡比例(%)	
8 522.10元	33	2 812.92元		139	0	1 213.98元	410.22元	—	4 892.69元

原2号令计发办法

基础养老金			过渡性养老金 $G=(S\cdot N\cdot 1\%)\cdot 2.98$	综合性补贴 计发金额	因病退休		中断缴费核减(206号)		2号令养老金合计
计发基数	计发比例(%)	计发金额	计发金额		减发比例(%)	减发金额	中断缴费月数(206号)	核减金额	
2 734元									

(续表)

基础养老金			个人账户养老金计发金额	过渡性养老金 $G=(G_w+Z_w)\cdot T$ 计发金额	综合性补贴计发金额	因病退休		中断缴费		养老金合计	原机关事业办法纳入统筹项目的养老金合计
计发基数	计发比例(%)	计发金额				减发比例(%)	减发金额	中断缴费月数(206号)	核减金额		
2 734元											

单位负责人：×××　填报人：×××　联系电话：××××××××　填报日期：2020年7月18日

表5-27　基本养老金支付月报增减变动表

报表日期：2020年8月

统一社会信用代码(组织机构代码)：××××××××××××××××
单位名称(章)：aaaa

单位：人、元(保留两位小数)

支付单位			个数	
支付人数		本月人数	2=3+4-5	1
	其中	上月人数		2
		本月增加		3
		本月减少		4
支付金额		本月金额	6=7+8-12	5
		上月金额		6
		本月增加		7
	其中	中华人民共和国成立前补贴金额		8
		正常调整机制金额		9
		表十七变更金额		10
		本月减少		11
补充资料		本月增加		12
		中华人民共和国成立前补贴人数		13
		正常调整机制人数		14

			养老金合计
			1
			1
			0
			1
			0
			4 892.69
			0
			4 892.69
			0
			0
			0
			0
			0
			0

单位负责人：×××　填报人：×××　联系电话：××××××××　填报日期：2020年8月18日

模块 5.3　业务实训与演练

5.3.1　业务训练（一）

张女士，工人身份，在一家私营企业工作，档案存在北京某区的职介中心，到 2020 年 12 月到达退休年龄，请问她应该如何办理退休？她的一个邻居李某，自从 2002 年下岗然后转失业后，就一直在家没有工作，到 2020 年 12 月份达到退休年龄，她应该如何办理退休？

5.3.2　业务训练（二）

李先生，男性，北京市城镇职工，1960 年 11 月 28 日出生，1978 年 9 月 1 日—2011 年 12 月底在国家机关单位工作，2012 起进入企业，缴费工资如表 5-28 所示。请梳理办理流程，并估算其退休金？（所缴费用的利息当年缴费参照当年的活期利息，历年缴费参照规定利息，相关数据参照附录 C，北京市社会月平均工资参照附录 E。）

表 5-28　李先生 2013 年至 2020 年 11 月的缴费情况表

年　份	月　数	缴费基数（元）	年　份	月　数	缴费基数（元）
2012	12	55 061	2017	12	91 477
2013	12	61 677	2018	12	110 599
2014	12	68 521	2019	12	93 258
2015	12	76 560	2020	11	85 487
2016	12	84 038			

5.3.3　业务训练（三）

刘×，女性，公民身份号码为 110105196510××××××，电脑序号为 6030×××××，1985 年 10 月正式参加工作，一直都是北京市城镇职工，工人身份，现在北京某企业工作，从 1992 年 10 月正式缴纳保险费，2020 年 10 月退休，2020 年 9 月病逝。若你是该职工所在单位的社会保险业务负责人，应该如何处理刘×的退休金问题（请简要梳理办理业务的流程，并罗列出所需要的表格，进行主要指标的填写）？

项目 6

失业保险待遇支付

学习内容

模块 6.1　知识要点的回顾
模块 6.2　业务演示与讲解
模块 6.3　业务实训与演练

实训目标

本项目是社会保险支付业务中的失业保险待遇支付部分，主要内容为对进行登记失业的参保人员进行资格审核、待遇确定和待遇支付。失业保险待遇支付业务包括按月领取和一次支付两种情况，不同情况需要由不同的单位来填写相对应的业务表格，这就要求业务办理人员熟悉业务流程，并在工作过程中认真负责。

学习本项目能够：
- 了解失业保险待遇支付人员的主要业务职责；
- 掌握失业保险待遇支付的政策规定；
- 根据情景处理失业保险待遇支付业务、填写相应的表格和办理相关手续。

工作任务

1. 任务导入

张女士是四川农村人，2004 年 3 月被同乡介绍到北京一个保洁公司做保洁员。该保洁公司经常把她派到不同的银行或商场做保洁工作，每月的工资就按北京市的最低工资标准，若有加班还有加班费。该保洁公司从 2009 年 1 月开始正式参加社会保险。2020年6月,她因为工作调动的事与其主管发生争执而被辞退,失去工作后她一直努力寻找下一份工作,却没有找到。就在她要离开北京时,她同乡告诉她:"你不是缴了养老保险吗?你可以去社保经办机构把它要回来,这样不就能意外得到一份补偿吗!"请问她能要回她的养老保险吗?既然她参加了北京失业保险,能够享受失业保险的待遇吗?若能,则待遇标准是多少?如何获得这份待遇?

2. 任务分析

(1) 失业待遇的规定:失业保险待遇支付的基本政策规定,特别是不同人员类别的失业待遇标准的规定。

(2) 业务关系的思考:参保单位、失业人员、社保所与社保经办机构的支付部门之间分工。

依据《失业保险金申领发放办法》(原劳动和社会保障部令〔2000〕8号)的规定,社保经办机构要受理失业人员领取失业保险金的申请,审核、确认领取资格,核定领取失业保险金、享受其他失业保险待遇的期限及标准,负责发放失业保险金并提供其他失业保险待遇。

(3) 业务流程的要求:掌握失业人员的申报、管理和发放的流程。

模块 6.1 知识要点的回顾

6.1.1 政策知识的回顾

1. 享受待遇的条件

(1) 能够享受。

依据《失业保险条例》(国务院令〔1999〕第258号)的规定,城镇具备下列条件的失业人员,才可以领取失业保险金。

① 按照规定参加失业保险,所在单位和本人已按照规定履行缴费义务满1年的。

② 非因本人意愿中断就业的如下。

- 终止劳动合同的。
- 被用人单位解除劳动合同的。
- 被用人单位开除、除名和辞退的。
- 用人单位以暴力、威胁或者非法限制人身自由的手段强迫劳动的。
- 用人单位未按照劳动合同约定支付劳动报酬或者提供劳动条件的。

若职工个人主动提出申请与单位解除劳动合同,是辞职行为,属于因本人意愿中断就业,不享受失业保险待遇。

③ 已办理失业登记,并有求职要求的。

失业人员在领取失业保险金期间,按照规定同时享受其他失业保险待遇。

(2) 中止享受。

城镇失业人员在领取失业保险金期间有下列情形之一的,停止领取失业保险金,并同时停止享受其他失业保险待遇。

① 重新就业的。
② 应征服兵役的。
③ 移居境外的。
④ 享受基本养老保险待遇的。
⑤ 被判刑收监执行或者被劳动教养的。
⑥ 无正当理由,拒不接受当地人民政府指定的部门或者机构介绍的工作的。
⑦ 有法律、行政法规规定的其他情形的。

2. 待遇标准

(1) 国家对失业待遇的基本规定。

依据《失业保险条例》(国务院令〔1999〕第258号)的规定,对城镇失业人员失业前所在单位和本人按照规定累计缴费时间满1年不足5年的,领取失业保险金的期限最长为12个月;累计缴费时间满5年不足10年的,领取失业保险金的期限最长为18个月;累计缴费时间10年以上的,领取失业保险金的期限最长为24个月。

社保经办机构根据失业人员累计缴费时间核定其领取失业保险金的期限。失业人员累计缴费时间按照下列原则确定。

● 实行个人缴纳失业保险费前,按国家规定计算的工龄视同缴费时间,与《失业保险条例》发布后缴纳失业保险费的时间合并计算。

● 失业人员在领取失业保险金期间重新就业后再次失业的,缴费时间重新计算,其领取失业保险金的期限可以与前次失业应领取而尚未领取的失业保险金的期限合并计算,但是最长不得超过24个月。失业人员在领取失业保险金期间重新就业后不满一年再次失业的,可以继续申领其前次失业应领取而尚未领取的失业保险金。

用人单位若招用的农民合同制工人连续工作满1年,本单位并已缴纳失业保险费,劳动合同期满未续订或者提前解除劳动合同的,由社保经办机构根据其工作时间长短,对其支付一次性生活补助。补助的办法和标准由省、自治区、直辖市人民政府规定。

失业保险金的标准,按照低于当地最低工资标准、高于城市居民最低生活保障标准的水平,由省、自治区、直辖市人民政府确定。

失业人员在领取失业保险金期间患病就医的,可以直接就医,享受相应医保待遇。

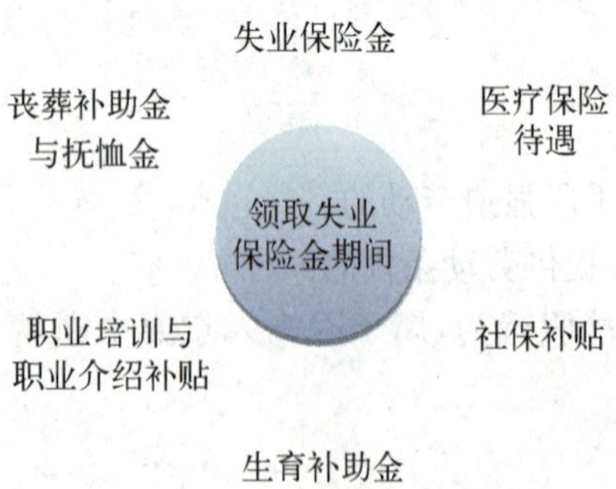

失业保险金、医疗保险待遇、丧葬补助金与抚恤金、职业培训和职业介绍补贴等失业保险待遇的标准按照各省、自治区、直辖市人民政府的有关规定执行。

失业人员进行失业登记后可享受的待遇如图6-1所示。

(2) 地方规定(以北京为例)。

① 失业保险金、医疗保险待遇和一次性生活补贴。在2011年7月以前,城镇职工的失业保险待遇中失业保险金和医疗保险待遇的标准如表6-1所示。自

图6-1 失业人员可享受的待遇

2011年7月以后,城镇职工的医疗保险待遇被城镇职工的基本医疗保险待遇取而代之。

表6-1 城镇职工失业保险金与医疗保险待遇的标准

缴费年限	领取期限	前12个月失业保险金	医疗保险待遇	缴费年限	领取期限	前12个月失业保险金	医疗保险待遇
1—2年	3月	A元/月	失业保险金总额的60%	10年	18月	C元/月	失业保险金总额的70%
2—3年	6月			11年	19月		
3—4年	9月			12年	20月		
4—5年	12月			13年	21月		
5年	13月	B元/月	失业保险金总额的65%	14年	22月	D元/月	失业保险金总额的75%
6年	14月			15年	23月		
7年	15月			16年	24月		
8年	16月			17年	24月		
9年	17月			17—20年	24月		
				20年以上	24月	E元/月	失业保险金总额的80%

注 解

前12个月中,缴费年限越长,失业保险金和医疗保险待遇就越高,故 A<B<C<D<E。但从领取失业保险金的第13个月起,所有人员的标准一样,都走最低标准A。

农民工参加失业保险,用人单位缴费,个人不缴费,其领取一次性生活补助不受非自愿性失业的领取条件限制,故所享受的待遇相对不同于城镇职工,具体标准如表6-2所示。

表6-2 农民工失业保险待遇

缴费年限	农民工的一次性生活补助	缴费年限	农民工的一次性生活补助
1年	1个月的规定标准	7年	7个月的规定标准
2年	2个月的规定标准	8年	8个月的规定标准
3年	3个月的规定标准	9年	9个月的规定标准
4年	4个月的规定标准	10年	10个月的规定标准
5年	5个月的规定标准	11年	11个月的规定标准
6年	6个月的规定标准	12年及以上	12个月的规定标准

2011年7月1日以前,依据北京失业相关政策的规定,本市城镇失业人员在领取失业保险金期间,患病就医的医疗补助应当按照北京市规定的基本医疗保险药品、诊疗项目及服务设施支付范围和标准执行。医疗保险待遇具体支付下列费用。

- 门诊、急诊的医疗费用。
- 住院治疗的医疗费用。
- 符合北京市规定的生育费用和计划生育费用。

有下列情况之一的医疗费用不予支付。

- 患职业病、因工负伤或者工伤旧病复发的医疗费用。
- 使用不符合北京市基本医疗保险药品、诊疗项目、服务设施支付范围和标准的费用。
- 母婴同室、温馨病房等超标准的床位费、护理费用不予补助,婴儿的医疗费用及其他费用不予补助。

若失业人员在领取失业保险金期间患危重病可领取一次性医疗补助,这是指由于住院治疗或者连续30日内在同一个医院门诊、急诊治疗,累计医疗费支出超过本人应享受的医疗保险总额2 000元以上,其超过2 000元以上的部分,个人及其家庭生活困难确实难以支付的医疗费。一次性医疗补助按照医疗费的80%予以补助,但不得超过本人应领取失业保险金总额的200%。

享受医疗保险待遇的要求如下。

- 实行统一的失业人员专用处方,专用处方是在定点医疗机构门诊处方上加盖失业章。
- 失业人员实行定点医疗制度。失业人员患病时应在区(县)失业保险经办机构指定的医疗机构内,选择1—2家指定医疗机构就医。远郊区(县)偏远地区的失业人员不便在本区(县)指定医疗机构就医的,可在本人居住地附近选择1—2家指定医疗机构就医,但应经本人户口所在地街道、镇劳动保障部门批准。家居外埠的失业人员就医可由本人提出书面申请,经区(县)劳动保障部门批准,在居住地选择1家乡级(含)以上基本医疗保险定点医疗机构就医。
- 失业人员住院因病情需要转院治疗的,必须凭指定医疗机构开具的转院证明和失业保险金领取证,由本人或亲属(持失业人员身份证)到失业人员户口所在地街道、镇劳动保障部门申请办理转院手续,经批准后方可转院就医。
- 失业人员因患急症不能到本人选定的指定医疗机构就医时,可在本人居住地附近的基本医疗保险定点医疗机构急诊就医或住院治疗,但病情稳定后,应及时转回指定医疗机构。
- 失业人员到选定的医疗机构就医时要主动出示失业保险金领取证,失业保险金领取证不得转借。

2011年7月以后,失业人员由于参加了城镇职工的基本医疗保险,其失业期间的医疗保险待遇同在职职工一样,具体内容可参考项目9"医疗保险待遇支付"。

② 丧葬补助金与抚恤金。

依据北京市《关于调整我市失业人员丧葬补助金标准的通知》(京劳社就发〔2009〕25号),失业人员在领取失业保险金期间死亡的丧葬补助金标准由原来的800元调整为5 000元。

若失业人员在领取失业保险金期间死亡的根据其供养情况给供养亲属不同标准的抚恤金。若供养1人,可领取死亡人员当月失业保险金6个月;供养2人,则是9个月;若是3人及以上,可领取12个月。

③ 社会保险补贴。

第一,自谋职业、自主创业和灵活就业的社会保险补贴。

依据《关于印发〈北京市城镇失业人员灵活就业社会保险补贴办法〉的通知》(京劳社就发〔2006〕160号)的规定,若具有本市城镇户口、办理了就业登记的城镇登记失业人员从事灵活就业,可以申请灵活就业社会保险补贴。

自谋职业、自主创业和灵活就业社会保险补贴条件。
- 女满40周岁,男满45周岁以上(以下简称"4045"失业人员)及中、重度残疾人。
- 在社区从事家政服务与社区居民形成服务关系,或在区(县)、街道(乡镇)、社区统一安排下从事自行车修理、再生资源回收、便民理发、果蔬零售等社区服务性工作,以及没有固定工作单位,岗位不固定、工作时间不固定能够取得合法收入的其他灵活就业工作。
- 已实现灵活就业满30日,并在户口所在区(县)劳动保障部门办理了个人就业登记。

自谋职业、自主创业和灵活就业社会保险补贴期限如下。
- "4045"失业人员及中度残疾人可以享受累计最长3年的社会保险补贴;"4050"失业人员及中度残疾人,再申请的可连续享受3年的自谋职业(自主创业)社会保险补贴。
- 距法定退休年龄不足5年的城镇登记失业人员及重度残疾人,可以享受累计最长5年的社会保险补贴。
- 在2007年,北京市劳动局又颁发了《关于失业人员再次享受社会保险补贴等有关问题的通知》(京劳社就发〔2007〕90号),指出享受社会保险补贴的城镇登记失业人员,可按规定再次申请享受自谋职业(自主创业)社会保险补贴。但要求女满40周岁、男满50周岁以上及中、重度残疾人;在失业期间依法申领"个体工商户营业执照""税务登记证",正常经营3个月以上,并按规定办理了就业登记手续;在市或区(县)职业介绍服务中心办理了个人委托存档手续。

失业人员自谋职业、自主创业和灵活就业,若符合《北京市鼓励城镇就业困难人员自谋职业(自主创业)社会保险补贴办法》(京劳社服发〔2006〕45号)、《北京市城镇失业人员灵活就业社会保险补贴办法》(京劳社就发〔2006〕160号)文件规定的,社会保险补贴标准如下。
- 基本养老保险以本市上一年度职工月平均工资下限—60%为基数,补贴14%。
- 失业保险以本市上一年度职工月平均工资下限—60%为基数,补贴0.8%。
- 基本医疗保险以本市上一年度职工月平均工资70%为基数,补贴6%。

自谋职业、自主创业和灵活就业人员基本养老保险、失业保险补贴基数,自2007年至2011年分别调整为相应年度上一年本市职工月平均工资的40%、45%、50%、55%、60%。社会保险补贴标准的调整年度为每年7月1日至次年6月31日。其中,享受过自谋职业、自主创业和灵活就业社会保险补贴政策的失业人员,再次就业后,符合相关规定的可以再次申请社会保险补贴。

自谋职业、自主创业和灵活就业社会保险补贴中止条件如下。
- 与用人单位建立劳动关系、签订劳动合同的。
- 停止灵活就业的。
- 不按规定及时足额缴纳个人应承担的社会保险费超过30日的。
- 无正当理由不报告灵活就业情况超过30日的。
- 灵活就业社会保险补贴期满的。
- 已正式办理退休手续或达到法定退休年龄的。
- 弄虚作假,骗取灵活就业社会保险补贴的。
- 违反法律、行政法规及有关文件规定的其他情形的。

第二,被雇佣的能够享受社会保险补贴的人员条件。

具体条件如下。

- 商贸企业、服务型企业(国家限制的广告业、房屋中介、典当、桑拿、按摩、氧吧除外),招用女满35周岁、男满40周岁以上的失业人员,签订1年及以上期限劳动合同的,在合同期内给予最长不超过3年的社会保险补贴。
- 用人单位招用女满40周岁、男满50周岁以上的失业人员(享受社区公益性就业组织专项补贴以及国家机关、事业单位中财政已安排单位缴纳社会保险费的人员除外),签订1年及以上期限劳动合同的,在合同期内给予最长不超过5年的社会保险补贴。用人单位招用"4050"失业人员,签订3年及以上期限劳动合同的,除在合同期内给予最长不超过3年的社会保险补贴外,每招用1人再给予一次性的岗位补贴。
- 用人单位招用中度残疾失业人员,签订1年及以上期限劳动合同的,在合同期内给予最长不超过3年的社会保险补贴;招用重度残疾失业人员,签订1年及以上期限劳动合同的,在合同期内给予最长不超过5年的社会保险补贴。用人单位招用中、重度残疾失业人员,签订3年及以上期限劳动合同的,除按上述规定给予社会保险补贴外,每招用1人再给予一次性的岗位补贴。

补贴标准如下:

- 基本养老保险补贴以本市上一年度职工月平均工资下限—60%为基数,补助16%,个人缴纳8%。
- 失业保险补贴以本市上一年度职工月平均工资下限—60%为基数,补助0.8%,个人缴纳0.2%。
- 基本医疗保险补贴以本市上一年度职工月平均工资标准的60%为基数,补助8%,个人缴纳1%。

将按照"先缴后补,一年一补"的办法补贴;对符合社会保险补贴的自谋职业、自主创业和灵活就业人员,按照45号、160号文件的规定和操作规程按月给予社会保险补贴。

④ 职业培训与职业介绍补贴。

城镇登记失业人员的职业培训补贴由区(县)负担10%,失业保险基金负担90%;若是在高失业率地区全部由失业保险基金负担。

公益性就业组织的专项补贴比例,由区(县)负担1/3,失业保险基金负担2/3;若是在高失业率地区,区(县)负担20%,失业保险基金负担80%。若其他区(县)的公益性就业组织安置高失业率地区就业困难人员,其专项补贴比例同本区(县)的待遇一样。

⑤ 其他待遇规定。

第一,失业人员符合城市居民最低生活保障条件,按照规定享受城市居民最低生活保障待遇。

第二,女性大龄人员。依据《关于执行〈北京市失业保险规定〉有关问题的通知》(京劳社就发〔2008〕27号),针对企业干部(技术)岗位的女职工和事业单位的女干部,50—54周岁期间与用人单位终止、解除劳动(聘用)合同或者工作关系后,可根据个人意愿自由选择是存档缴费还是办理失业登记。

第三,农转非。因建设征地而农转非的劳动力初次失业后,可享受失业保险待遇。其未领取失业保险金的期限予以保留。若北京市农民工转非后,其转非前缴纳失业保险费的年限与转非后的缴费时间合并计算。失业后,按照转非前后的缴费时间之和核定其失业保险待遇。

第四,农民工。农民合同制工人领取一次性生活补助;若达到国家法定退休年龄(男满60周岁、女满50周岁),也可领取一次性生活补助;若与单位终止、解除劳动合同后,未申领一次性生活补助的,其缴费时间予以保留,与再次就业后的缴费时间合并计算。

第五,判刑或劳教人员。刑满、假释、缓刑、监外执行、劳动教养期满或者解除劳动教养后,未就业的,持有关证明、材料到户口所在地街道社保所办理失业登记和申领失业保险金手续。

3. 转移

依据条例,若失业人员失业保险关系跨省、自治区、直辖市转迁的,失业保险费用应随失业保险关系相应划转。需划转的失业保险费用包括失业保险金、应缴纳的医疗保险费和职业培训与职业介绍补贴。其中,医疗补助金和职业培训与职业介绍补贴按失业人员应享受的失业保险金总额的一半计算。

若失业人员跨统筹地区转移的,凭失业保险关系迁出地经办机构出具的证明材料到迁入地经办机构领取失业保险金。

6.1.2 业务操作流程

1. 失业保险金

(1) 本市城镇人员。

第一步:转交材料。

失业人员失业前所在单位应将失业人员的名单自终止或者解除劳动合同之日起7日内报受理其失业保险业务的经办机构备案,并按要求提供终止或解除劳动合同证明、参加失业保险及缴费情况证明等有关材料。

依据《北京市劳动和社会保障局关于印发〈北京市失业保险规定实施办法〉的通知》(京劳社失发〔1999〕129号)的规定:用人单位应自与职工终止、解除劳动(聘用)合同或者工作关系之日起7日内,将失业人员名单报其户口所在地的区(县)失业保险经办机构备案,并在20日内,持社会保险登记证和失业人员档案,到其户籍(集体户口)所在地的区(县)失业保险经办机构办理档案移交手续。因劳动教养或者判刑被用人单位开除或者解除劳动(聘用)合同的失业人员,用人单位应自做出开除或者解除劳动(聘用)合同处理决定之日算起,同时用人单位应当及时为失业人员出具终止或者解除劳动(聘用)或工作关系的证明,并书面告知其按照规定享受失业保险待遇的权利。

若是在职介/人才服务中心个人存档的人员,停止存档后失业的,职介/人才服务中心应为其出具终止存档的证明,并自终止存档之日起7日内,将终止存档人员名单报其户口所在地的区(县)失业保险经办机构备案,在20日内,将存档人员档案转移到其户口所在地的区(县)失业保险经办机构。

对于2004年12月31日前参加工作的职工,与用人单位终止、解除劳动(聘用)或者工作关系后,用人单位办理职工档案转移手续时,须具备以下材料:

① "档案转移人员情况表"(具体如表6-3所示)。

② "档案材料清单"(具体如表6-4所示)。

表 6-3 档案转移人员情况表

一、退档单位信息
单位全称：   统一社会信用代码(组织机构代码)：
单位经济类型：   单位所在行业：
单位地址：   邮编：
单位联系人：   电话：
社会保险登记号：

二、退档个人信息

姓 名		性 别		出生年月	
文化程度		身份号码		联系电话	
户口所在地详细地址			现居住地详细地址		
转移档案原因			（单位盖章） 单位转移档案时间 年 月 日		
备注：					

> 注 解
>
> 1. 此表一式两份，一份区(县)失业保险经办机构留存，一份装入本人档案。
> 2. 此表由用人单位填写。

表 6-4 档案材料清单

姓 名		性 别		出生年月		政治面貌	
序 号	材料名称		转入份数		转出份数		
1							
2							
3							
4							
档案转出单位	（单位公章） 经办人： 年 月 日			档案接收单位	（单位公章） 核收人： 年 月 日		

> 注 解
>
> 1. 此清单由档案转出单位填写，包括各种履历、学历证明，招工(招用)证明，技术等级证明等基本材料，加盖公章后装入本人档案。
> 2. 空格部分需用斜线划掉。

③ 参加工作时间证明。

- 招工证明：1996年8月以前参加工作的，须有招工审批表或者"北京市技工学校毕业生分配表"；1996年9月以后参加工作的，须有"北京市城镇人员就业登记卡"（具体样式如表6-5所示）。

表6-5　北京市城镇人员就业登记卡

用人单位经济性质：　　　　　隶属关系：　　　　　行业行类：

姓　　名		性　别		民　族		公民身份号码	
文化程度		政治面貌				户口所在街道	
有何专业技能					有无职业资格证书		
家庭详细地址							
签订合同期限			年　　月　　日至年　　月　　　日止				
续订合同期限			年　　月　　日至年　　月　　　日止				
续订合同期限			年　　月　　日至年　　月　　　日止				
续订合同期限			年　　月　　日至年　　月　　　日止				
被招聘前状况	1. 失业人员（　　　）；2. 技校、职业高中毕业生（　　　）；3. 企业下岗待工人员（　　　）；4. 个人存档人员（　　　）；5. 其他人员（　　　）。						
档案管理方式	1. 聘用期间用人单位保存档案（　　　） 2. 聘用期间用人单位不提取档案，档案由劳动行政部门保管（　　　） 3. 聘用期间用人单位不提取档案，由个人存在职介/人才服务中心（　　　）						
用人单位意见	年　　月　　日（盖章）				区(县)劳动局意见	年　　月　　日（盖章）	
聘用期间工种							
聘用期间参加社会保险情况	1. 养老保险（　　　）；2. 失业保险（　　　）；3. 工伤保险（　　　）；4. 医疗（生育）保险（　　　）。						
终止、解除劳动合同的原因	用人单位（盖章） 年　　月　　日				职工本人签字 年　　月　　日		

注　解

1. 此卡由区（县）劳动局在办理招聘手续时核发，合同期间由用人单位保存。终止、解除劳动合同后，由用人单位负责转到职工户口所在区（县）劳动局或接收单位。

2. 填写此卡时，用人单位在填写"被招聘前状况"、"档案管理方式"及"聘用期间参加社会保险情况"栏目时，在相应条目括号内打钩。

- 1979年4月27日至1988年12月31日期间从事过临时工作的,应当有"城镇待业青年工龄审批表"。
- "大中专毕业生派遣通知书"、"吸收录用干部审批表"或者"聘用干部审批表"。
- "入伍通知书"或者"入伍登记表"。

2005年1月1日(失业保险缴费系统建立个人缴费记录)之后参加工作的职工,与用人单位终止、解除劳动(聘用)或者工作关系后,用人单位到失业保险经办机构办理职工档案转移时,须具备以下材料。

- "档案转移人员情况表"。
- "档案材料清单"。
- "北京市社会保险人员转移情况表"(参考项目4的个人账户转移部分)。
- "终止、解除劳动(聘用)合同或者工作关系证明"(辞职须有辞职证明材料)。

一般终止、解除劳动(聘用)合同或者工作关系的证明样式如下。

终止、解除劳动(聘用)合同或者工作关系的证明书

存根第　号

本单位与　　　签订的劳动(聘用)合同(工作关系),依据＿＿＿＿＿＿＿＿,于　年　月　日终止(解除)劳动(聘用)合同(工作)关系。

经办人：　　　　　　　　　　　　　　　　　　　年　月　日

终止、解除劳动(聘用)合同或者工作关系的证明书

存根第　号

本单位与　　　签订的劳动(聘用)合同(工作关系),依据＿＿＿＿＿＿＿＿,于　年　月　日终止(解除)劳动(聘用)合同(工作)关系。

(装入职工档案)经办人：　　　　　　　　　　　　　年　月　日

终止、解除劳动(聘用)合同或者工作关系的证明书

职工姓名：

本单位与你签订的劳动(聘用)合同(工作关系),依据＿＿＿＿＿＿＿＿＿＿,于　年　月　日终止(解除)劳动(聘用)合同(工作关系)。请持此证明,于终止(解除)劳动(聘用)合同(工作关系)之日起40日内,到你户口所在地的街道(镇)原劳动和社会保障部门办理失业登记。符合领取失业保险金的,同时办理领取失业保险金手续。

经办人：　　　　　　　　　　　　　　　　　　　年　月　日

第二步：核定待遇并转关系到街道。

区(县)失业保险经办机构应当根据失业人员的档案记载和缴费时间,对符合领取失业保险金条件的失业人员领取失业保险金的期限和标准进行核定。失业保险的缴费年限应当根据失业人员的档案记载和缴费时间,对符合领取失业保险金条件的失业人员领取失业保险金的期限和标准进行核定,并在7日内将失业人员档案和"北京市失业人员领取失业保险金通知单"(具体样式如表 6-6 所示)转到失业人员户口所在地的街道、镇原劳动和社会保障部门。

表 6-6　北京市失业人员领取失业保险金通知单

＿＿＿＿＿＿街道(镇)劳动和社会保障部门： 　　同志，男性(女性)，　　年　　月　　日因＿＿＿＿＿＿原因与原用工单位终止劳动(工作)关系(第　　次失业)。现为失业人员。经核审，其视同缴费年限　　年　　月，正式缴费年限　　年　　月，累计缴费时间为　　年。 　　另前次失业后尚未领完的失业保险金期限为　　个月。按照规定，应领取失业保险金期限为　　个月。自失业人员登记之月起： 　　第＿＿个月至＿＿个月按第(　　)档标准发放； 　　第＿＿个月至＿＿个月按第一档标准发放。 　　经办人：　　　　　　　　　　　　　　　　　　　年　　月　　日

① 按照《北京市企业职工失业保险规定》(市政府〔1994〕第 7 号)参加失业保险的，其职工 1999 年 10 月 31 日前的连续工龄视同缴费时间，与以后的实际缴费时间合并计算。

② 事业单位职工，其 1998 年 12 月底以前按国家规定计算的连续工龄视同缴费时间，与以后的实际缴费时间合并计算。

③ 1979 年 4 月 27 日至 1988 年 12 月 31 日期间从事过临时工作的，根据街道、镇劳动部门审批的"城镇待业青年工龄审批表"记载的工作时间；1989 年 1 月 1 日至 1994 年 6 月 6 日期间从事临时工作，按照其缴纳养老保险时间计算的工龄，视同为缴费时间。

④ 失业人员在领取失业保险金期间重新就业后再次失业的，其领取失业保险金期限可与前次失业未领取的失业保险金期限合并计算。但领取失业保险金期限最长不得超过 24 个月。

⑤ 下列情形之一的，不列为核定领取失业保险金的缴费时间。

- 1999 年 10 月 31 日前中断就业前的工龄。
- 已计算过领取失业保险金的连续工龄和缴费时间。
- 未按规定缴纳失业保险费的时间。

第三步：失业登记。

失业人员应当在终止、解除劳动(聘用)或者工作关系之日起 60 日内(存档人员在终止存档之日起 60 日内)持用人单位开具的终止、解除劳动(聘用)或者工作关系证明(终止存档证明)及有关证明材料到户口所在地的社保经办机构办理失业登记，符合领取失业保险金条件的同时办理领取失业保险金手续。失业保险金自办理失业登记之日起计算。

若在职期间被劳动教养或者判刑收监执行，被解除劳动教养或者刑满释放的失业人员应当在回京落户之日起 60 日内，按照本规定办理失业登记和失业保险金领取手续。

依据《北京市劳动局关于印发〈北京市城镇失业人员管理试行办法〉的通知》(京劳就发〔1996〕175 号)的规定，失业人员办理失业登记时要求携带下列材料(图 6-2)。

- 本人居民身份证、户口簿。
- 近期一寸免冠照片 3 张。
- 本人失业前身份的有关证明(毕业证书，终止、解除劳动关系证明信，劳改劳教释放证明，退学证明等)。

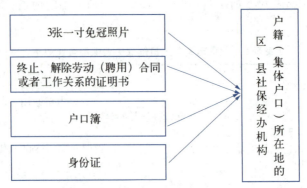

图 6-2　失业登记所需要的材料

- 有专业技能人员应提供中华人民共和国技术等级证书、北京市就业训练结业证书及政府有关部门认定的其他证书。

进行失业登记,申领就业失业登记证。

第四步,按月领取失业金。

对于符合领取失业救济金条件的失业职工,填写"北京市失业人员申领失业保险金登记表"(具体样式如表 6-7 所示)和"北京市失业人员领取失业保险金登记卡"(具体样式如表 6-8 所示),社保所为其办理领取证,按月申领失业救济金,接受职业技能培训,定期报告失业情况。

表 6-7　北京市失业人员申领失业保险金登记表

失业人员姓名		性别		出生年月	年　月　日	参加工作时间	年　月　日
原工作单位						本次失业时间	年　月　日
第几次失业					视同缴费年限		年　月
正式缴费年限		年　　月			累计缴费时间		年　月
失业原因					失业登记时间		年　月　日
户口所在区(县)					户口所在街道(镇)		
户口所在地址							
根据＿＿＿＿区(县)失业保险经办机构填写的《北京市失业人员领取失业保险金通知单》[(　)字第　号],该失业人员按下列标准领取失业保险金。 1. 领取期限:自＿＿＿年＿＿月＿＿日起至＿＿＿年＿＿月＿＿日止共＿＿个月。 2. 领取标准:自＿＿＿年＿＿月＿＿日起至＿＿＿年＿＿月＿＿日止每月按第(　)档标准发放,金额为＿＿＿＿元。 　自＿＿＿年＿＿月＿＿日起至＿＿＿年＿＿月＿＿日止每月按第 一 档标准发放,金额为＿＿＿＿元。 3. 应领取失业保险金总额为＿＿＿＿元。 4.《北京市失业保险金领取证》编号:＿＿＿＿＿＿＿＿＿＿。 经办人签章:　　　　街道(镇)劳动和社会保障部门(盖章)　填表日期:　　年　　月　　日							

注 解

此表在符合领取失业保险金条件的失业人员办理失业登记手续时使用,此表一式两份,一份街道(镇)原劳动和社会保障部门留存,一份装入失业人员档案。

表6-8 北京市失业人员领取失业保险金登记卡

发放失业保险金单位名称:　　　　　年　月　日　　　顺序号:

失业人员姓名		性别		出生年月		领取证编号		求职证编号		领取月数		相片
住　址												
初次核定情况	自_____年___月至_____年___月按第(　)档_____元标准发放;自_____年___月至_____年___月按第 一 档_____元标准发放。											

领　取　失　业　保　险　金　记　录												单位:元	
月数	时间	金额	经手人	复核人	月数	时间	金额	经手人	复核人	月数	时间	金额	经手人	复核人
1					9					17				
2					10					18				
3					11					19				
4					12					20				
5					13					21				
6					14					22				
7					15					23				
8					16					24				

失业人员领取失业保险金,社保所根据区(县)劳动保障部门审核后转过来的"北京市失业人员领取失业保险金通知单"为其填写"北京市失业人员失业保险金申领单"(表6-9)并签字或签章,接下来失业人员每月在规定日期内到指定银行领取失业保险金,并按时到社保所签"申领单"。

表6-9 北京市失业人员失业保险金申领单

单位:元

失业人员姓名		性　别		出生年月	
领取证编号		申领月份			
申领失业保险金金额	大写:		(　　)		
现 金 付 讫 章	经手人: 复核人:	领款人:		付款日期: 年 月 日	

说 明

此单填写一份,作为失业保险金支出凭证。

第五步:社保所填写报表并报送。

社保所根据每月失业保险金的人数,所要领取的失业金金额做"失业保险待遇情况月报表"(样式如表 6-10 与表 6-11 所示),同时填写"失业保险金申领工资表"报指定代发失业保险金银行,委托其为失业金领取人开户并逐月划入其应领的失业保险金。

表 6-10　北京市申领失业保险金及其他失业保险待遇情况月报表

表一　　　　　　　　　　　　　　年　月　　　　　　　　　　　单位:人

类 别	上月实有申领人数	本月新增申领人数							本月停止申领人数	本月实有申领人数
		小计	终止合同	解除合同	辞退	开除	除名	其他		
合　计										
第一档										
第二档										
第三档										
第四档										
第五档										

补充资料:

1. 年初至本月累计停止申领失业保险金的人数_____人。
2. 本月申领期限未满而停止申领的人数_____人。

注 解

每月底前,街道(镇)原劳动和社会保障部门将此表报送区(县)社保经办机构。次月 5 日前,区(县)社保经办机构汇总后,报送市社保经办机构。

表 6-11　北京市申领失业保险金人员与领取金额月报表

单位名称：　　　　　　　　　　　　　年　　月　　　　　　　　　　　　单位：人、元

序号	项目		人数	序号	项目		金额
1	本月实际领取失业保险金人数			11	本月实际领取失业保险金金额总额		
2	其中	按月领取人数		12	其中	按月领取失业保险金金额	
3		一次性领取人数		13		一次性领取失业保险金金额	
4	本月享受其他失业保险待遇人数			14	本月支付其他失业待遇金额总额		
5	其中	申领医疗保险待遇人数		15	其中	申领医疗保险待遇金额	
6		申领生育补助金人数		16		申领生育补助金金额	
7		申领丧葬补助金人数		17		申领丧葬补助金金额	
8		申领抚恤金人数		18		申领抚恤金金额	
9		申领一次性医疗保险待遇人数		19		申领一次性医疗保险待遇金额	
10		其中：申领医疗保险待遇人数		20	本月支付失业保险金合计		

负责人：　　　　　填报人：　　　　　联系电话：　　　　　填报日期：　　　年　月　日

注　解

1. 申领医疗保险待遇人数：当月正常报销医疗费的失业人员。
2. "其中：申领医疗保险待遇人数"指既正常报销医疗费，又享受一次性医疗保险待遇的人数。

具体的操作流程如图 6-3 所示。

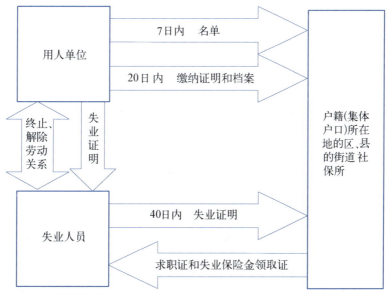

注：本城镇失业人员在特殊情况下可以一次性申领失业保险金或医疗保险待遇。

图 6-3　本城镇人员失业待遇操作流程图

① 失业人员因各种原因转往外区(县)或转出本市时,凭公安部门开具的户口迁移证、居民身份证、北京市城镇失业人员求职证办理档案转移手续。区(县)劳动局审核无误后,开具"北京市城镇失业人员档案转移通知书",将档案与"北京市城镇失业人员管理卡片"一并于 10 日内转往失业人员户口所在地区(县)劳动部门。

② 从事个体经营或兴办企业的,持身份证、求职证、领取证、户口簿和营业执照。

③ 办理了失业人员就业登记的,持职介/人才服务中心开具的"提档通知单"和"失业保险金领取证"。

社保所在审核上述材料后,填写"北京市失业人员一次性领取失业保险金凭证"(样式如表 6-12 所示),并在"北京市失业人员失业保险金停发通知单"(样式如表 6-13 所示)和"北京市失业人员领取失业保险金登记卡"中记录相应的内容,收回"北京市失业保险领取证",注销"北京市失业人员领取失业保险金登记卡",同时将"北京市失业人员领取失业保险金停发通知单"装入失业人员档案。失业人员一次性领取失业保险金后,不再享受其他失业保险待遇。

表 6-12 北京市失业人员一次性领取失业保险金凭证

失业人员姓名		性别		出生年月		领取证编号	
证件类别	户口迁移证( )		营业执照( )		提档通知单( )	编号	
应领取失业保险金期限			个月	应领取失业保险金总额		元	
已领取失业保险金期限			个月	已领取失业保险金总额		元	
还应领取失业保险金　个月,总计金额大写: 　　　　　　　　(　　　)							
一次领取失业保险金原因:							
街道(镇)劳动和社会保障部门审批意见:							
现 金 付 讫 章		经手人: 复核人:		领款人:		付款日期: 　年　月　日	

注　解

此凭证填写一份,后附营业执照、户口迁移证复印件或"提档通知单",一并作为支出凭证。

表 6-13 北京市失业人员失业保险金停发通知单

　　　　　　失业人员因下列原因之一

就业	参军	拒绝职业介绍	劳教判刑	不领取保险金	考入中等以上学校	移居境外	退休	领取届满	死亡	其他

依照《北京市失业保险规定》(市政府〔1999〕第 38 令)和《北京市失业保险规定实施办法》(京劳社失发〔1999〕129 号)的有关规定,其应领取的失业保险金和其他应享受的失业保险待遇,自　　　　年　　月起停领及停止享受。

该失业人员因下列原因之一

就业	参军	拒绝职业介绍	劳教判刑	不领取保险金	考入中等以上学校	移居境外	其他

原应领取____个月的失业保险金,现实际领取____个月,尚有____个月的失业保险金还未领取。

经办人签章:
街道(镇)劳动和社会保障部门(盖章)
年 月 日

备注:
_____同志于_____年____月再次失业,按照有关规定,其领取失业保险金的期限已重新进行核定,原尚未领取的失业保险金期限作废。

经办人签章:
区(县)失业保险经办机构(盖章)
年 月 日

> 此单一式两份,街道(镇)原劳动和社会保障部留存一份,装入失业人员档案一份。

现用流程图 6-4 与图 6-5 来表示城镇职工的失业保险金的不同发放方式。图 6-4 表示的是按月领取的方式或失业人员非死亡状态下的一次性领取方式;图 6-5 则是针对失业人员死亡后的失业保险金和其他补助金的领取。

第六步:待遇变更。

失业保险金的待遇变更主要涉及失业保险金的"多退少补",以及依据政策规定进行的调整、领取期限的变更、中止、恢复和转移等。

① 多退是指失业人员依据政策规定不应享受的失业金应该再退回社保所。少补指的是应发的社保所再次补发。调整是根据地区的经济发展状况,地方劳动部门对失业待遇的提高或降低,从而导致失业待遇的调整。

② 变更是由于个人享受失业金情况的不同而在领取期限上的变动。

③ 中止是由于失业人员不再符合领取条件后社保所停止为其发失业金或其他待遇。

④ 转移则是指领取人的户口发生地区性的转移,可以是统筹内的也可以是统筹外的。

街道社保所根据档案材料,要为失业人员参军、升学、自谋职业、参加职业技术培训和文化

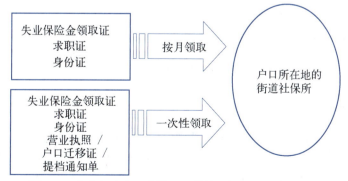

图 6-4 失业保险金正常情况下的按月领取和一次性领取

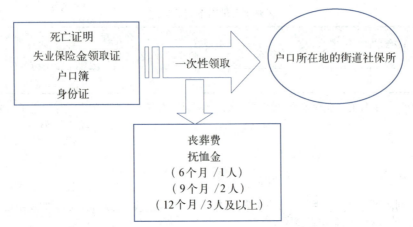

图 6-5 失业人员死亡的失业保险金的发放

补习出具证明材料,办理有关手续;按照有关规定为申请出国的失业人员出具公证证明材料。

(2) 外埠城镇人员与农民工。

本市城镇职工的失业待遇领取,在档案转街道后办理,不由用人单位经办。外埠城镇职工和农民工(包括本外地)失业保险待遇可一次性领取,按照职工或农民工的"清算单"领取失业保险待遇。

依据《关于失业保险金跨省市转移有关经办问题的通知》(京社保发〔2002〕6号)的规定,外埠城镇人员与农民工享受失业保险待遇的具体操作流程如下。

第一步:提出申请。

外埠城镇人员在与用人单位终止、解除劳动关系时,由原用人单位填写"外埠城镇人员和农民合同制职工失业保险待遇申领明细表"(具体如表 6-14 所示)和"外埠城镇人员和农民合同制职工失业保险待遇申领汇总表"(具体如表 6-15 所示),同时提交"社会保险一次性领取清算单"、终止或解除劳动关系的证明、外埠城镇户口本首页及本人页复印件一份。

表 6-14 外埠城镇人员和农民合同制职工失业保险待遇申领明细表

统一社会信用代码(组织机构代码): 　　单位名称(章): 　　单位:元、人

序号	姓名	性别	电脑序号	公民身份号码	人员类别	累计缴费时间	应领取月数	应领取金额	领取人签章
1	2	3	4	5	6	7	8	9	10

单位负责人: 　　社保经办机构(盖章): 　　填报人: 　　联系电话:
经办人: 　　填报日期: 　年　月　日　审核日期: 　年　月　日

> **注 解**
>
> 1. 本表一式两份,经审核后,用人单位留存一份,社保经办机构留存一份。
> 2. 填写此表的人员类别包括本市农村、外埠农村和外埠城镇人员。
> 3. 7、8、9 栏按照"北京市社会保险一次性领取清算单"的内容填写。

表 6-15 外埠城镇人员和农民合同制职工失业保险待遇申领汇总表

统一社会信用代码(组织机构代码)：　　　　单位名称(章)：　　　　　　单位：元、人

序号	所属单位名称	应领取人数	其　中		应领取金额	其　中	
			农民工	外埠城镇人员		农民工	外埠城镇人员
1	2	3	4	5	6	7	8
合　计							

单位负责人：　　　　社保经办机构(盖章)：　　　　填报人：　　　　联系电话：
经办人：　　　　　　填报日期：　　年　月　日　　审核日期：　　年　月　日

注　解

1. 本表一式三份，经审核后，汇总单位留存一份，社保经办机构留存两份，其中一份转财务作拨款依据。
2. 3栏＝4栏＋5栏，6栏＝7栏＋8栏，6、7、8栏由社保经办机构填写。

外埠城镇人员提出回原籍领取失业保险金的，原用人单位须填写"外埠城镇人员失业保险金转移单"(具体如表6-16所示)，并附上证明其为城镇户口的有关材料。

表 6-16 外埠城镇人员保险金转移单

编号：京(　　　)

电脑序号		姓名		公民身份号码	
性别		民族		出生日期		参加工作日期	
参保人所在省(自治区、直辖市)、区(县)				家庭住址	
邮政编码				电话		联系人	
缴费截止时间		年　月		累计缴费时间		年　月
应支付失业保险金期限			月	应支付金额		元
第　个月至第　个月月支付金额			元	第　个月至第　个月月支付金额		元
医疗保险金、职业介绍、职业培训补贴金额合计				元	
失业保险金转移金额	大写(　　　　)				
转入单位	省(直辖市)　　　市　　　区人力资源和社会保障局社保机构				
转入单位开户全称					
转入单位开户银行					
转入单位开户行账号					
转出单位	北京市　　区(县)社会保险基金管理中心(盖章)				

经办人：　　　　　　　　　　　　　　　　　打印日期：　　　年　月　日

第二步：进行待遇核定与转移。

区(县)社保经办机构根据其缴费情况进行核算,对符合条件的,由区(县)社保经办机构负责拨付失业保险金给参保单位。

外埠城镇人员提出回原籍领取失业保险金的,由区(县)社保经办机构负责与其户口所在地的省(直辖市)、市、区(县)原劳动和社会保障局社保机构联系复核。准确无误的,由区(县)社保经办机构负责转移失业保险金。

在外埠参统且回京申领失业保险金的本市城镇人员,须向其户口所在地的区(县)社保经办机构提供参统地的省(直辖市)、市、区(县)原劳动和社会保障局社保机构的证明材料。待失业保险基金转入后,其户口所在地的区(县)社保经办机构填写"北京市失业保险金转移通知单",并负责通知失业保险经办机构按照本市失业保险金发放标准重新核定其应领取的金额、期限和其他失业保险待遇。

第三步：发放待遇。

社保经办机构的支付部核算好待遇标准后,把基金拨付到用人单位账户上或外埠人员户口所在的区(县)的社保机构账户上。用人单位则转付给职工本人或职工户口所在地的社保机构按月为其发放失业金。

外埠城镇职工一次性领取的流程参照图6-6；由户口所在地的社保机构按月为其发放失业金的流程参照图6-7。

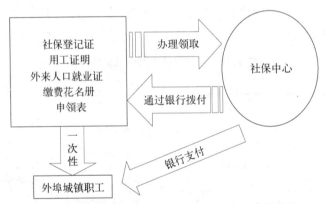

图6-6　外埠城镇职工一次性领取失业金业务流程图

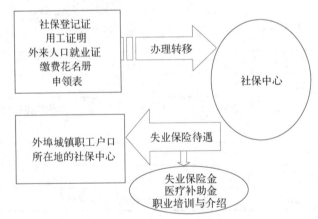

图6-7　外埠城镇职工按月领取失业金业务流程图

农民工不能转移到户口所在地的镇社保所,只能申请一次性领取,领取的流程同外埠城镇职工一次性领取方式一样,具体流程参照图6-8。

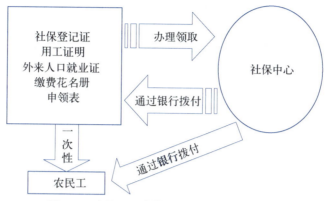

图 6-8　农民工一次性领取失业金业务流程图

北京市外埠城镇职工的失业保险金和农民工一次性生活补助目前已实现网上申领。2021年5月起,北京市农民工将与城镇职工享受同等的失业保险待遇,通过失业补助金短信平台程序申领人可以及时收到业务经办进度信息。

2. 社会保险补贴

(1) 申请。

① 灵活就业人员。

第一步:灵活就业人员到本人户口所在地街道(乡镇)社保所,交验身份证、再就业优惠证,残疾人需提交中华人民共和国残疾人证,城镇失业人员就业登记卡,填写"申请灵活就业社会保险补贴审批表"。

第二步:社保所受理相关材料后7个工作日内对申请人的实际状况进行初审,符合条件的,报区(县)人保部门;区(县)人保部门在5个工作日内对申请材料进行审核,符合条件的报市人保部门;市人保部门在10个工作日内对符合条件的下达批复。

第三步:社保所在接到批复后5个工作日内通知申请人,未获批准的书面通知申请人。

第四步:灵活就业人员每月接受社会保险补贴。社保所则每月将享受社会保险补贴的灵活就业人员名单和社会保险补贴台账报区(县)人保部门核实。区(县)人保部门核实汇总后于每月将本区(县)当月社会保险补贴用款计划报上一级人保部门审批,并同时抄送区(县)财政部门。本月上级人保部门将社会保险补贴用款计划审核汇总后抄送同级财政部门,财政部门按要求拨付社会保险补贴经费。各级社保经办机构再按月将社会保险补贴划入相应灵活就业人员的社会保险基金。

② 自谋职业(自主创业)人员。

第一步:自谋职业(自主创业)人员到户口所在地街道(乡镇)社保所交验本人身份证、城镇失业人员就业登记卡、再就业优惠证、个体工商户营业执照(副本)、税务登记证(副本)、个人委托存档证明材料,提供经营场地的产权证明或租赁协议,填写"申请自谋职业(自主创业)社会保险补贴审批表"。

第二步:社保所受理申请材料后7个工作日内组织对申请人的条件进行初审,对其经营情况进行调查,对符合条件的,在"(再次)申请自谋职业(自主创业)社会保险补贴审批表"

中填写社保所意见,报区(县)人保部门审核。区(县)人保部门在5个工作日内对申请材料进行调查核实,报市人保部门审批。市人保部门在10个工作日内对申请材料进行核查,对符合条件的下达批复。

第三步:社保所应于接到批复之日起5个工作日内通知被批准享受自谋职业(自主创业)社会保险补贴的人员,与其签订"自谋职业(自主创业)人员享受社会保险补贴协议书"。自批准之月起为其申请基本养老、失业、基本医疗(生育)保险补贴手续并办理个人缴费手续;对未批准的,书面通知申请人。

第四步:具体的办法与灵活就业人员的流程相同,不再赘述。

(2) 中止。

社保所一旦发现有以下情况将停止享受社会保险补贴。

- 与用人单位建立劳动关系、签订劳动合同。
- 停止灵活就业。
- 不按规定及时、足额缴纳个人应承担的社会保险费超过30日。
- 无正当理由未按规定报告灵活就业情况超过30日。
- 灵活就业社会保险补贴期满。
- 已正式办理退休手续或达到法定退休年龄。
- 弄虚作假,骗取灵活就业社会保险补贴。
- 违反法律、行政法规及有关文件规定的其他情形。

3. 丧葬补助金与抚恤金

失业人员在领取失业保险金期间死亡的,其家属可持失业人员死亡证明、领取人身份证明、与失业人员的关系证明,按规定向社保经办机构领取一次性丧葬补助金和其供养配偶、直系亲属的抚恤金。失业人员当月尚未领取的失业保险金可由其家属一并领取,社保所要填"北京市失业人员丧葬补助金和一次性抚恤金支出凭证"。

6.1.3 技能要求

(1) 应用政策的能力:能够确定失业保险待遇的基本条件。
(2) 能够搜集材料、整理相关材料和进行相应的业务报销。
(3) 掌握支付业务中各种表格的指标内涵,并能根据社保软件进行基本的填写。

6.1.4 实训环境

(1) 失业人员的情况和费用发生的数据。
(2) 社会保险软件。
(3) 支付业务的各种表格。
(4) 社保所的场景。

6.1.5 岗位名称

(1) 登记岗:变更、转移等业务。
(2) 支付岗:支付、中止。
(3) 财务岗:支付业务的确定。

模块6.2 业务演示与讲解

张女士是四川农村人,2004年3月被同乡介绍到北京一保洁公司做保洁员。该保洁公司经常把她派到不同的银行或商场做保洁工作,每月的工资就按北京市的最低工资标准,若有加班还有加班费。该保洁公司从2009年1月开始参加社会保险。2020年6月,她因为工作调动的事与其主管发生争执而被辞退,失去工作后她一直努力寻找下一份工作,却没有找到。就在她要离开北京时,她同乡告诉她:"你不是缴了养老保险吗?你可以去社保经办机构把它要回来,这样不是可得意外一份补偿吗!"请问她能要回她的养老保险吗?既然她参加了北京失业保险,能够享受失业保险的待遇吗?若能,则待遇标准是多少?如何获得这份待遇?

6.2.1 任务分析

1. 养老金能否要回

● 张女士参加了社会保险,她应该能够享受到相应的待遇。当她与用人单位终止、解除劳动关系后,若在本市行政区域内重新就业的,可以接续养老保险关系,由社保经办机构接转其缴费记录。这意味着若张女士不离开北京,继续在北京找工作,找到新工作后,新工作单位会给其接续养老保险关系。

若张女士确定要离开北京,要进行跨统筹区域就业,从政策规定上讲是可以转移养老保险关系,其个人账户全部随同转移。这意味着她若去深圳找到工作,带着转移单可以继续在深圳参加养老保险。北京的社保经办机构会把她的12%的单位缴费和个人账户的本金和利息转移到深圳的社保机构。

2. 失业保险金能够享受

依据《北京市劳动局关于印发〈农民合同制职工参加北京市养老、失业保险暂行办法〉的通知》(京劳险发〔1999〕99号)的规定,关于农民工的失业保险待遇有以下内容。

(1) 用人单位若招用的农民合同制工人连续工作满1年,本单位并已缴纳失业保险费,劳动合同期满未续订或者提前解除劳动合同的,由社保经办机构根据其工作时间长短,对其支付一次性生活补助。

(2) 农民合同制工人领取一次性生活补助;若达到国家法定退休年龄(男满60周岁、女满50周岁),也可领取一次性生活补助;若与单位终止、解除劳动合同后,未申领一次性生活补助的,其缴费时间予以保留,与再次就业后的缴费时间合并计算。

(3) 用人单位招用农民合同职工不办理审批、录用手续,不为其办理参加养老和失业保险手续的,市、区(县)人保部门应按照国家及本市有关使用农民合同制职工的有关规定予以处罚。

(4) 农民合同制职工因用人单位未参加社会保险或未足额缴纳养老、失业保险费,不能享受养老保险待遇和失业保险一次性生活补助待遇的,用人单位应按照本办法规定的标准予以补偿。

从这些规定中可以看出,张女士可以获得的补偿有两笔:一笔是从社保机构领取的一次性生活补助;另一笔是用人单位补偿给张女士因为2004年3月至2008年12月未给其参加失业保险所带来的损失。后者需要双方进行协商解决。

6.2.2 业务流程

1. 提出申请

保洁公司的社保业务经办人员首先是把张女士做减员,填写"北京市社会保险参保人员减少表"(具体内容如表6-17所示)。

表6-17 北京市社会保险参保人员减少表

填报单位(公章):×××保洁公司　　　　　　　　　表　号:京劳社统保险21表
统一社会信用代码(组织机构代码):　　　　　　　　制表机关:北京市人力资源和社会保障局
×××××××××××××××××　　　　　　　批准机关:北京市统计局
社会保险登记证编码:×××××××××××　　　批准文号:京统函〔2009〕40号
　　　　　　　　　　　　　　　　　　　　　　　　有效期至:2030年1月31日

序号	*姓名	性别	*公民身份号码	*停止缴费(支付)险种				*个人停止缴费(支付)原因		是否清算	*缴费(支付)截止日期
				养老	失业	工伤	医疗(生育)	三险	医疗(生育)		
甲	乙	丙	丁	1	2	3	4	5	6	7	8
1	张×	女	×××××××××××××××××	√	√	√	√	农民工解除合同	农民工失业	是	2021

单位负责人:×××　　　　　　　　　　　　　　　社保经办机构经办人员(签章):×××
单位经办人:×××　　　　　　　　　　　　　　　社保经办机构(盖章):×××
填报日期:2020年7月15日　　　　　　　　　　　办理日期:2020年7月15日

2. 申请

保洁公司的社保业务经办人员拿着"终止或解除劳动关系的证明"、"外埠城镇人员和农民合同制职工失业保险待遇申领明细表"(具体内容如表6-18所示)和"外埠城镇人员和农民合同制职工失业保险待遇申领汇总表"(具体内容如表6-19所示)提出申请。表6-18和表6-19的数据参照表6-20和表6-21。

表6-18 外埠城镇人员和农民合同制职工失业保险待遇申领明细表

统一社会信用代码(组织机构代码):×××××××××××××××××
单位名称(章):×××保洁公司　　　　　　　　　　　　　　　　　单位:元、人

序号	姓名	性别	电脑序号	公民身份号码	人员类别	累计缴费时间	应领取月数	应领取金额	领取人签章
1	2	3	4	5	6	7	8	9	10
1	张×	女	××××× ×××××	××××× ×××××	外埠农村	11年6月	11个月	18 172	张×

单位负责人:×××　　　　　　　　　　　　　　　社保经办机构(盖章):
填报人:××　　　联系电话:×××××××　　经办人:
填报日期:2020年7月17日　　　　　　　　　　　审核日期:　年　月　日

备 注

1. 本表一式两份,经审核后,用人单位留存一份,社保经办机构留存一份。
2. 填写此表的人员类别包括本市农村、外埠农村和外埠城镇人员。
3. 7、8、9栏按照"北京市社会保险一次性领取清算单"的内容填写。

表6-19　外埠城镇人员和农民合同制职工失业保险待遇申领汇总表

统一社会信用代码(组织机构代码):××××××××××××××××××

单位名称(章):×××保洁公司　　　　　　　　　　　　　　　　　　　单位:元、人

序号	所属单位名称	应领取人数	其　　中		应领取金额	其　　中	
			农民工	外埠城镇人员		农民工	外埠城镇人员
1	2	3	4	5	6	7	8
1	×××保洁公司	1	1	0	18 172	18 172	0
	合　　计	1	1	0	18 172	18 172	0

单位负责人:×××　　社保经办机构(章)　　填报人:×××　　联系电话:×××××××

经办人:　　　　　　填报日期:2020年7月17日　　　　审核日期:　　年　　月　　日

备 注

1. 本表一式三份,经审核后,汇总单位留存一份,社保经办机构留存两份,其中一份转财务作拨款依据。
2. 3栏=4栏+5栏,6栏=7栏+8栏,6、7、8栏由社保经办机构填写。

2020年7月至2021年6月北京市城镇职工和农民工失业保险待遇标准如表6-20和表6-21所示。

表6-20　2020年7月至2021年6月北京市城镇职工失业保险待遇标准

缴费年限	领取期限	前十二个月失业保险金
1—2年	3月	1 816元/月
2—3年	6月	
3—4年	9月	
4—5年	12月	
5年	13月	1 843元/月
6年	14月	
7年	15月	
8年	16月	
9年	17月	

(续表)

缴费年限	领取期限	前十二个月失业保险金
10 年	18 月	1 870 元/月
11 年	19 月	
12 年	20 月	
13 年	21 月	
14 年	22 月	
15 年	23 月	1 897 元/月
16 年	24 月	
17 年	24 月	
17—20 年	24 月	
20 年以上	24 月	1 925 元/月

注：从第 13 个月起，失业保险金月发放标准一律按 1 816 元发放。

表 6-21　2020 年 7 月至 2021 年 4 月北京市农民工失业保险待遇标准

缴费年限	农民工一次性生活补助领取期限
1 年	1 个月
2 年	2 个月
3 年	3 个月
4 年	4 个月
5 年	5 个月
6 年	6 个月
7 年	7 个月
8 年	8 个月
9 年	9 个月
10 年	10 个月
11 年	11 个月
12 年及以上	12 个月

注：2020 年 7 月至 2021 年 4 月农民合同制工人一次性生活补助标准为 1 652 元；自 2021 年 5 月起农民工同城镇职工的失业保险待遇一样。

3. 待遇核定与划拨

区（县）社保经办机构根据其缴费情况进行核算，对符合条件的，由区（县）社保经办机构负责拨付失业保险金给保洁公司。

当社保经办机构的支付部把核算好的补偿金拨付到用人单位账户上时，用人单位则须通知张女士来领或转入其工资账户上。

到此有关张女士领取失业保险金的业务算办完。

模块 6.3　业务实训与演练

6.3.1　业务训练(一)

　　牛大姐今年已经 46 岁,一直以来她都在一家国有超市工作,后超市改制后被承包出去,她的身份也由国企职工变为私营超市的售货员。2020 年 11 月她被超市辞退,失业后她的档案被转到街道,她同时也进行了失业登记,正常领取失业金。2021 年 2 月份,她碰到原来的老同事,老同事现是一家商场的人事部门经理,看她有工作经验就把她招到商场当售货员。她很感激老同事,老同事安慰她说:"你不用太感激我,招用你是因为你有几十年的工作经验,有能力。另外,北京市有政策,对本市年龄大的失业人员有特殊的优惠政策,我们招用你对我们也有利。"如何理解人事部门经理的话?若要享受这份优惠政策,人事部门经理要如何操作?

6.3.2　业务训练(二)

　　北京有四名失业人员:A 为本市城镇职工,从 1999 年就开始参加失业保险;B 为外埠城镇职工,2003 年 7 月在北京第一次参加失业保险;C 为本市农民工,参加失业保险累计年限 22 年 10 个月;D 为外地农民工,参加失业保险累计 20 年 6 个月。目前这四位员工都非自愿性失业,假如他们要想获得失业保险待遇应该如何领取?

6.3.3　业务训练(三)

　　《工人日报》在 2008 年 7 月 23 日的一篇《宜都:千余农民工刷卡领取失业保险金》的报道中记述了一情况,湖北省宜都市的一农民工到银行取钱时,发现卡上多了 315 元钱。这是当地社保部门直接打到他个人银行账户的 5 月份失业保险金,按他已缴费 3 年的记录,他自失业以来,可以领取 7 个月、总共 2 205 元的失业保险金。请说明其政策依据。

项目 7

工伤保险待遇支付

学习内容

模块 7.1　知识要点的回顾
模块 7.2　业务演示与讲解
模块 7.3　业务实训与演练

实训目标

本项目是社会保险支付业务中的工伤保险待遇支付部分,主要内容为对申请工伤待遇的参保人员进行资格审核、待遇确定和待遇支付。由于社会工伤保险待遇支付业务包括申请、审核、支付、转移和终止等业务,每一种业务都填写相对应的业务表格,所以各业务之间的关联性非常强,每个参保人员的情况又复杂多样,这就要求业务办理人员在工作过程中要专业、认真负责。

学习本项目能够:
- 了解社会工伤保险待遇支付人员的主要业务职责;
- 掌握社会工伤保险待遇支付的政策规定;
- 根据情景处理工伤保险待遇支付业务、填写相应的表格和办理相关手续。

工作任务

1. 任务导入

小吕是北京××区×××刀具厂的一名农民工,在武汉为公司跑业务时出了车祸,属于工伤,肋骨和腿骨多处骨折,在武汉一个医院住了半个月后回到北京,但目前还不能上班,在接受康复治疗。这期间所发生的费用都是小吕自己垫付的。请问如何给小吕办理工伤证呢?

> 2. 任务分析
> (1) 工伤待遇的规定：工伤保险的待遇支付与医疗保险有联系而又有不同，工伤情况往往比较复杂，需要对政策非常熟悉！
> (2) 业务关系的思考：参保单位、工伤职工与社保经办机构的支付部门之间的责任分工。参保单位负责申报工作，同时也要支付部分工伤费用；社保经办机构则要办理工伤保险登记，并负责保存职工享受工伤保险待遇情况的记录；按照规定管理工伤保险基金的支出；按照规定核定工伤保险待遇。
> (3) 业务流程的要求：参保职工要控制申报时间、参保单位要控制好费用的变化、社保经办机构要严格审核待遇支付资格，并熟悉工伤保险业务的办理流程。

模块 7.1　知识要点的回顾

7.1.1　政策知识的回顾

目前各地方的工伤保险依据的是中华人民共和国国务院 2003 年 4 月 27 日颁布的《工伤保险条例》（中华人民共和国国务院令第 375 号）、根据 2010 年 12 月 20 日《国务院关于修改〈工伤保险条例〉的决定》修订后的新的《工伤保险条例》（国务院令第 586 号）和《社会保险法》的工伤保险部分。工伤保险包括工伤预防、工伤认定和工伤康复三部分。在具体业务上有工伤预防、工伤认定、劳动能力鉴定、工伤待遇支付和工伤康复等内容。

1. 工伤预防

工伤预防是指采用经济、管理和技术等手段，事先防范职业伤亡事故以及职业病的发生，改善和创造有利于安全健康的劳动条件，减少工伤事故及职业病的隐患，保护劳动者在劳动过程中的安全和健康。

工伤预防可以降低工伤事故和职业病的发生，保障劳动者的健康，从而减少基金支出和社会物质财富的损失，有利于企业发展，促进社会和谐稳定。

工伤预防的措施主要有四种。第一种是进行宣传教育和安全教育培训；第二种就是采取费率调整，即通过行业差别费率和企业浮动费率；第三种是经济惩罚措施，即对安全生产和工伤预防开展得好的企业进行奖励，对发生违反安全生产规定、工伤预防工作做得不好或工伤事故频发的单位进行处罚等；第四种是采取安全生产的技术措施和管理办法，如通过消除生产中的危险因素、限制能量或危险物质、使用隔离技术、提升生产设备的安全系数、强化监控和监督等来减少故障和人为失误等，同时强化易患职业病的职工的健康检查和监护等。

2. 工伤认定

工伤认定是指社会保险行政部门根据工伤保险法律法规及相关政策的规定，确定职工受到的伤害，按照规定是否应当认定为工伤或视同工伤的情形。

工伤认定的基本要素为：第一，在覆盖范围上，所有纳入工伤保险制度的调整范围的用人单位，即用人单位及其职工无论是否参保或缴费，其发生事故伤、残或亡均能够申请工伤认定；对于不具备用人资格或违法使用童工并造成工伤的不需要工伤认定，直接给付一次性赔偿。

第二,在认定内容上要求存在伤害或患职业病的事实。第三,受伤害职工与用人单位存在劳动关系。第四,若发生伤残的要有相关的医疗诊断证明或职业病诊断证明,死亡的要有死亡证明。

工伤认定在性质上属于行政行为,若用人单位或职工不服可进行行政复议或直接行政诉讼。工伤认定因申请而启动,未提出申请人保部门不主动启动认定程序。工伤认定的数量没有限制,但可能影响用人单位未来的整体费率。工伤认定的结论对用人单位和职工均具有法律约束力。

工伤认定根据受伤事项可分两种,第一种为直接认定为工伤,第二种为视同工伤。

其中,直接认定为工伤的可分为七种情况,其具体内容如下:

(1) 在工作时间和工作场所内,因工作原因受到事故伤害的。此规定常被称为"三工"原因。工作原因的确定依据有:职工在工作时间和工作场所内受到伤害,用人单位或者社会保险行政部门没有证据证明是非工作原因导致的;职工参加用人单位组织或者受用人单位指派参加其他单位组织的活动受到伤害的;在工作时间内,职工来往于多个与其工作职责相关的工作场所之间的合理区域因工受到伤害的;其他与履行工作职责相关,在工作时间及合理区域内受到伤害的。

(2) 工作时间前后在工作场所内,从事与工作有关的预备性或者收尾性工作受到事故伤害的。

(3) 在工作时间和工作场所内,因履行工作职责受到暴力等意外伤害的。此规定的关键要素就是履行工作职责。

(4) 患职业病的。职业病有10类,具体标准依据2020年12月23日国家卫生计生委、人力资源和社会保障部、安全监管总局、全国总工会4部门联合印发的《职业病分类和目录》。职业病诊断过程中劳动者拥有选择诊断机构就诊的权利,可以在用人单位、本人户籍所在地或经常居住地选择职业病诊断机构。在确认劳动者职业史、职业病危害接触史时当事人对劳动关系、工种、工作岗位或在岗时间有争议的可依法向用人单位所在地的劳动人事争议仲裁委员会申请仲裁,对结论不服可提请用人单位所在地安全生产监督管理部门进行调查和鉴定,劳动者还可以按照专业类别随机抽取鉴定专家,其隐私受到保护,若对区级诊断结论不服的可向市、省卫生行政部门申请鉴定,即一次诊断两级鉴定。

(5) 因工外出期间,由于工作原因受到伤害或者发生事故下落不明的。这里的因工外出可以是本地本单位以外的空间区域,也可以是外地。工作原因可以是直接的也可以是间接的。受到伤害可以是事故、暴力或其他形式的伤害。发生事故可以是安全、意外以及自然灾害等各种形式的事故。因工外出期间是指:职工受用人单位指派或者因工作需要在工作场所以外从事与工作职责有关的活动期间、职工受用人单位指派外出学习或者开会期间、职工因工作需要的其他外出活动期间。职工因工外出期间从事与工作或者受用人单位指派外出学习、开会无关的个人活动受到伤害,社会保险行政部门不认定为工伤。

(6) 在上下班途中,受到非本人主要责任的交通事故或者城市轨道交通、客运轮渡、火车事故伤害的。这里上下班途中是指正常的工作时间或加班加点的上下班的合理时间或合理路线。在合理时间内往返于工作地与住所地、经常居住地、单位宿舍的合理路线的上下班途中,在合理时间内往返于工作地与配偶、父母、子女居住地的合理路线的上下班途中,从事属于日常工作生活所需要的活动且在合理时间和合理路线的上下班途中,在合理时间内其他合理路线的上下班途中。交通事故中的职工可以是驾驶者也可以是乘坐者。

(7) 法律、行政法规规定应当认定为工伤的其他情形。这里的法律一般指的是由全国人大及其常委会制定并颁布实施的法律。这里的行政法规指的是国务院制定并颁布实施的行政法规。

视同工伤的情形主要有：

(1) 在工作时间和工作岗位，突发疾病死亡或者在48小时之内经抢救无效死亡的。这里的突发疾病是指各类疾病，48小时的起算时间以医疗机构的初次诊断时间作为突发疾病的起算时间。若在家中突发疾病被送往医疗机构且时间是在公休日，经医院当场抢救无效死亡的不符合视同工伤的前提条件，不能被认定为工伤。

(2) 在抢险救灾等维护国家利益、公共利益活动中受到伤害的，此种情况不受工作时间、工作原因和工作场所等"三工"原因的条件限制。

(3) 职工原在军队服役，因战、因公负伤致残，已取得革命伤残军人证，到用人单位后旧伤复发的可作为视同工伤。因战致残是指对敌作战，因执行任务或被俘、被捕后不屈，为抢救和保护国家财产、人民生命财产或参加处置突发事件，因执行军演、战备航行飞行、空降和导弹发射训练、试航试飞任务以及参加武器装备科研实验致残等。因公致残是指在执行任务或上下班途中由于意外事件致残，被认定为因战、因公致残后因旧伤复发，由于职业病致残，在执行任务中或在工作岗位上因病致残或医疗事故致残等。旧伤复发是指职工在原军队服役期间因战、因公负伤致残，并取得革命伤残军人证，到用人单位后其在军队服役期间因战、因公负伤的伤害部位(伤口)发生变化，需要进行治疗或相关救治的情形。

不得认定为工伤或者视同工伤的情形主要有三种，分别是故意犯罪的、醉酒或者吸毒的、自残或者自杀的。针对劳动者在工作中受伤，用人单位主张是劳动者自残导致的应举证证明，用人单位没有充分证据证明劳动者自残受伤，也不存在其他不得认定为工伤的理由，应认定为工伤。

在确定工伤责任单位主体上，用人单位实行承包经营的，工伤保险责任由职工劳动关系所在单位承担。职工被借调期间受到工伤事故伤害的，由原用人单位承担工伤保险责任，但原用人单位与借调单位可以约定补偿办法。企业破产的，在破产清算时依法拨付应当由单位支付的工伤保险待遇费用。若职工与两个或两个以上单位建立劳动关系，工伤事故发生时，职工为之工作的单位为承担工伤保险责任的单位；劳务派遣单位派遣的职工在用工单位工作期间因工伤亡的，派遣单位为承担工伤保险责任的单位；单位指派到其他单位工作的职工因工伤亡的，指派单位为承担工伤保险责任的单位；用工单位违反法律、法规规定将承包业务转包给不具备用工主体资格的组织或者自然人，该组织或者自然人聘用的职工从事承包业务时因工伤亡的，用工单位为承担工伤保险责任的单位；个人挂靠其他单位对外经营，其聘用的人员因工伤亡的，被挂靠单位为承担工伤保险责任的单位。

3. 劳动能力鉴定

劳动能力鉴定是指劳动者因工负伤或患职业病导致本人劳动与生活能力受到影响，由劳动能力鉴定委员会根据职工本人或亲属的申请，组织劳动能力鉴定医学专家，根据国家制定的评残标准，按照工伤保险的有关政策，运用医学科学技术的方法和手段，确定劳动者劳动功能障碍程度和生活自理障碍程度的一种综合评定的制度。

劳动能力鉴定一般是在职工的伤情处于相对稳定状态后进行，工伤职工必须存在残疾，并且残疾对工作、生活产生了直接的影响，伤残已经影响到职工本人的劳动能力。

劳动能力鉴定是劳动者享受工伤保险伤残待遇的依据，有利于保障工伤伤残职工的合法权益，有利于正确处理与伤残相关的争议。

劳动能力鉴定组织称为劳动能力鉴定委员会，由市和省两级构成，其成员来自社保行政部门、工会组织、用人单位、社保经办机构的代表和医疗卫生专家。

劳动能力鉴定的申请主体主要由用人单位、工伤职工及其近亲属构成。

依据《劳动能力鉴定、职工工伤与职业病致残等级》(GB/T16180—2014)，根据劳动者的器官损伤、功能障碍、医疗依赖和护理依赖四个方面，将工伤或职业病导致劳动者的伤残等级分为5个门类，分别为：神经内科、神经外科、精神科门；骨科、整形外科、烧伤科门；眼科、耳鼻喉科、口腔科门；普外科、胸外科、泌尿生殖科门；职业病内科门。5个门类被划分为一至十级，共确定出残情530条。其中，一至四级的为全部丧失劳动能力；五至六级为大部分丧失劳动能力；七至十级为部分丧失劳动能力。生活自理障碍分为3个等级：生活完全不能自理、生活大部分不能自理和生活部分不能自理。

器官损伤是工伤的直接后果，但职业病不一定有器官缺损。

功能障碍的程度与器官缺损的部位及严重程度有关，职业病所致的器官功能障碍与疾病的严重程度相关。对功能障碍的判定应以评定伤残等级技术鉴定时的医疗检查结果为依据，对评残对象逐个确定。

医疗依赖是指工伤致残于评定伤残等级技术鉴定后仍不能脱离治疗，可分为特殊医疗依赖和一般医疗依赖。特殊医疗依赖是指工伤致残后必须终身接受特殊药物、特殊医疗设备或装置进行治疗；一般医疗依赖是指工伤致残后仍需接受长期或终身药物治疗。

护理依赖是指工伤致残者因生活不能自理，需依赖他人护理。其判定范围主要包括五项：进食（完全不能自主进食，需依赖他人帮助）；翻身（不能自主翻身）；大、小便（不能自主行动，排大小便需要他人帮助）；穿衣、洗漱（不能自己穿衣、洗漱，完全依赖他人帮助）；自主行动（不能自主走动）。护理依赖的程度分三级：完全生活自理障碍（生活完全不能自理，上述五项均需护理）；大部分生活自理障碍（生活大部分不能自理，上述五项中三项或四项需要护理）；部分生活自理障碍（部分生活不能自理，上述五项中一项或两项需要护理）。

在鉴定过程中实行晋级原则，即对于同一器官或系统多处损伤，或一个以上器官不同部位同时受到损伤者，应先对单项伤残程度进行鉴定。如果几项伤残等级不同，以重者定级；如果两项及以上等级相同，最多晋升一级。在劳动能力鉴定过程中，若工伤或职业病后出现合并症，其致残等级的评定以鉴定时实际的致残结局为依据。如受工伤损害的器官原有伤残或疾病史，即单个或双器官（如双眼、四肢、肾脏）或系统损伤，鉴定时应检查本次伤情是否加重原有伤残，如若加重原有伤残，鉴定时按事实的致残结局为依据；若本次伤情轻于原有伤残，鉴定时则按本次伤情致残结局为依据。

4. 工伤待遇

（1）工伤待遇的标准。

我国用人单位工伤保险的发展经历了三个时期，三个时期的工伤待遇时间划定为：1996年9月30日之前发生的工伤，其待遇按1951年政务院《中华人民共和国劳动保险条例》和1996年9月30日之前国家及地方的有关规定执行；1996年10月1日至2003年12月31日期间发生的工伤，且2003年12月31日前已做出工伤认定的，其待遇按1999年的《企业职工工伤保险试行办法》执行；2004年1月1日以后发生的工伤，其待遇按《工伤保险条例》（国务院令第375号）执行。2011年1月1日以后，其待遇按《工伤保险条例》（国务院令第586号）执行。

下面的内容将以2011年1月1日以后的工伤待遇标准进行介绍。

(2) 医疗待遇规定。

① 可享受的规定。

职工因工作遭受事故伤害或者患职业病进行治疗,享受工伤医疗待遇。

职工治疗工伤应当在签订服务协议的医疗机构就医,情况紧急时可以先到就近的医疗机构急救。

治疗工伤所需费用符合工伤保险诊疗项目目录、工伤保险药品目录、工伤保险住院服务标准的,从工伤保险基金支付。工伤保险诊疗项目目录、工伤保险药品目录、工伤保险住院服务标准,由国务院劳动保障行政部门会同国务院卫生行政部门、药品监督管理部门规定。

职工住院治疗工伤的,由所在单位按照本单位因公出差伙食补助标准的70%发给住院伙食补助费;经医疗机构出具证明,报经办机构同意,工伤职工到统筹地区以外就医的,所需交通、食宿费用由所在单位按照本单位职工因公出差标准报销。

工伤职工因日常生活或者就业需要,经劳动能力鉴定委员会确认,可以安装假肢、矫形器、假眼、假牙和配置轮椅等辅助器具,所需费用按照国家规定的标准从工伤保险基金支付。

职工因工作遭受事故伤害或者患职业病需要暂停工作接受工伤医疗的,在停工留薪期内,原工资福利待遇不变,由所在单位按月支付。

停工留薪期一般不超过12个月。伤情严重或者情况特殊,经设区的市级劳动能力鉴定委员会确认,可以适当延长,但延长不得超过12个月。工伤职工评定伤残等级后,停发原待遇,按照工伤待遇的有关规定享受伤残待遇。工伤职工在停工留薪期满后仍需治疗的,继续享受工伤医疗待遇。工伤职工已经评定伤残等级并经劳动能力鉴定委员会确认需要生活护理的,从工伤保险基金按月支付生活护理费。生活护理费按照生活完全不能自理、生活大部分不能自理或者生活部分不能自理3个不同等级支付,其标准分别为统筹地区上年度职工月平均工资的50%、40%或者30%。

生活不能自理的工伤职工在停工留薪期需要护理的,由所在单位负责。

职工因工致残被鉴定为一至四级伤残的,保留劳动关系,退出工作岗位,享受以下待遇。

第一,从工伤保险基金按伤残等级支付一次性伤残补助金,标准为:一级伤残为27个月的本人工资,二级伤残为25个月的本人工资,三级伤残为23个月的本人工资,四级伤残为21个月的本人工资。

第二,从工伤保险基金按月支付伤残津贴,标准为:一级伤残为本人工资的90%,二级伤残为本人工资的85%,三级伤残为本人工资的80%,四级伤残为本人工资的75%。伤残津贴实际金额低于当地最低工资标准的,由工伤保险基金补足差额。

第三,工伤职工达到退休年龄并办理退休手续后,停发伤残津贴,享受基本养老保险待遇。基本养老保险待遇低于伤残津贴的,由工伤保险基金补足差额。

第四,职工因工致残被鉴定为一至四级伤残的,由用人单位和职工个人以伤残津贴为基数,缴纳基本医疗保险费。

职工因工致残被鉴定为五级、六级伤残的,享受以下待遇。

第一,从工伤保险基金按伤残等级支付一次性伤残补助金,标准为:五级伤残为18个月的本人工资,六级伤残为16个月的本人工资。

第二,保留与用人单位的劳动关系,由用人单位安排适当工作。难以安排工作的,由用人单位按月发给伤残津贴,标准为:五级伤残为本人工资的70%,六级伤残为本人工资的

60%,并由用人单位按照规定为其缴纳应缴纳的各项社会保险费。伤残津贴实际金额低于当地最低工资标准的,由用人单位补足差额。

第三,经工伤职工本人提出,该职工可以与用人单位解除或者终止劳动关系,由用人单位支付一次性工伤医疗补助金和伤残就业补助金。

职工因工致残被鉴定为七至十级伤残的,享受以下待遇。

第一,从工伤保险基金按伤残等级支付一次性伤残补助金,标准为:七级伤残为13个月的本人工资,八级伤残为11个月的本人工资,九级伤残为9个月的本人工资,十级伤残为7个月的本人工资。

第二,劳动合同期满终止,或者职工本人提出解除劳动合同的,由用人单位支付一次性工伤医疗补助金和伤残就业补助金。具体标准由省、自治区、直辖市人民政府规定。

工伤职工工伤复发,确认需要治疗的,享受上面规定的工伤待遇。

职工因工死亡,其直系亲属按照下列规定从工伤保险基金领取丧葬补助金、供养亲属抚恤金和一次性工亡补助金。

第一,丧葬补助金为6个月的统筹地区上年度职工月平均工资。

第二,供养亲属抚恤金按照职工本人工资的一定比例发给由因工死亡职工生前提供主要生活来源、无劳动能力的亲属。标准为:配偶每月40%,其他亲属每人每月30%,孤寡老人或者孤儿每人每月在上述标准的基础上增加10%。核定的各供养亲属的抚恤金之和不应高于因工死亡职工生前的工资。供养亲属的具体范围由国务院劳动保障行政部门规定。

第三,一次性工亡补助金标准为上一年度全国城镇居民人均可支配收入的20倍。

另外,伤残职工在停工留薪期内因工伤导致死亡的,其直系亲属享受领取丧葬补助金、供养亲属抚恤金和一次性工亡补助金。

伤残津贴、供养亲属抚恤金、生活护理费由统筹地区劳动保障行政部门根据职工平均工资和生活费用变化等情况适时调整。调整办法由省、自治区、直辖市人民政府规定。

职工因工外出期间发生事故或者在抢险救灾中下落不明的,从事故发生当月起3个月内照发工资,从第4个月起停发工资,由工伤保险基金向其供养亲属按月支付供养亲属抚恤金。生活有困难的,可以预支一次性工亡补助金的50%。职工被人民法院宣告死亡的,以职工因工死亡的规定处理。

职工被借调期间受到工伤事故伤害的,由原用人单位承担工伤保险责任,但原用人单位与借调单位可以约定补偿办法。

企业破产的,在破产清算时优先拨付依法应由单位支付的工伤保险待遇费用。

职工被派遣出境工作,依据前往国家或者地区的法律应当参加当地工伤保险的,参加当地工伤保险,其国内工伤保险关系中止;不能参加当地工伤保险的,其国内工伤保险关系不中止。

职工再次发生工伤,根据规定应当享受伤残津贴的,按照新认定的伤残等级享受伤残津贴待遇。

② 停止享受的规定。

工伤职工治疗非工伤引发的疾病,不享受工伤医疗待遇,按照基本医疗保险办法处理。

工伤职工有下列情形之一的,停止享受工伤保险待遇。

- 丧失享受待遇条件的。
- 拒不接受劳动能力鉴定的。
- 拒绝治疗的。

5. 工伤康复

工伤康复是利用现代康复的手段和技术，为工伤残疾人员提供医疗康复、职业康复和社会康复等服务，最大限度地恢复和提高其身体功能和生活自理能力，尽可能地恢复和提高职业劳动能力，助其重返工作岗位的一项医疗服务，它是工伤保险制度的重要组成部分。

工伤康复应坚持"医疗与康复并重"，实行"先康复治疗，后鉴定补偿"的原则。

工伤康复对象是指被社会保险行政部门认定为工伤或者视同工伤，因工伤（含职业病）致残或造成身体功能障碍，经确认具有康复价值，需要进行康复治疗的职工。工伤康复可以在工伤停工留薪期内且伤病情相对稳定，经确认具有康复价值、需要早期介入康复治疗的，也可以是旧伤复发，经确认具有康复价值的。

工伤康复包括医疗康复、职业康复、心理康复和伤残部位功能恢复等内容，其核心是医疗康复和职业康复。

医疗康复是指利用各种临床诊疗和康复治疗手段来改善和提高工伤职工的身体功能和生活自理能力，主要内容包括康复评定、治疗和辅助技术三个方面，具体工作有工伤康复评定和康复治疗。康复评定主要包括功能评估和伤残评定，即各种体能、电生理诊断、心肺功能、运动功能、心理、认知功能、言语功能、生活自理能力、职业劳动能力和伤残等级的诊断评估等。康复治疗主要包括物理治疗、作业治疗、言语治疗、义肢矫形、心理治疗等。

工伤康复辅助技术主要是指为工伤残疾者设计、制作和适配功能代偿器具，是工伤康复的重要手段之一。依据《残疾人辅助器具分类和术语》（GB/T 16432—2004）的规定，目前康复辅助器具共分为 11 个主类、135 个次类和 741 个支类。工伤康复领域常用的器具为假肢、矫形器和辅助日常生活或就业需要的器具，如轮椅、助行器等。康复工作可以使工伤职工受损或减弱的身体功能得到恢复和增强，可通过手术和强化训练使其无法恢复的肌体功能得以代偿和重建。

职业康复指提供职业服务（如职业指导、职业训练）和有选择地安置工作，使精神或躯体残疾者能够有适当职业。

职业康复是个体化的、着重以重返工作岗位为目的，设计用来减低受伤风险和提升工伤职工工作能力的一种系统康复服务。职业康复主要包括的内容有：职业能力评估，工作分析（医疗机构内或现场），功能性能力评估，工作模拟评估；工作强化训练（医疗机构内或现场），工作重整和体能强化，工作行为训练、工作模拟训练及工作安置。

7.1.2　业务操作流程

1. 工伤认定或视同工伤的申请

（1）提出申请。

职工发生事故伤害或者按照职业病防治法规定被诊断、鉴定为职业病，所在单位应当自事故伤害发生之日或者被诊断、鉴定为职业病之日起 30 日内，向统筹地区劳动保障行政部门提出工伤认定申请。遇有特殊情况，经报劳动保障行政部门同意，申请时限可以适当延长。

用人单位未在规定的时限内提交工伤认定申请，在此期间发生符合《工伤保险条例》规定的工伤待遇等有关费用由该用人单位负担。

用人单位未按规定提出工伤认定申请的，工伤职工或者其直系亲属、工会组织在事故伤害发生之日或者被诊断、鉴定为职业病之日起 1 年内，可以直接向用人单位所在地统筹地区劳动保障行政部门提出工伤认定申请。

提出工伤认定申请应当提交下列材料。

① "工伤认定申请表"(具体样式如表 7-1 所示):应当包括事故发生的时间、地点、原因以及职工伤害程度等基本情况,并附以职工的居民身份证,若职工死亡的需要提交死亡证明。

表 7-1 工伤认定申请表

申请人:
受伤害职工:
申请人与受伤害职工的关系:
申请人地址:
邮政编码:
联系电话:
填表日期:

职工姓名		性别		出生年月	
公民身份号码					
工作单位					
联系电话					
职业、工种或工作岗位		参加工作时间		申请工伤或视同工伤	
事故时间		诊断时间		伤害部位或疾病名称	
接触职业病危害时间		接触职业病危害岗位		职业病名称	
家庭详细地址					
受害经过简述(可附页):					
受伤害职工或亲属意见: 签字 年 月 日					
用人单位意见: 法定代表人签字 印章 年 月 日					
劳动保障行政部门审查资料情况和受理意见: 印章 年 月 日					
备注:					

填表说明

　　1. 用钢笔或签字笔填写，字体工整清楚。
　　2. 申请人为用人单位或工会组织的，在名称处加盖公章。
　　3. 机关事业单位职工填写职业类别，企业职工填写工作岗位（或工种）类别。
　　4. 伤害部位一栏填写受伤的具体部位。
　　5. 诊断时间一栏，职业病者，按职业病确诊时间填写；受伤或死亡的，按初诊时间填写。
　　6. 职业病名称按照职业病诊断证明书或者职业病诊断鉴定书填写，接触职业病危害时间按实际接触时间填写。不是职业病的不填。
　　7. 受伤害经过简述，应写清事故时间、地点，当时所从事的工作，受伤害的原因以及伤害部位和程度。职业病患者应写清在何单位从事何种有害作业、起止时间、确诊结果。
　　属于下列情况应提供相关的证明材料。
　　● 因履行工作职责受到暴力伤害的，提交公安机关或人民法院的判决书或其他有效证明。
　　● 由于机动车事故引起的伤亡事故提出工伤认定的，提交公安交通管理等部门的责任认定书或其他有效证明。
　　● 因工外出期间，由于工作原因受到伤害的，提交公安部门证明或其他证明；发生事故下落不明的，认定因工死亡提交人民法院宣告死亡的结论。
　　● 在工作时间和工作岗位，突发疾病死亡或者在48小时之内经抢救无效死亡的，提交医疗机构的抢救和死亡证明。
　　● 属于抢险救灾等维护国家利益、公众利益活动中受到伤害的，按照法律法规规定，提交有效证明。
　　● 属于因战、因公负伤致残的转业、复员军人，旧伤复发的，提交革命伤残军人证及医疗机构对旧伤复发的诊断证明。
　　对因特殊情况，无法提供相关证明材料的，应书面说明情况。
　　8. 受伤害职工或亲属意见栏应写明是否，同意申请工伤认定，以上所填内容是否真实。
　　9. 用人单位意见栏，单位应签署是否同意申请工伤，所填情况是否属实，法定代表人签字并加盖单位公章。
　　10. 原劳动和社会保障行政部门审查资料和受理意见栏应填写补正材料的情况，是否受理的意见。

　　② 应当提交职工受伤害或者被诊断患职业病时与用人单位之间的劳动合同（包括事实劳动关系）或者其他建立劳动关系的证明。职工与用人单位之间因劳动关系发生争议的，当事人应当向劳动争议仲裁委员会申请仲裁，由劳动争议仲裁委员会依法确定劳动关系。依法定程序处理劳动争议的时间不计算在工伤认定的时限内。
　　③ 提交相关的证明或者"职业病诊断证明书"（或者"职业病诊断鉴定书"）。
　　具体内容以北京市在执行国家工伤认定时的具体规定为例来加以说明。

- 在工作时间和工作场所内因工作原因受到事故伤害的,申请工伤认定需要提交事故的相关证据材料。
- 在工作时间和工作场所内因履行工作职责受到暴力等意外伤害的,需要提交公安部门的证明或者人民法院的判决或者其他证明。
- 患职业病的:职工在原用人单位从事接触职业病危害作业,到现用人单位后被诊断患职业病的,现用人单位有责任提出工伤认定申请。
- 因工外出期间,由于工作原因受到伤害或者发生事故下落不明的,需提交公安部门的证明或者相关部门的证明。
- 在上下班途中,受到机动车事故伤害的,提交公安交通管理部门的证明;不属于公安交通管理部门处理的,提交相关部门的证明。

职工有下列情形之一的,视同工伤。

- 在工作时间和工作岗位,突发疾病死亡或者在48小时之内经抢救无效死亡的:提交医疗机构的抢救证明。
- 在抢险救灾等维护国家利益、公共利益活动中受到伤害的:提交民政部门或者其他相关部门的证明。
- 职工原在军队服役,因战、因公负伤致残,已取得革命伤残军人证,到用人单位后旧伤复发的:提交革命伤残军人证及医疗机构对旧伤复发的诊断证明。

若用人单位未参加工伤保险的,还需提交用人单位的营业执照或者市场监督管理部门出具的查询证明。

(2) 受理。

工伤认定申请人提供材料不完整的,劳动保障行政部门应当一次性书面告知工伤认定申请人需要补正的全部材料。申请人按照书面告知要求补正材料后,劳动保障行政部门应当受理。

劳动保障行政部门受理工伤认定申请后,根据审核需要可以对事故伤害进行调查核实,用人单位、职工、工会组织、医疗机构以及有关部门应当予以协助。职业病诊断和诊断争议的鉴定,依照《职业病防治法》的有关规定执行。对依法取得"职业病诊断证明书"或者"职业病诊断鉴定书"的,劳动保障行政部门不再进行调查核实。

职工或者其直系亲属认为是工伤,用人单位不认为是工伤的,由用人单位承担举证责任。

劳动保障行政部门应当自受理工伤认定申请之日起60日内作出工伤认定的决定,并书面通知申请工伤认定的职工或者其直系亲属和该职工所在单位,给予"工伤认定决定书"(具体样式如表7-2所示)和工伤证。

劳动保障行政部门工作人员与工伤认定申请人有利害关系的,应当回避。同时,有下列情形之一的不予受理。

① 自事故发生之日或者被诊断、鉴定为职业病之日起超过1年提出申请的。
② 受伤害人员是用人单位聘用的离退休人员或者超过法定退休年龄的。
③ 无营业执照或者未经依法登记、备案的单位以及被依法吊销营业执照或者撤销登记、备案的单位。
④ 童工。

表 7-2　工伤认定决定书

编号：

姓　　名		性别		出生年月	
公民身份号码					
受伤时用人单位					
工种（职业）			发生事故时间		
申请时间			申请人		

伤害情况：

诊断结论：

　　依据《工伤保险条例》规定，
符合工伤认定范围，认定为　　　　　　　　　　。
　　如对本工伤认定结论不服，可以在收到本工伤认定之日起 60 日内依法向本级人民政府或上一级劳动保障行政部门提出行政复议。

（工伤认定专用章）

签收人：　　　　　　日期　　　　　　　　　年　　月　　日

注　解

本决定书一式四份，劳动保障行政部门、用人单位、职工单位、职工和工伤保险经办机构各执一份。

对不予受理的，区（县）劳动保障行政部门应当自收到申请之日起 15 日内书面告知申请人。

（3）医疗费申报。

经劳动保障行政部门认定为工伤后，参保单位可携带工伤职工门诊、急诊、急诊留观、住院由用人单位或个人垫付及外埠就医的医药费向所属区（县）医保经办机构进行申报。同时，职工应当在签订服务协议的医疗机构中选择 1 至 2 家医疗机构（以下简称工伤医疗机构）就医。职工选定工伤医疗机构满 1 年后，可以重新选择。足额缴费的参保单位工伤人员必须到签订服务协议的定点医疗机构住院治疗，其费用实行定点医疗机构记账结算方式。

① 工伤职工门诊、急诊、急诊留观及外埠就医的医药费报销。

参保单位的工伤职工须携带工伤证到个人选定的签订服务协议的医疗机构就医，工伤医疗费用的审核由参保单位持工伤职工的医药费单据，先到区（县）社保经办机构开具"工伤保险足额缴费证明"，然后到所属区（县）医保经办机构进行审核。区（县）医保经办机构将审核结算的"支付医疗费用通知单"和支付信息传递给区（县）社保经办机构业务岗，区（县）社保经办机构业务人员将支付信息录入工伤保险支付系统，与"支付医疗费用通知单"的支付数据进行核对无误后,生成"工伤保险基金支付月报表"并签字后转财务岗,财务人员按照"支付月报表"上的金额支付到工伤职工所在的参保单位。

② 工伤职工住院医疗费结算。

工伤职工必须持有区(县)社保经办机构开具的"工伤保险足额缴费证明"在签订服务协议的医疗机构住院。如果工伤职工长期住院,必须每隔90天到区(县)社保经办机构开具"工伤保险足额缴费证明"。

区(县)医保经办机构将审核后的工伤职工住院"支付医疗费用通知单"和支付信息传递给区(县)社保经办机构业务岗,区(县)社保经办机构业务人员将支付信息录入工伤保险支付系统,与"支付医疗费用通知单"的支付信息进行核对无误后,生成"支付月报表"并签字后转财务岗,财务人员按照"支付月报表"上的金额支付到工伤职工住院的签订服务协议的医疗机构。

区(县)社保经办机构业务人员将已核对生成"支付月报表"的支付金额与其他应支付的工伤职工待遇一并汇总,报送上级的社保经办机构,上级的社保经办机构将汇总后的数据报同级财政部门。

(4) 劳动能力鉴定。

职工发生工伤经治疗伤情相对稳定后存在残疾、影响劳动能力的,应当进行劳动能力鉴定。

劳动能力鉴定是指劳动功能障碍程度和生活自理障碍程度的等级鉴定。劳动功能障碍分为10个伤残等级,最重的为一级,最轻的为十级。生活自理障碍分为3个等级:生活完全不能自理、生活大部分不能自理和生活部分不能自理。劳动能力鉴定由用人单位、工伤职工或者其直系亲属向设区的市级劳动能力鉴定委员会提出申请,并提供工伤认定决定和职工工伤医疗的有关资料。受工伤损害的器官原有伤残和疾病史,或工伤及职业病后出现并发症,其致残等级的评定以医疗期满时本次实际的致残结局为依据。

以北京为例,工伤职工停工留薪期满或者停工留薪期内工伤治愈的,用人单位、工伤职工或者其直系亲属应当书面向区(县)劳动能力鉴定委员会提出劳动能力鉴定申请,需要填写的表格样式如表7-3所示,除此之外还需要提交工伤认定结论、诊断证明书、检查结果、诊疗病历等资料。工伤职工认为工伤直接导致其他疾病的,还应提交工伤医疗机构出具的相关证明。

省、自治区、直辖市劳动能力鉴定委员会和设区的市级劳动能力鉴定委员会分别由省、自治区、直辖市和设区的市级劳动保障行政部门、人事行政部门、卫生行政部门、工会组织、经办机构代表以及用人单位代表组成。

劳动能力鉴定委员会建立医疗卫生专家库。设区的市级劳动能力鉴定委员会收到劳动能力鉴定申请后,应当从其建立的医疗卫生专家库中随机抽取3名或者5名相关专家组成专家组,由专家组提出鉴定意见。设区的市级劳动能力鉴定委员会根据专家组的鉴定意见作出工伤职工劳动能力鉴定结论;必要时可委托具备资格的医疗机构协助进行有关的诊断。

设区的市级劳动能力鉴定委员会应当自收到劳动能力鉴定申请之日起60日内作出劳动能力鉴定结论,必要时作出劳动能力鉴定结论的期限可以延长30日。劳动能力鉴定结论应当及时送达申请鉴定的单位和个人。

表7-3 职工劳动能力鉴定表

行业代码：　　　　　　　　　（　　）鉴定第　　　号

单　　位		姓　　名		性别		相片
公民身份号码		参加工作时间		工种		
月工资收入		申请鉴定原因		电话		
病伤发生时间		诊治时间		医治医院		
职工病伤情况及企业意见	病伤及医治过程：					
	提供资料： 1.病历：　　页；2.X光片：　　张；3.心电图　　份；4.化验单　　张；5.其他材料：　　页。					
	劳动能力鉴定委员会意见： 　　　　　　　　　　　　　　（公章） 　　　　　　　　　　　年　　月　　日					
主管部门劳动处意见：						
（如有上级主管部门请盖章） 　　　　　　　　　　　　　　（公章） 　　　　　　　　　　　年　　月　　日						

注　解

此表一式三份,市(或区(县))劳动能力鉴定机构存一份,企业及主管部门劳动处各存一份。

申请鉴定的单位或者个人对设区的市级劳动能力鉴定委员会作出的鉴定结论不服的，可以在收到该鉴定结论之日起15日内向省、自治区、直辖市劳动能力鉴定委员会提出再次鉴定申请。省、自治区、直辖市劳动能力鉴定委员会作出的劳动能力鉴定结论为最终结论。

自劳动能力鉴定结论作出之日起1年后，工伤职工或者其直系亲属、所在单位或者经办机构认为伤残情况发生变化的，可以申请劳动能力复查鉴定。

劳动能力鉴定委员会应提供给工伤职工一份"工伤认定结论通知书"，一般样式如下。

工伤职工劳动能力鉴定(确认)结论通知书

　　　　　×　　劳　鉴　字〔　　〕　　号

申请人：_____

被鉴定人姓名_____性别_____年龄_____住址_____

_____

用人单位名称_____通信地址_____联系人_____

　　　　　　于　　年　　月　　日申请

_____，我委于_____年__月__日组织专家组进行_____，诊断为：_____。

经劳动能力鉴定机构评议，依照中华人民共和国国家标准《职工工伤与职业病致残程序鉴定》(GB/T16180—1996)，符合：_____
_____，鉴定（确认）结论为：_____
_____。

有关单位或个人如对本鉴定结论不服，可以在收到本通知书之日起15日内向×××省（自治区、直辖市）劳动能力鉴定委员会申请再次鉴定。

年 月 日

2. 待遇核准

工伤人员进行劳动能力鉴定后，参保单位应携带工伤人员的"劳动能力鉴定结论或确认结论书"、工伤证等材料到所属区（县）的社保经办机构的支付部办理工伤保险待遇核准手续。支付部对参保单位报送的待遇核准材料审核后，按照应享受等级待遇标准进行核准，并打印出"一至十级工伤职工待遇核准表"（一般样式如表7-4所示）或"因工死亡职工工伤待遇核准表"（一般样式如表7-5所示），参保单位经办人在待遇核准表上签字后，支付部将工伤人员应享受待遇的给付项目、给付标准、给付起始日期等打印在工伤证上，加盖核准专用章。

表7-4 一至十级工伤职工待遇核准表

单位名称		姓名		性别		公民身份号码	
本人受伤前12个月平均月缴费工资		本市上一年职工月平均工资		发生工伤或确定职业病时间		工伤类型	工伤类型标识
新登记或变更原因		工伤认定时间		工伤证号		交通事故第三责任方赔偿金额或退休金	工伤认定结论表号
劳动能力鉴定结论表号		伤残程度鉴定时间		伤残程度鉴定等级		护理依赖程度鉴定时间	护理依赖程度鉴定级别
综合劳动能力鉴定结论表号		综合伤残程度鉴定时间		综合伤残程度鉴定等级		综合护理依赖程度鉴定时间	综合护理依赖程度鉴定级别
待 遇 核 准 情 况							
待 遇 项 目		给 付 标 准				给付起始日期	
伤残津贴		× %= 元		大写：			
护理费		× %= 元		大写：			
一次性伤残补助金		× 个月= 元		大写：			
参保单位经办人签字： 年 月 日		社保经办人签字： 年 月 日		社保经办机构负责人签字： 年 月 日		社保经办机构（章） 年 月 日	

> **注 解**
>
> 1. 申请人如果对工伤人员待遇核准有异议时,请于 30 日内到社保经办机构进行复核。
> 2. 此表一式三份,工伤职工、参保单位、经(代)办机构各一份。

表 7-5　因工死亡职工工伤待遇核准表

单位名称		姓　名		性　别		公民身份号码		
本人死亡前 12 个月平均缴费工资		本市上一年职工月平均工资		死亡日期		死亡类别		工伤证号
工伤认定时间				工伤认定结论表号		交通事故第三责任方赔偿金额		
待　遇　核　准　情　况									
待　遇　项　目		给　付　标　准			给付起始日期				
一次性工亡补助金	×20 个月＝　　元		大写:					
丧葬补助金	×6 个月＝　　元		大写:					
供　养　亲　属　抚　恤　金　核　准　情　况									
姓名	性别	公民身份号码	出生日期	供养关系	给付标准	给付起始日期	给付终止日期	现居住地址	
供养亲属抚恤金合计(不应高于因工死亡职工生前的缴费工资)							大写:		
参保单位经办人签字: 年　月　日			社保经办人签字: 年　月　日			社保经办机构负责人签字: 年　月　日			社保经办机构(章) 年　月　日	

> **注 解**
>
> 1. 申请人如果对工伤人员待遇核准有异议时,请于 30 日内到社保经办机构进行复核。
> 2. 此表一式三份,工伤职工、参保单位、社保经办机构各一份。

对于符合享受供养亲属抚恤金待遇的工伤人员,参保单位应当向社保经办机构的支付部提交被供养人户口簿、居民身份证、工伤职工工资证明以及街道办事处、乡(镇)人民政府出具的被供养人经济状况证明等材料,有下列情形之一的,还应当分别提交如下的相应材料。

① 被供养人属于孤寡老人、孤儿的,提交街道办事处、乡(镇)人民政府出具的证明。

② 被供养人属于养父母、养子女的,提交公证书。

③ 被供养人完全丧失劳动能力的,提交劳动能力鉴定委员会作出的劳动能力鉴定结论。

④ 被供养人在高中以下学校学习的在校证明。

一至四级的外地农民工或因工死亡的外地农民工的供养亲属,在核准一次性伤残补助金、丧葬费、一次性工亡补助金待遇时,自愿选择一次性领取长期工伤保险待遇的,由农民工或供养亲属写出自愿领取一次性长期待遇申请书,参保单位携带其申请书到支付部,支付部审核后,打印出"外地农民工一次性领取工伤保险待遇协议书"、"一至四级工伤职工待遇核准表"(具体样式如表7-6所示)或"因工死亡职工工伤待遇核准表"(具体样式如表7-7所示)并经参保单位经办人签字后,由参保单位携带"一至四级工伤职工待遇核准表"或"因工死亡职工工伤待遇核准表"和"外地农民工一次性领取工伤保险待遇协议书",与农民工或供养亲属签订协议后,将工伤证及解除或终止劳动关系的相关证明等一并报送到社保经办机构的工伤支付部。工伤支付部审核无误后,在"外地农民工一次性领取工伤保险待遇协议书"、"一至四级工伤职工待遇核准表"或"因工死亡职工工伤待遇核准表"上签字盖章并收回工伤证,同时做待遇核准确认。

表7-6 一至四级工伤职工待遇核准表

单位名称		姓 名		性 别		公民身份号码	
本人受伤前12个月平均月缴费工资		本市上一年职工月平均工资		发生工伤或确定职业病时间		工伤类型		工伤类型标识	
新登记或变更原因		工伤认定时间		工伤证号		交通事故第三责任方赔偿金额或退休金		工伤认定结论表号	
劳动能力鉴定结论表号		伤残程度鉴定时间		伤残程度鉴定等级		护理依赖程度鉴定时间		护理依赖程度鉴定级别	
综合劳动能力鉴定结论表号		综合伤残程度鉴定时间		综合伤残程度鉴定等级		综合护理依赖程度鉴定时间		综合护理依赖程度鉴定级别	
一 次 性 待 遇 核 准 情 况							
待 遇 项 目		给 付 标 准					给付日期
一次性领取长期待遇		认定工伤时的年龄: 周岁 金额: 万元				大写:		
一次性伤残补助金		× 个月= 元				大写:		
参保单位经办人签字: 年 月 日		社保经办人签字: 年 月 日			社保经办机构负责人签字: 年 月 日		社保经办机构(章) 年 月 日	

注 解

1. 申请人如果对工伤人员待遇核准有异议时,请于30日内到社保经办机构进行复核。
2. 此表一式三份,工伤职工、参保单位、社保经办机构各一份。
3. 此表为外地农民工一次性支付待遇核准使用。

表7-7 因工死亡职工工伤待遇核准表

单位名称		姓 名		性 别		公民身份号码	
本人死亡前12个月平均月缴费工资		本市上一年职工月平均工资		死亡日期		死亡类别	工伤证号
工伤认定时间				工伤认定结论表号		交通事故第三责任方赔偿金额	
待 遇 核 准 情 况							
待 遇 项 目		给 付 标 准					给付日期
一次性工亡补助金	×20个月= 元			大写:			
丧葬补助金	×6个月= 元			大写:			
一 次 性 领 取 长 期 待 遇 核 准 情 况							
姓名	性别	公民身份号码	出生日期	供养关系	给付标准	给付日期	现居住地址
一次性领取长期待遇合计				大写:			
参保单位经办人签字: 年 月 日			社保经办人签字: 年 月 日		社保经办机构负责人签字: 年 月 日		社保经办机构(章) 年 月 日

注 解

1. 申请人如果对工伤人员待遇核准有异议时,请于30日内到社保经办机构进行复核。
2. 此表一式三份,工伤职工、参保单位、社保经办机构各一份。
3. 此表为外地农民工一次性支付待遇核准使用。

一至四级伤残职工在停工留薪期满后死亡的,不享受一次性工亡补助金,其直系亲属可以享受丧葬补助金,符合供养条件的,可从停止享受工伤职工伤残津贴的当月起享受供养亲属抚恤金。

对于交通事故的工伤人员,参保单位还须提供交通事故结案处理责任书,保险公司赔付单据,经支付部审核后,对于工伤人员的工伤保险待遇高于保险公司赔付金额的,工伤保险基金只支付与保险公司赔付金额的差额部分。

工伤职工的劳动能力鉴定费采取先记账后结算方式的,由工伤支付部直接与区(县)劳动能力鉴定机构结算。若劳动能力鉴定费采取垫付形式的,由足额缴费的参保单位填写"工伤保险基金实时支付个人明细表"(一般样式如表7-8所示)和"工伤保险基金实时支付汇总表"(一般样式如表7-9所示),并附发票到所属的社保经办机构工伤支付部业务岗办理申报。

伤残辅助器具费、职业康复费,符合工伤保险基金支付范围的工伤人员配置、更换伤残辅助器具的费用采用由已签订服务协议的单位先行垫付,工伤支付部实行实时与签订服务协议的单位直接进行结算,工伤人员须持劳动能力鉴定部门签字盖章后的"工伤人员配置、更换辅助器具确认通知书",到指定的伤残辅助器具单位配置、更换伤残辅助器具。

配置、更换伤残辅助器具费采用个人垫付形式的,由足额缴费的参保单位填写"工伤保险基金实时支付个人明细表"和"工伤保险基金实时支付汇总表"并附"确认通知书"和配置辅助器具的审批材料及辅助器具发票到工伤支付部业务岗办理申报。

本业务的所有表格均以北京市相关业务表格为参照进行填写。

表7-8 工伤保险基金实时支付个人明细表

报送日期: 年 月 日
统一社会信用代码(组织机构代码): 单位名称(章): 单位:人、元(保留两位小数)

公民身份号码	姓名	伤残等级	工伤保险待遇金额								备注
			合计	医疗费	辅助器具费	工伤康复费	劳动能力鉴定费				
							小计	等级鉴定费	导致疾病确认费	配置更换确认费	
1	2	3	4=5+6+7+8	5	6	7	8=9+10+11	9	10	11	12
合计											

单位负责人: 填报人: 联系电话:

注 解

1. 此表由单位填报,一式两份,单位、社保经办机构各一份。
2. 备注栏需要按以下方式填写:如果是辅助器具,需要填写辅助器具名称;如果是劳动能力等级鉴定费,需要填写首次鉴定、再次鉴定或复查鉴定。

表 7-9　工伤保险基金实时支付汇总表

报送日期：　　　年　　月　　日

统一社会信用代码(组织机构代码)：　　　单位名称(章)：　　　单位：人、元(保留两位小数)

组织机构代码	单位名称	工伤保险待遇金额															
		合计		医疗费		辅助器具费		工伤康复费		劳动能力鉴定费							
										小计		等级鉴定费		导致疾病确认费		配置更换确认费	
		人次	金额	人次	金额	人次	金额	人次	金额	人次	金额	人次	金额	人次	金额	人次	金额
1	2	3=5+7+9+11	4=6+8+10+12	5	6	7	8	9	10	11=13+15+17	12=14+16+18	13	14	15	16	17	18
合计																	

单位负责人：　　　填报人：　　　联系电话：　　　填报日期：　　　年　月　日

注　解

1. 此表参保单位填报时一式两份，单位、社保经办机构各一份。
2. 此表是"工伤保险基金实时支付个人明细表"的汇总。

3. 工伤人员的增加、减少、转移、变更

(1) 享受工伤待遇人员的增加。

① 增加工伤人员。

当参保单位的参保人员发生工伤事故或职业病，经劳动保障行政部门认定为工伤后，参保单位须携带"工伤认定结论通知书"、工伤证和身份证，受伤前12个月缴费工资证明并填写"工伤职工登记表"(一般样式如表 7-10 所示)和"社会保险参保人员增加表"报送到工伤支付部。工伤支付部进行审核后，建立工伤人员基本信息数据。

② 增加供养家属。

参保单位的参保人员因工发生事故死亡(以下简称工亡人员)，参保单位应携带"工伤认定结论通知书"、工伤证及工亡人员的死亡证明，工亡前12个月的缴费工资证明、填写的"社会保险参保人员增加表"和"工伤职工登记表"，报送到工伤支付部。对于符合工伤保险规定享受供养直系亲属抚恤金的工亡人员，申请供养亲属抚恤金待遇的，参保单位应向工伤支付部提交被供养人户口簿、居民身份证，以及街道办事处、乡(镇)人民政府出具的被供养人经济状况证明。

表 7-10 工伤职工登记表

单位名称（章）：

统一社会信用代码（组织机构代码）：

电脑序号		姓 名		性 别		公民身份号码			备注
民 族		出生日期		参加工作时间		居住或通信地址			
用工形式		工 种		发生工伤或确定职业病时间		交通事故第三责任方赔偿金额			
缴费人员类别		工伤类型		工伤类型标识		认定部位或职业病名称		伤残程度鉴定时间	
工伤认定时间		工伤证号		个人选择工伤医疗机构一		个人选择工伤医疗机构二		伤残程度鉴定等级	
认定申请人与工伤人员关系		工伤认定申请日期		工伤认定结论通知书编号		伤残程度鉴定结论书编号		护理依赖程度鉴定时间	
				事故类别		受伤前12个月平均月缴费工资		护理依赖程度鉴定级别	
伤害经过								退休金	
供养亲属基本情况									
姓名	公民身份号码		性别		出生日期		供养关系	现居住地址	

联系电话： 联系电话： 邮政编码 填报日期： 年 月 日

单位负责人： 填报人：

> **注 解**
>
> 1. 工伤类型：(1) 因工致残；(2) 因工死亡；(3) 职业病。
> 2. 工伤类型标识：(1) 伤残军人旧伤复发；(2) 无业人员职业病；(3) 退休人员职业病；(4) 退休伤残军人旧伤复发；(5) 陈旧性工伤；(6) 无。
> 3. 交通事故第三责任方赔偿金额：如果事故类别为交通事故需填此栏。
> 4. 发生工伤或确定职业病时间：如果是因工死亡，填写死亡时间。
> 5. 其他项请参照"工伤认定结论表号"、"劳动能力鉴定结论表号"、工伤证等材料填写。
> 6. 退休金：如果工伤人员为已退休的一至四级新增人员需填写此栏。
> 7. 认定申请人与工伤人员关系：选择"劳动关系""本人""工会""亲属"。
> 8. 此表一式两份，单位、社保经办机构各一份。

工伤支付部进行审核后，录入相关的基本信息数据。

③ 增加退休的工伤人员及其供养的家属。

外商投资企业中方退休工伤人员实行社会化管理的，由外商投资企业将中方退休工伤人员的"工伤认定结论通知书"、工伤证、"劳动能力鉴定结论或确认结论"、"工伤职工待遇核准表"、"因工死亡职工工伤待遇核准表"和"社会保险参保人员减少表"报所属社保经办机构确认，做人员减少。所属社保经办机构办理工伤人员减少手续后将上述材料转至该退休工伤人员户籍所在的社保经办机构。户籍所在的社保经办机构将上述材料转至该退休工伤人员户籍所在的街道社保所，由街道社保所填写"社会保险参保人员增加表"报所属的社保经办机构。所属的社保经办机构依据"社会保险参保人员增加表"做退休工伤人员的增加。

(2) 享受待遇人员减少。

① 参保单位中已享受一至四级工伤人员伤残津贴的工伤人员死亡后，对于不享受工伤保险规定的供养直系亲属抚恤金的，参保单位须携带工伤人员的死亡证明、"社会保险参保人员减少表"到工伤支付部办理工伤人员减少手续，从次月开始停止支付此工伤人员的伤残津贴等定期待遇。

② 工亡人员所有的供养直系亲属丧失供养条件的，参保单位应及时将"社会保险参保人员减少表"和供养直系亲属丧失供养条件的相关证明材料报送到工伤支付部。工伤支付部审核后，对供养直系亲属做终止支付待遇的处理。

③ 五至十级工伤人员与参保单位解除劳动合同或劳动合同期满的，参保单位发给其一次性工伤医疗补助金和伤残就业补助金并终止工伤保险关系。参保单位须填写"社会保险参保人员减少表"并携带工伤证及相关证明材料（如参保单位与工伤人员终止工伤保险关系的相关协议）报送社保经办机构。支付部审核后收回工伤证并对工伤人员做减少处理。

④ 五至十级的工伤人员死亡后，单位须填写"社会保险参保人员减少表"并附死亡证明复印件，报送到支付部。支付部审核后对工伤人员做减少处理。

⑤ 外地注册的参保单位终止本地区的参保手续时，填写"社会保险参保人员减少表"到本地所属地区的工伤支付部办理一至四级的外地农民工或因工死亡的外地农民工的供养亲属减少手续。工伤支付部审核并确定一次性支付其住院伙食补助费支付给外地农民工工伤

人员后,做外地农民工工伤人员减少处理。外地注册的参保单位把外地农民工工伤人员的相关材料移交给参保地区的街道社保所,再由街道社保所到社保经办机构办理外地农民工工伤人员增加手续,进行支付申报。

(3) 工伤人员转移。

有工伤人员的参保单位发生租赁、兼并、转让、分立等情况时,单位应持相关证明和审批材料并填写"社会保险参保人员减少表"在原地做减少,然后再到转入地工伤支付部填写"社会保险参保人员增加表",办理工伤人员增加手续,工伤支付部审核后作为工伤人员增加依据。

(4) 工伤待遇变更。

① 等级变化。

工伤人员复查鉴定伤残等级发生变化,参保单位须持劳动能力鉴定机构再次鉴定的"劳动能力鉴定结论或确认结论""工伤证""职工工伤信息变更表"(一般样式如表7-11所示)报送到工伤支付部。工伤支付部变更伤残等级并核准待遇后须重新打印"一至十级工伤职工待遇核准表"。参保单位按照变更后的工伤待遇填入"工伤保险基金支付月报表"(一般样式如表7-12所示)并报送支付部。

表 7-11 职工工伤信息变更表

统一社会信用代码(组织机构代码):　　　　　　　　　　　　　　　　单位名称(章):

公民身份号码	姓名	变更原因
变更项目	原登记内容	现登记内容
工伤类型		
工伤类型标识		
发生工伤或确定职业病时间		
受伤前12个月平均月缴费工资		
事故类别		
认定部位或职业病名称		
认定申请人与工伤人员关系		
工伤认定申请日期		
工伤认定时间		
工伤证号		
个人选择工伤医疗机构一		
个人选择工伤医疗机构二		
工伤认定结论通知书编号		
伤残程度鉴定结论表号		
伤残程度鉴定时间		
伤残程度鉴定等级		
护理依赖程度鉴定时间		
护理依赖程度鉴定级别		

（续表）

交通事故第三责任方赔偿金额	
综合伤残程度鉴定时间	
综合伤残程度鉴定等级	
综合护理依赖程度鉴定时间	
综合护理依赖程度鉴定等级	

单位负责人：　　　填报人：　　　联系电话：　　　填报日期：　年　月　日

注　解

1. 变更原因：(1) 一至四级复查伤残等级变更；(2) 五至十级旧伤复发伤残等级变更；(3) 再次因工致残。
2. 此表一式两份，单位、社保经办机构各一份。

表7-12　工伤保险基金支付月报表

报表日期：　　年　　月
统一社会信用代码(组织机构代码)：　　单位名称(章)：　　单位：个、人、元(保留两位小数)

项　目	甲	人数	金额		项　目		甲	人次	金额	
			本月	累计					本月	累计
支付单位个数	1	—	—		合　计		8＝9＋11＋12＋13＋14＋15			
小计	2＝3＋4＋5＋6				伤残津贴		9			
一至四级	3				其中	补养老金差额	10			
五至六级	4				一次性伤残补助金		11			
七至十级	5				护理费		12			
因工死亡	6				丧葬补助金		13			
其中 直接死亡	7				一次性工亡补助金		14			
					供养亲属抚恤金		15			

单位负责人：　　　填报人：　　　联系电话：　　　填报日期：　年　月　日

注　解

1. 此表一式两份，单位、社保经办机构各一份。
2. 各项工伤保险待遇金额指达到致残等级人员须经社保经办机构核准的各项待遇。

> 3. 平衡关系：2栏＝3＋4＋5＋6栏，8栏＝9＋11＋12＋13＋14＋15栏，8栏＝2＋15栏(人数和人次除外)。
> 4. 1栏的人数填报支付单位个数。

② 再次工伤。

参保单位的工伤人员再次发生工伤后，参保单位须持劳动能力鉴定机构鉴定的新伤害部位的"劳动能力鉴定结论或确认结论"和多次伤残综合评定的"劳动能力鉴定结论或确认结论""工伤证""职工工伤信息变更表"报送到工伤支付部。工伤支付部变更伤残等级并核准待遇后须打印"一至十级工伤职工待遇核准表"。参保单位按照变更后的工伤待遇填入"工伤保险基金支付月报表"并报送支付部。

③ 工亡人员的供养亲属待遇的变更。

参保单位一至四级的工伤人员因故死亡后，对工伤人员有符合工伤保险规定享受供养直系亲属抚恤金的，用人单位须携带工伤人员的死亡证明、供养直系亲属的相关证明材料、"工伤职工供养亲属信息变更表"到工伤支付部办理待遇变更手续。工伤支付部依据单位填报信息进行审核后将其录入系统，并核准供养亲属人员待遇，打印"因工死亡职工工伤待遇核准表"，同时做工伤人员享受待遇的信息变更处理。参保单位按照变更后的工伤待遇填入"工伤保险基金支付月报表"并报送支付部。

④ 工伤人员退休。

一至四级的工伤人员，达到退休年龄办理退休手续后，参保单位将审批退休的证明材料报送所属工伤支付部。工伤支付部核准后对工伤人员支付信息做变更处理。工伤人员的退休基本养老金低于伤残津贴的，差额部分由工伤保险基金支付。参保单位将差额部分填入"工伤保险基金支付月报表"并报送支付部。

4. 月报支付

(1) 正常月报。

① 参保单位、社保所每月将工伤职工享受的一次性伤残补助金、伤残津贴、生活护理费或一次性工亡补助金、丧葬费、供养亲属抚恤金及鉴定申请人垫付的劳动能力鉴定费填入"工伤保险基金支付月报表"，报送所属区(县)社保经办机构业务岗。

② 区(县)社保经办机构业务人员与系统生成的"支付月报表"核对无误后，转财务岗。同时对支付月报进行汇总，填写"工伤保险基金支付月报汇总表"(一般样式如表7-13所示)，审核无误后，报送统筹区的社保经办机构工伤科。

③ 统筹区的社保经办机构工伤科收到区(县)社保经办机构报送的"工伤保险基金支付月报汇总表"及数据后，将数据读入系统，经审核无误后将"工伤保险基金支付月报汇总表"转财务科。财务科然后报送到市财政局。市财政局将支付参保单位工伤职工的工伤保险基金拨付到区(县)财政局，区(县)财政局再拨付到区(县)社保经办机构。区(县)社保经办机构最后拨付到参保单位或社保所。

(2) 补支月报。

参保单位进行月报外支付申报时，只需将伤残津贴、护理费、供养亲属抚恤金待遇、农民工一次性领取长期工伤保险待遇填入"工伤保险基金月报外支付明细表"及"工伤保险基金月报外支付汇总表"(一般样式如表7-14所示)，其他的支付项目填入"工伤保险基金支付月报表"。

表 7-13　工伤保险基金支付月报汇总表

报表日期：　　　　年　　月
社保经办机构名称(章)：　　　　　　　　　　单位：个、人、元(保留两位小数)

项　目	甲	人数	金额		项　目	甲	人次	金额	
			本月	累计				本月	累计
支付单位个数	1				合　计	8=9+11 +12+13 +14+15			
小　计	2=3+4 +5+6				伤残津贴	9			
一至四级	3				其中　补养老金差额	10			
五至六级	4				一次性伤残补助金	11			
七至十级	5				护理费	12			
因工死亡	6				丧葬补助金	13			
其中　直接死亡	7				一次性工亡补助金	14			
					供养亲属抚恤金	15			

单位负责人：　　　　填报人：　　　　联系电话：　　　　填报日期：　　年　月　日

注　解

1. 此表是本月所有"工伤保险基金支付月报表"的汇总。
2. 平衡关系：2栏=3+4+5+6栏，8栏=9+11+12+13+14+15栏，8栏=2+15栏(人数和人次除外)。
3. 1栏的人数填报支付单位个数。

表 7-14　工伤保险基金月报外支付汇总表

报表日期：　　　　年　　月
统一社会信用代码(组织机构代码)：　　　单位名称(章)：　　　单位：人、元(保留两位小数)

组织机构代码	单位名称	月报外支付工伤保险待遇金额													
		合　计		伤残津贴		护理费		供养亲属抚恤金		一次性领取长期待遇					
										小　计		一至四级长期待遇		供养亲属长期待遇	
		人次	金额	人次	金额	人次	金额	人次	金额	人次	金额	人次	金额	人次	金额
1	2	3=5+7 +9+11	4=6+8 +10+12	5	6	7	8	9	10	11=13 +15	12=14 +16	13	14	15	16

(续表)

组织机构代码	单位名称	月报外支付工伤保险待遇金额													
		合计		伤残津贴		护理费		供养亲属抚恤金		一次性领取长期待遇					
										小计		一至四级长期待遇		供养亲属长期待遇	
		人次	金额	人次	金额	人次	金额	人次	金额	人次	金额	人次	金额	人次	金额
合计															

单位负责人：　　　　填报人：　　　　联系电话：　　　　填报日期：　　年　　月　　日

注 解

1. 此表参保单位填报时一式两份，单位、社保经办机构各一份；
2. 此表单位填报时为"工伤保险基金月报外支付明细表"的汇总。

参保单位把填写后的报表报送到所属区（县）社保经办机构业务岗，区（县）社保经办机构业务人员与系统生成的"补支表"核对无误后转财务岗。同时，将汇总后的"工伤保险基金参保单位补支汇总表"经审核后报送统筹区的社保经办机构工伤科。

参保单位有下列情况之一的，可补支工伤保险待遇。

① 工伤职工在享受工伤保险待遇期间，参保单位发生欠缴的，欠费期间工伤保险基金停止支付其用人单位享受工伤保险人员的待遇。待参保单位足额补缴工伤保险费后，再予补支。

② 用人单位的工伤人员应从劳动鉴定委员会鉴定伤残等级时间的次月起享受工伤保险待遇。如因特殊原因未能及时申报支付工伤人员工伤保险待遇的单位，需工伤保险待遇的补支。

③ 因伤残津贴、护理费、供养亲属抚恤金待遇调整，从调整之月起补支工伤待遇的调整金额。

④ 因上年社会平均工资调整，对伤残津贴、护理费、供养亲属抚恤金的增加额需补支。

若参保单位因未及时申报终止工伤人员工伤保险待遇的，应退回多领取的工伤保险待遇，由单位填写"工伤保险基金月报外支付明细表"并附说明材料，报送所属工伤支付部，作为退回多领取的工伤保险待遇的依据。

工伤职工待遇支付整个业务流程如图7-1所示。

7.1.3 技能要求

（1）面对复杂的工伤情况，能够判断并确定待遇的支付标准。

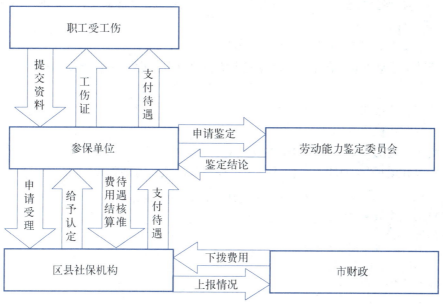

图 7-1 工伤职工支付业务流程图

(2) 能够搜集材料、整理相关材料和进行相应的业务报销、填报和汇总。
(3) 掌握支付业务中各种业务表格的指标内涵,并能根据社保软件进行基本的填写。

7.1.4 实训环境

(1) 工伤事故发生情景和相关资料。
(2) 社保软件。
(3) 支付业务的各种表格。

7.1.5 岗位名称

(1) 登记岗:增减、变更、转移等业务。
(2) 支付岗:支付。
(3) 财务岗:支付业务的确定和清算的审核与确定。

模块 7.2 业务演示与讲解

小吕是北京××区×××刀具厂的一名农民工,在武汉为公司跑业务时出了车祸,属于工伤,肋骨和腿骨多处骨折,在武汉一个医院住了半个月后回到北京,但目前还不能上班,在接受康复治疗。这期间所发生的费用都是小吕自己垫付的。请问如何给小吕办理工伤证呢?

7.2.1 工伤认定申请

第一步:小吕首先应把与工伤相关的材料交给刀具厂的社保业务负责人,由他代理小吕去××区的社保经办机构工伤支付部门提出申请。在相关材料中,一定要有小吕本人身份证及其复印件。

第二步:该厂的社保业务负责人需要搜集备齐以下资料。

- 劳动关系证明(劳动合同复印件或工资报酬领取证明即工资条复印件或工友书面证明等)。
- 医院诊断证明。
- 企业营业执照复印件。
- 受伤经过的 Word 文档的简述报盘。
- 领取并填写"企业职工工伤认定申请表"(具体填写方式如表 7-15 所示)。

表 7-15　企业职工工伤认定申请表

申请人:×××刀具厂
受伤职工:吕××
申请人与受伤害职工的关系:雇佣关系
申请人地址:××区××街××号
邮政编码:100×××
联系电话:×××××××
填表日期:2020 年 7 月 10 日

职工姓名	吕××	性别	男	出生年月	1986 年 12 月 26 日
公民身份号码	××××××××××××××××××				
工作单位	×××刀具厂				
联系电话	×××××××××				
职业、工种或工作岗位	业务员	参加工作时间	2007 年 11 月	申请工伤或视同工伤	申请工伤
事故时间	2020 年 5 月 16 日	诊断时间	2020 年 5 月 16 日	伤害部位或疾病名称	肋骨和腿骨骨折
接触职业病危害时间		接触职业病危害岗位		职业病名称	
家庭详细地址	河北省××市×××乡××村				

受害经过简述(可附页):
　　吕××是北京××区×××刀具厂的一名业务员,2020 年 5 月 16 日,他在武汉骑电动自行车出去为公司联系销售业务。由于路上有积水,电动自行车车轮打滑,导致他摔倒并被移动的电动自行车拉行了一段距离。身体有多处擦伤,同时左肋骨和左小腿骨折。当时被旁边的人叫救护车送到武汉医院进行治疗。

受伤害职工或亲属意见:
　　要求按工伤处理,情况属实!

签字:许××
2020 年 5 月 20 日

(续表)

用人单位意见： 　　同意申请工伤,以上情况属实!	
	法定代表人签字：××× 印章 2020 年 5 月 20 日
劳动保障行政部门审查资料情况和受理意见： 　　事实清楚,资料齐全,同意受理!	××社保局工伤保险处 2020 年 5 月 20 日
备注：	

第三步：受理。

工伤支付部受理工伤认定申请后,根据所提供的资料,特别是医院的诊断证明对事故伤害进行调查核实。

工伤支付部经审核认定工伤后,通知该厂的社保业务负责人来领取小吕的"工伤认定决定书"(具体内容如表 7-16 所示)和工伤证。

表 7-16　工伤认定决定书

编号：××××××

姓　　名	吕××	性别	男	出生年月	1986 年 12 月 26 日
公民身份号码	××××××××××××××××××				
受伤时用人单位	×××刀具厂				
工种(职业)	业务员		发生事故时间		2020 年 5 月 16 日
申请时间	2020 年 5 月 22 日		申请人		×××刀具厂
伤害情况： 　　吕××是北京××区×××刀具厂的一名业务员,2020 年 5 月 16 日,他在武汉骑电动自行车出去为公司联系销售业务。由于路上有积水,电动自行车车轮打滑,导致他摔倒并被移动的电动自行车拉行了一段距离。身体有多处擦伤,同时左肋骨和左小腿骨折。当时被旁边的人叫救护车送到武汉医院进行治疗。					
诊断结论：左肋骨轻度骨折,左小腿骨折!					
依据《工伤保险条例》,吕××因"在工作时间和工作场所内,因工作原因受到事故伤害",按照规定,符合工伤认定范围,认定为工伤。 　　如对本工伤认定结论不服,可以在收到本工伤认定之日起 60 日内依法向本级人民政府或上一级劳动保障行政部门提出行政复议。 　　　　　　　　　　　　　　　　　　　　　　　　　　　　(工伤认定专用章) 　　　　　　　　　　　　　　　　　　　　　　　　　　　　日期：2020 年 5 月 22 日 　　　　　　　　　　　　　　　　　　　　　　　　　　　　　　签收人：×××					

第四步：费用结算。

7.2.2 医疗费申报

参保单位在为职工领取到工伤证后,可携带工伤职工门诊、急诊、急诊留观、住院由单位或个人垫付及外埠就医的医药费向保险科的支付部进行申报。

(1) 工伤职工门诊、急诊、急诊留观及外埠就医的医药费报销由参保单位持工伤职工的医药费单据,先到区(县)社保经办机构开具"工伤保险足额缴费证明",然后到所属区(县)医保经办机构进行审核。

(2) 区(县)医保经办机构将审核结算的"支付医疗费用通知单"和支付信息传递给区(县)社保经办机构业务岗,区(县)社保经办机构业务人员将支付信息录入工伤保险支付系统,与"支付医疗费用通知单"的支付数据进行核对无误后,生成"工伤保险基金支付月报表"并签字后转财务岗,财务人员按照"工伤保险基金支付月报表"上的金额支付到工伤职工所在的参保单位。

模块 7.3　业务实训与演练

7.3.1　业务训练(一)

> 北京一名高校的实习生和一名退休的工人共同在一家企业工作。若一切顺利的话,实习生毕业后可能来此企业成为一名正式的职工,由于目前没有毕业,就以实习生的身份进行学习和工作。退休工人是厂里退下来的老师傅,由于拥有独特的专业技能在退休后又被返聘回企业指导新来的实习生。一天,实习生误操作机器导致双腿被截肢,师傅也因救他而手臂深层组织受灼伤。事故发生后,企业的负责人查找相关条例,发现北京市的《工伤保险条例》办法规定:"工伤认定申请有下列情形之一的,不予受理:(二)受伤害人员是用人单位聘用的离退休人员或者超过法定退休年龄的。"而国家的《工伤保险条例》规定:"本条例所称职工,是指与用人单位存在劳动关系(包括事实劳动关系)的各种用工形式、各种用工期限的劳动者。"现请你思考:两者应受到何种补偿?如何获得这种补偿?从中给予我们的启示是什么?

7.3.2　业务训练(二)

> 某公司的小梁为公事出差而发生车祸,造成右腿粉碎性骨折,他要求单位的社会保险业务的经办人员给他申请工伤,但用人单位的业务经办人说每年公司员工中只有一名员工可以申请工伤,而在不久前公司一名副总已经享受了这一名额,所以小梁就没有机会申请工伤。小梁很奇怪:工伤申请有名额限制吗?若公司坚持不给申请,小梁该怎么办?

7.3.3　业务训练(三)

小陈在央属机关工作,属于正式在编人员,此用人单位女职工较多,尤其是办公室部门。因为小陈年轻,每次办公室搬运东西小陈都会积极主动去搬。2020年4月,该单位分发员工的福利品,小陈又去帮忙,结果由于东西太多,在搬运过程中小陈被砸伤了脑袋,并有轻微的脑震荡。小陈这种情况能算工伤吗?能否申请工伤认定?

7.3.4　业务训练(四)

老马为一北京私企的员工,有一正在上初中的14岁的女儿,老马的爱人是家庭主妇,没有正式的工作。老马这一段时间身体一直不好,就请病假在家休息了一周。周五他打电话给人事说他下周一正式上班。人事同意了他的决定,并把代替他的一名临时工辞退。周一,老马乘公交车上班,到单位门口时,由于不小心绊了一下,老马就栽倒了,倒下后就再也没有醒来。等到救护车到时老马已经因心脏病突发而去世。老马的去世给他的家庭带来了沉重的打击,请问老马的家属能否得到工伤待遇?若能得到,他们如何得到?能得到多少?

项目 8

医疗保险之生育保险待遇支付

学习内容

模块 8.1　知识要点的回顾
模块 8.2　业务演示与讲解
模块 8.3　业务实训与演练

实训目标

本项目是医疗保险支付业务中的生育保险待遇支付部分,主要内容为对符合领取生育保险待遇的申请人员进行资格审核、待遇确定和待遇支付。该业务由用人单位和医保经办机构共同完成,因此票据的收集、申请表的填写、费用单据的审核和最终待遇的支付都是环环相扣的,每个业务经办人员都需要在整个工作过程中专业、认真负责。

学习本项目能够:
- 了解生育保险待遇支付人员的主要业务职责;
- 掌握生育保险待遇支付的政策规定;
- 根据情景处理生育保险待遇支付业务、填写相应的表格和办理相关手续。

工作任务

1. 任务导入

小姜是北京一家私营企业的职员,她和丈夫都是北京市城镇职工,企业给他们正常参保,2019 年 10 月小姜怀孕,由于属于高龄产妇,并且妊娠反应非常厉害,所以自从 2020 年元旦后她就一直没上班,处于病休状态。2020 年 4 月她请假离开北京到四川某市待产,因为她的公公是该市的一个三级医院的负责人,她在那里生产可以得到很好的照顾。2020年7月4日,她在公公负责的这家医院顺产一个男孩。满月后,即2020年8月6日,她与孩子回到北京,她查看了公公交给自己的医疗费用单据,发现门、急诊加住院,各种费用加在一起有两万多块,小姜想知道自己在外地发生的生育费用在北京能否报销?如何报销?若能报销将能报多少?若你是小姜企业的社保业务负责人,如何解答她的这些问题?

2. 任务分析

(1) 生育保险待遇的规定:生育保险待遇的规定与一般医疗保险待遇的规定既有联系而又有不同,后者在政策操作上相对简单。

(2) 业务关系的思考:参保单位、生育的女职工与医保经办机构的支付部门之间的责任分工。参保单位负责申报工作,并支付相应的费用。医保经办机构则要办理生育保险登记,并负责保存职工享受生育保险待遇情况的记录;按照规定管理生育保险基金的支出。

(3) 业务流程的要求:参保职工要熟悉申报流程,根据政策规定熟悉业务表格的填写。

模块 8.1 知识要点的回顾

8.1.1 政策知识的回顾

1. 国家规定

(1) 生育津贴与医疗费用。

我国生育保险待遇主要包括两项:一是生育津贴,用于保障女职工产假期间的基本生活需要;二是生育医疗待遇,用于保障女职工怀孕、分娩期间以及职工实施节育手术时的基本医疗保健需要。

生育保险待遇的主要法律依据是:1994年7月5日颁布的《中华人民共和国劳动法》;原劳动部于1994年12月14日发布的《企业职工生育保险试行办法》(劳部发〔1994〕504号);2011年7月开始实施的《社会保险法》的生育保险部分。相关的规定还有:1988年7月21日颁布的《女职工劳动保护规定》(国务院令第9号);原劳动部于1988年9月4日发布的《关于女职工生育待遇若干问题的通知》(劳险字〔1988〕2号)。2017年1月国务院办公厅印发《生育保险和职工基本医疗保险合并实施试点方案》(国办发〔2017〕6号),明确了保留险种、待遇不降和统一管理的改革思路。同年6月,国家启动了生育保险和医疗保险合并实施的试点,同时要求未纳入试点地区不得自行开展试点工作。试点内容实行"四统一、一不变",即统一参保登记、统一基金征缴和管理、统一医疗服务管理、统一经办和信息服务,职工生育期间生育保险待遇不变。2019年3月,国务院办公厅印发了《关于全面推进生育保险和职工基本医疗保险合并实施的意见》(国办发〔2019〕10号),开始在全国范围内推进生育保险和职工基本医疗保险的合并实施工作。该实施意见遵循了保留险种但登记统一、同一征缴基数,缴费比例为合并前两险种之和,合并前不缴纳生育保险的灵活就业人员或自由职业者按原职工基本医疗保险费率确定。在待遇保障方面,生育津贴和医疗费均从职工基本医疗保险基金中支付,待遇标准不变。

依据《企业职工生育保险试行办法》规定:女职工生育期间的生育津贴和医疗费由生育保险基金支付。其中,津贴的标准是按照职工所在单位上年度职工月平均工资计发,其期限不少于3个月。部分地区对晚婚、晚育的职业妇女实行适当延长生育津贴支付期限的鼓励政策。还有的地区对参加生育保险的企业中男职工的配偶给予一次性津贴补助。

目前各地区的城镇生育女职工若符合国家计划生育政策,生育医疗费用一种是采取国家规定的方式实报实销,生育津贴按照本企业上年度职工月平均工资计发,另一种是固定标准,即根据不同的生产状况支付相对确定的费用,超出部分自付。

女职工生育出院后,因生育引起疾病的医疗费原由生育保险基金支付,现均从职工基本医疗保险基金支出;其他疾病的医疗费按照医疗保险待遇的规定办理。女职工产假期满后,因病需要休息治疗的,按照有关病假待遇和医疗保险待遇规定办理。

(2)产假与哺乳时间。

《女职工劳动保护规定》规定:女职工产假为90天,其中产前休假15天。难产的,增加产假15天。多胞胎生育的,每多生育一个婴儿,增加产假15天,有些地方晚婚晚育还有奖励假期。

依据《关于女职工生育待遇若干问题的通知》,女职工怀孕不满4个月流产时,应当根据医务部门的意见,给予15天至30天的产假;怀孕满4个月以上流产时,给予42天产假。产假期间,工资照发。晚婚、晚育的职工给予奖励政策:

有不满一周岁婴儿的女职工,其所在单位应当在每班劳动时间内给予其两次哺乳(含人工喂养)时间,每次30分钟。多胞胎生育的,每多哺乳一个婴儿,每次哺乳时间增加30分钟。女职工每班劳动时间内的两次哺乳时间,可以合并使用。哺乳时间和在本单位内哺乳往返途中的时间,算作劳动时间。

2. 地方的规定(以北京为例)

依据《北京市企业职工生育保险规定》(市政府154号令),生育保险待遇支付的内容有如下两个方面。

(1)生育津贴与医疗费用。

① 生育津贴。

职工领取的生育津贴,应当计入本人当期的工资总额收入。生育津贴按照女职工本人生育当月的缴费基数除以30再乘以产假天数计算。生育津贴为女职工产假期间的工资,生育津贴低于本人工资标准的,差额部分由企业补足。用人单位为职工领取生育津贴后,应当按月全额发给个人,其中生育津贴高于产假期间本人工资标准的,用人单位不得克扣。生育津贴、生育医疗费或其他属于生育保险性质的津贴、补贴,免征个人所得税。

女职工享受晚育奖励假的,生育津贴按女职工缴费基数计算,由医保经办机构通过女职工单位支付给个人;男职工享受晚育奖励假的,其奖励假的津贴按男职工缴费基数计算,由医保经办机构通过男职工单位或女职工单位支付给个人。男职工享受的晚育奖励假津贴为本人同期休假的工资,其晚育奖励假津贴低于本人工资标准的,差额部分由男职工单位负责补足。

② 医疗费用。

生育过程中发生的医疗费用,采取按限额、定额、项目付费的方式支付。

第一,计划生育范围内的医疗费用支付范围。

- 药品目录、诊疗项目、医疗服务设施支付范围。生育医疗费用执行北京市生育保险药品目录、诊疗项目、医疗服务设施范围和支付标准的有关规定。其中,基本医疗保险规定个人先部分负担的费用,生育保险全额纳入报销范围。
- 生育的医疗费用支付范围。产前检查的医疗费用按照限额方式支付;分娩的医疗费用如自然分娩、人工干预分娩、剖宫产,按照定额标准支付。出现严重并发症的医疗费用,按照项目付费方式支付。

第二,计划生育的医疗费用支付范围。

职工因实行计划生育需要,实施放置(取出)宫内节育器、流产术、引产术、绝育及复通手术发生的医疗费用,在门诊发生的按照规定的限额方式支付,实际发生费用高于限额标准的,按限额标准支付;低于限额标准的,按实际发生费用支付;住院发生的按照定额标准支付;若是计划生育复通手术,宫内节育器嵌顿、断裂、变形、异位或在绝经1年后实施的取出宫内节育器手术的住院医疗费用,生育保险基金按项目付费方式支付。

③ 费用报销。

女职工在终止妊娠后将产前检查费用单据一次性交单位,由用人单位负责到医保经办机构办理报销手续。在外地发生的生育、计划生育手术医疗费用由所在单位负责到医保经办机构办理报销手续,报销标准按照正常生育保险医疗费用的支付范围及标准执行。

职工孕期治疗各种疾病发生的医疗费用,符合基本医疗保险规定的由基本医疗保险基金支付,生育保险不予支付。

职工的生育、计划生育手术医疗费用及生育津贴,用人单位要及时到医保经办机构办理申报手续。用人单位应当提交职工的医保卡或医保手册、生育服务证或结婚证和北京市外地来京人员生育服务联系单,以及定点医疗机构出具的婴儿出生、死亡或者流产证明、计划生育手术证明和原始收费凭证、医疗费用明细单、处方;职工要求享受晚育奖励假津贴的,需按规定提交该职工第一个子女的"北京市生育登记服务单"等有关证明。

按照企业职工生育保险规定应当参保的职工,用人单位未按规定及时为职工办理参保手续或未足额缴纳费用的,职工享受生育保险待遇的有关费用由用人单位支付,用人单位支付标准不得低于本市企业职工生育保险规定的标准。

参加基本医疗保险的个人委托存档人员,发生的计划生育手术医疗费用,按照基本医疗保险规定由基本医疗保险基金支付。

目前未纳入北京市企业职工生育保险参保范围的职工和退休人员的生育待遇,在用人单位的医疗机构或者指定的医疗机构检查和分娩时,其检查费、接生费、手术费、住院费和药费由所在单位负担,费用由原医疗经费渠道开支。

依据2020年4月14日北京市医疗保障局发布的《关于调整本市职工生育保险政策有关问题的通知》(京医保发〔2020〕16号)的规定,自2020年5月5日起,北京市生育医疗费用的报销标准如下:

- 产前检查支付标准。

自确定妊娠至终止妊娠,发生的产前检查费用按限额标准支付3 000元。低于限额标准的按实际发生的费用支付;高于限额标准的,按限额标准支付。

- 住院分娩定额支付标准。

自然分娩的医疗费:三级医院5 000元、二级医院4 800元、一级医院4 750元(剖宫产术后再次妊娠阴道试产且采取椎管内分娩镇痛,定额支付标准在各级医院"自然分娩"定额标准的基础上分别增加1 000元)。

人工干预分娩的医疗费:三级医院5 200元、二级医院5 000元、一级医院4 950元。

剖宫产手术的医疗费:三级医院5 800元、二级医院5 600元、一级医院5 550元。

- 计划生育支付标准。

门诊计划生育不分医院等级,执行以下限额支付标准:

门诊人工流产手术医疗费777元,门诊高危人工流产手术医疗费859元,门诊药物流产医疗费560元,门诊输卵管药物粘堵术医疗费2 127元,门诊输精管结扎术医疗费1 988元,门诊输精管药物粘堵术医疗费2 093元,门诊宫内节育器放置术医疗费900元,门诊宫内节育器取出术医疗费832元,门诊宫内节育器取出术加宫内节育器放置术医疗费1 186元,门诊人工流产手术同时宫内节育器取出术医疗费982元,门诊人工流产手术同时宫内节育器放置术医疗费1 171元,门诊人工流产手术同时宫内节育器取出术加宫内节育器放置术医疗费1 320元,门诊高危人工流产手术同时宫内节育器取出术医疗费1 131元,门诊高危人工流产手术同时宫内节育器放置术医疗费1 198元,门诊高危人工流产手术同时宫内节育器取出术加宫内节育器放置术医疗费1 510元。

- 住院计划生育按医院等级执行以下定额支付标准。

住院人工流产手术医疗费:三级医院1 695元、二级医院1 575元、一级医院1 545元;住院高危人工流产手术医疗费:三级医院1 885元、二级医院1 765元、一级医院1 735元;住院人工流产手术加输卵管结扎术医疗费:三级医院2 547元、二级医院2 347元、一级医院2 297元;住院高危人工流产术加输卵管结扎术医疗费:三级医院2 628元、二级医院2 428元、一级医院2 378元;住院输卵管结扎术医疗费:三级医院2 357元、二级医院2 157元、一级医院2 107元;住院人工流产手术同时宫内节育器取出术医疗费:三级医院1 954元、二级医院1 834元、一级医院1 804元;住院人工流产手术同时宫内节育器放置术医疗费:三级医院2 021元、二级医院1 901元、一级医院1 871元;住院人工流产手术同时宫内节育器取出术加宫内节育器放置术医疗费:三级医院2 103元、二级医院1 983元、一级医院1 953元;住院高危人工流产手术同时宫内节育器取出术加宫内节育器放置术医疗费:三级医院2 293元、二级医院2 173元、一级医院2 143元;符合计划生育规定因母婴原因需终止妊娠的中期引产术医疗费:三级医院3 593元、二级医院3 393元、一级医院3 343元。

(2) 产假。

2012年4月28日以前,产假时间按自然天数计算。女职工妊娠不满12周(含)流产的产假为15天;12周以上16周(含)以内流产的产假为30天;16周以上28周(含)以内流产的产假为42天。怀孕28周以上终止妊娠的享受正常生育产假90天,其中包括产前休假15天。女职工正常生育的产假为90天。自2012年4月28日以后至2016年3月23日之间,依据国务院审议并原则通过的《女职工劳动保护特别规定(草案)》,将女职工生育享受的产假由90天延长至98天,产前15天,产后83天,生育津贴可按98天领取。难产(指女职工生育时采用产钳助产、胎吸、剖宫生育的)的增加15天,多胞胎生育的每多生育1个婴儿增加 15 天,晚育的增加 30 天,增加的产假天数累加计算。依据《北京市人口与计划生育条例》规定的晚育奖励假由夫妻双方一方享受。2016 年 5 月 24 日,北京市人力资源和社会保障局、北京市卫生和计划生育委员会发布了《关于调整本市职工生育保险相关政策的通知》(京人社医发〔2016〕99 号),自 2016 年 3 月 24 日起生育的按以下规定实施:根据新修订的《北京市人口与计划生育条例》增加生育奖励假 30 天,取消晚育假 30 天的规定,北京市参加生育保险人员按规定生育的,增加享受生育奖励假 30 天的生育津贴,取消晚育假 30 天的生育津贴。其享受的国家规定的产假和生育奖励假期间的工资,由生育保险基金按照生育津贴支付标准支付。参保人员在 2016 年 1 月 1 日后生育,且在通知印发前按原规定已领取晚育假的生育津贴的,不再享受生育奖励假的生育津贴。晚育假的生育津贴和生育奖励假的生育津贴不应同时享受。

8.1.2 业务操作流程

1. 北京市生育登记服务单的办法

育龄夫妻达到晚育年龄的,可以自行选择生育第一个子女的最佳孕期,但应当在怀孕前或怀孕后 3 个月内办理生育服务单。若育龄计划生育规定生育第二个子女情况的,应当在怀孕前申请办理生育第二个子女的生育服务单。

2. 生育津贴

第一步:提供资料。

参保女职工在生育或者引、流产后,提供"北京市生育登记服务单",定点医疗机构出具的婴儿出生证明或者女职工的引、流产证明,医学诊断证明书及以上材料的复印件给单位社会保险业务经办人。其中,已婚职工申领流产、引产产假期间的生育津贴时,未领取"北京市生育登记服务单"的,还应携带结婚证原件及复印件。

第二步:申报。

参保单位携带职工所提供的证明材料,填写"北京市申领生育津贴人员信息登记表"(具体样式如表 8-1 所示)报送到生育支付部业务岗。

若符合享受晚育奖励津贴条件的,夫妻双方应在"生育保险申领待遇职工登记表"中选择享受晚育奖励津贴的对象,且夫妻双方签字确认。若夫妻双方均参保的,由女方单位填,加盖男方所在单位的公章。若男方享受晚育奖励津贴,需携带女职工的结婚证及其复印件,晚育奖励津贴支付给女方单位。若女方未参保,男方参保,由男方单位填报表一式两份,携带资料申领晚育奖励津贴的手续。

若女职工生育基本信息发生改变,并影响其已享受的生育津贴,参保单位须携带其相关的证明材料,并填写"北京市生育保险申领待遇职工信息变更表"报送到生育支付部。

表 8-1 北京市申领生育津贴人员信息登记表

申领单位统一社会信用代码(组织机构代码):　　　　　　申领单位名称(章):

申领人公民身份号码		姓名		性别	
配偶证件类别	( )居民身份证　　( )港澳台证　　( )护照　　( )军官证				
配偶证件号码		配偶姓名			

(续表)

	引、流产类	发生引、流产日期		终止妊娠前的怀孕周数	
分娩类	分娩日期		生育类别	( )正常产	( )难产
	计划生育证明材料类别		( )计生证 ( )联系单 ( )服务单		
	北京市生育登记服务单编号				
	北京市再生育确认服务单编号				
	流动人口生育登记服务单编号				
	流动人口再生育确认服务单编号				
	生育胎儿数		包含产前15天(0~15)		天
	产假包含30天奖励假(0~30)				天
产假终止原因		( )正常到期 ( )退休 ( )死亡 ( )其他			
产假提前终止日期			申领人自愿选择	( )银行代发 ( )单位发放	
申领人声明 以上所填写申报内容为本人真实情况,不存在虚假陈述。 申领人签字: 年 月 日					
申领单位联系电话			申领单位邮编		
申领单位地址					
备注说明			生育津贴次序号		

单位负责人: 填报人: 填报日期: 年   月   日

注　解

1. 在( )中划√进行选择。
2. 在分娩时采用产钳助产、胎吸、剖宫分娩的,在生育类别中选难产。
3. 选择退休、死亡、其他产假终止原因的,应填写产假提前终止日期。
4. 生育津贴次序号由医保经办机构经办人员填写。
5. 引、流产或2016年1月1日以后分娩的申领人员填写此表,此日期前分娩的人员,请填写原登记表格。
6. 此表不可用于同时以引、流产和分娩原因申领生育津贴。
7. 包含产前15天:按分娩前实际休假天数填写,未休假填写"0",最多不超过15天。
8. 产假包含30天奖励假:按分娩后实际休假天数填写,未休假填写"0",最多不超过30天。
9. 备注栏注明未说明的其他情况。
10. 此表一式二份,单位、医保经办机构各一份。

附旧版本的津贴人员信息登记表生育:

申领生育津贴次序号：
统一社会信用代码(组织机构代码)：　　　　　　　　单位名称(章)：

申领人公民身份号码		姓名		性别	
配偶证件类别	（　）居民身份证　（　）港澳台证　（　）护照				
配偶证件号码			配偶姓名		
配偶出生日期		生育/引、流产日期		终止妊娠前的怀孕周数	
本次生育胎儿数		生育类别	（　）正常产　（　）难产　（　）引、流产		
产假终止原因	（　）正常到期　（　）退休　（　）死亡　（　）其他				
是否为晚育	（　）是　（　）否		产假终止日期		
申领晚育津贴人公民身份号码			申领晚育津贴人员姓名		
申领人开户姓名			申领人开户账号		
申领人开户银行名称			行号		
女方签字			男方签字		
女方所在单位(盖章)	年　月　日		男方所在单位(盖章)	年　月　日	
申请单位联系电话			申请单位邮编		
申请单位地址					

单位负责人：　　　　填表人：　　　　填表日期：　　　年　月　日

注　解

1. 在(　)中划√进行选择。
2. 在生育时采用产钳助产、胎吸、剖宫产生育的，在生育类别中选难产。
3. 申领晚育奖励津贴的，应夫妻双方签字确认，并加盖所在单位的公章，如果一方无单位，应在所在单位(盖章)处注明本人无单位。
4. 产假非正常到期的，应填写具体日期。
5. 女性生育时超过24周岁为晚育。
6. 生育津贴次序号由医保经办机构填写。
7. 军人配偶应填写身份号码。

第三步：审核。

生育支付部业务岗将依据材料和登记表进行审核，若审核通过，需要参保单位填写"北京市参保职工生育津贴支付月报表"(具体样式如表8-2所示)，并接受支付部审核。

表 8-2　北京市参保职工生育津贴支付月报表

年　　月

统一社会信用代码(组织机构代码)：
填报单位(盖章)：

项　目	人　数	月缴费工资基数合计	产假天数合计	金额合计
甲	1	2	3	4
合　计				
新增职工生育津贴				
变更生育津贴				

单位负责人：　　　　填报人：　　　　联系电话：　　　　填报日期：　　年　月　日

注　解

此表一式两份，用人单位、医保经办机构各一份。

第四步：支付。

审核通过后，生育支付部统一汇总填写"北京市参保职工生育津贴支付月报汇总表"(具体样式如表 8-3 所示)和"北京市生育保险医疗费支付汇总表"(具体样式如表 8-4 所示)，然后上报市医保局，接受上级审核，审核通过后将会收到财政拨款。生育支付部将在申报的次月划款给参保单位。

第五步：转交。

参保单位在收到生育支付部的划款后，再将费用付给职工。

表 8-3　北京市参保职工生育津贴支付月报汇总表

报表日期：　　　年　　月

医保经办机构名称(盖章)：　　　　　　　　　　　　　　单位：个、人、元(保留两位小数)

单位数	生育津贴合计	新增职工生育津贴				变更生育津贴	
		人数	月缴费工资基数	产假天数	金额	人次	金额
1	2=6+8	3	4	5	6	7	8

业务负责人：　　　　业务经办人：　　　　转财务日期：　　年　月　日
　　　　　　　　　　财务经办人：　　　　接收日期：　　　年　月　日

注　解

1. 此表是"北京市参保职工生育津贴支付月报表"的汇总。
2. 平衡关系：2 栏=6+8 栏。
3. 此表一式两份，医保经办机构业务、财务各一份。

表 8-4　北京市生育保险医疗费支付汇总表

报表日期：　　年　月

医保经办机构名称(章)：　　　　　　　　　　　　　　　　　　单位：个、人、元(保留两位小数)

本月支付单位个数		本月享受生育待遇人数		
项　　目		本月人次	本月金额	累计金额
合　　计	1＝2＋3＋6			
生育津贴	2			
生育医疗费	小　　计　　3＝4＋5			
	门诊医疗费　　4			
	住院医疗费　　5			
计划生育手术医疗费	6			

医保经办机构负责人：　　填报人：　　联系电话：　　填报日期：　年　月　日

注　解

1. 本表为市医保局、医保经办机构上报使用。
2. 平衡关系：1栏＝2＋3＋6栏，3栏＝4＋5栏。
3. 此表一式两份，市社保中心、医保经办机构各一份。

3. 医疗费用的支付

第一步：参保职工因生育、实施计划生育手术发生的门诊、急诊和外埠的生育医疗费用，个人先现金垫付，并将医疗费用明细、处方、原始收据及相关证明妥善保存，以便交给职工单位进行报销。

对享受生育保险待遇的参保职工，发生的应由生育保险基金支付的住院医疗费用，定点医疗机构要按生育保险的有关规定记账。应由个人支付的，定点医疗机构与参保职工直接结算；应由生育保险基金支付的，由定点医疗机构与医保经办机构的支付部结算。

第二步：按规定应由生育保险基金支付的医疗费用，由用人单位汇总后向区(县)医保经办机构申报结算。

用人单位所应携带的资料如下。

● 本市户籍人员携带"北京市生育登记服务单"，外埠户籍人员携带"北京市流动人口生育登记服务单"；符合再生育规定生育的，则分别携带"北京市再生育确认服务单"或由乡镇(街道)出具并盖章的"北京市流动人口再生育服务单"。若已婚职工申领流产、引产产假期间的生育津贴时，未领取该证的，还应携带结婚证原件及复印件。

● 定点医疗机构出具的婴儿出生证明或者女职工的引、流产证明，医学诊断证明书及复印件，若婴儿死亡的还需携带死亡证明(24小时内婴儿死亡)。

● "北京市生育保险手工报销医疗费用申报结算汇总单"。

第三步:在参保职工与定点医疗机构结算后,定点医疗机构将生育保险医疗费用信息,通过生育保险医疗费用审核结算系统上传,并将"北京市生育保险住院医疗费用结算单"、"北京市生育保险住院医疗费用清单"、"北京市生育保险住院医疗费用申报结算汇总单"和出院诊断证明等纸介材料报送区(县)医保经办机构审核结算,把"北京市生育保险住院医疗费用清单""北京市生育保险住院医疗费用结算单"交参保职工一份,定点医疗机构自己留存一份。

若住院医疗费用超过5万元的,定点医疗机构要将电子数据通过网络上传并将纸介材料报市医疗保障局审核。市医疗保障局完成审核结算,并将"北京市生育保险大额医疗费用审核单"返区(县)医保经办机构结算支付。

第四步:区(县)医保经办机构收到定点医疗机构或用人单位申报的生育保险医疗费用后,对其进行审核,审核通过后进行结算。然后区(县)医保经办机构将"北京市生育保险医疗费用支付通知单(一)"和"北京市生育保险医疗费用支付通知单(二)"交区(县)的医保险经办机构的支付部,让其以此为依据进行医疗费用的支付,分别把费用支付给申报单位和定点医疗机构;医保经办机构则把"北京市生育保险手工报销医疗费用支付明细汇总单""北京市生育保险手工报销医疗费用拒付明细汇总单"反馈给申报单位;将"北京市生育保险住院医疗费用支付明细汇总单""北京市生育保险住院医疗费用拒付明细汇总单"反馈给定点医疗机构。

第五步:用人单位在收到(区)县医保经办机构支付的医疗费用后,应在7个工作日内发给职工本人。

生育保险医疗费用报销整体的业务结算流程如图8-1所示。

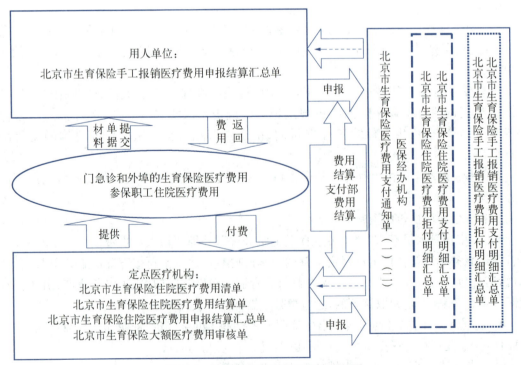

图8-1 生育保险医疗费用报销流程图

8.1.3 技能要求

（1）应用政策的能力：能够确定生育保险待遇的资格要求。
（2）能够搜集材料、整理相关材料和进行相应的业务报销。
（3）掌握支付业务中各种表格的指标内涵，并能根据社保软件进行基本的填写。

8.1.4 实训环境

（1）生育津贴和医疗费用发生的相关数据和资料。
（2）社保软件。
（3）生育支付业务的各种表格。

8.1.5 岗位名称

（1）登记岗：变更、转移等业务。
（2）支付岗：支付。
（3）财务岗：支付业务的审核与确定。

模块 8.2　业务演示与讲解

小姜是北京一家私营企业的职员，她和丈夫都是北京市城镇职工，企业给他们正常参保，2019年10月小姜怀孕，由于属于高龄产妇，并且妊娠反应非常厉害，所以自从2020年元旦后她就一直没上班，处于病休状态。2020年4月她请假离开北京到四川某市待产，因为她的公公是该市的一个三级医院的负责人，她在那里生产可以得到很好的照顾。2020年7月4日，她在公公负责的这家医院顺产一个男孩。满月后，即2020年8月6日，她与孩子回到北京，她查看了公公交给自己的医疗费用单据，发现门、急诊加住院，各种费用加在一起有两万多块，小姜想知道自己在外地发生的生育费用在北京能否报销？如何报销？若能报销将能报多少？若你是小姜企业的社保业务负责人，如何解答她的这些问题？

8.2.1 任务分析

1. 产假与哺乳时间

依据北京市生育保险的政策规定，小姜属于参保职工，2020年正常生产，故基本产假为98天，生育奖励假30天，共计128天。其中，小姜产前的假期为15天，产后假期为113天。这意味着从2020年7月4日算起，小姜还有113天的假期，即10月25日前后就需要上班，若到时身体不好不能上班则需要休病假。国庆节的7天假期也是计算在产假内的。在孩子一周岁前，她在上班时间每天有两次30分钟的哺乳时间。小姜可以中午一次性利用，即平常一点上班，她可以两点上班。

2. 生育津贴

小姜的生育津贴按照女职工本人所在单位当年的平均缴费基数除以30再乘以产假天数计算。小姜2020年所在单位的参保职工的月人均缴费基数为8 450元。

3. 医疗费用报销

小姜在异地三级医院花销了两万元多的医疗费用,依据规定在外地发生的生育、计划生育手术医疗费用由所在单位负责到医保经办机构办理报销手续,报销标准按照正常生育保险医疗费用的支付范围及标准执行。

小姜的报销标准得根据她所提供的费用单据和相关证明材料进行报销核准。

8.2.2 具体的业务流程

1. 生育津贴

参照生育保险业务操作流程进行报销。

第一步:提供资料。

小姜需要提供"北京市生育登记服务单"、医院出具的婴儿出生证明、医学诊断证明书的复印件给用人单位。

第二步:申报。

用人单位携带小姜所提供的证明材料,填写"北京市申领生育津贴人员信息登记表"报送到生育支付部业务岗。

登记表的填写方法如表 8-5 所示。

表 8-5 北京市申领生育津贴人员信息登记表

申领单位统一社会信用代码(组织机构代码):9111010590××××××××

申领单位名称(章):×××××

申领人公民身份号码	××××××××××××××××	姓名	姜×	性别	女
配偶证件类别	(√)居民身份证　　(　)港澳台证　　(　)护照　　(　)军官证					
配偶证件号码	××××××××××××××××	配偶姓名	×××(小姜丈夫的姓名)		
引、流产类	发生引、流产日期		终止妊娠前的怀孕周数		
分娩类	分娩日期	2020-07-04	生育类别	(√)正常产　　(　)难产	
	计划生育证明材料类别	(　)计生证　　(　)联系单　　(√)服务单			
	北京市生育登记服务单编号	××××××××××××××××××××			
	北京市再生育确认服务单编号					
	流动人口生育登记服务单编号					
	流动人口再生育确认服务单编号					
	生育胎儿数	1 胎	包含产前 15 天(0～15)	15	天
	产假包含 30 天奖励假(0～30)		30		天
产假终止原因	(√)正常到期　　(　)退休　　(　)死亡　　(　)其他				
产假提前终止日期		申领人自愿选择	(√)银行代发 (　)单位发放		

(续表)

申领人声明 以上所填写申报内容为本人真实情况,不存在虚假陈述。 申领人签字: 姜× 2020 年 7 月 18 日			
申领单位联系电话	0106494××××	申领单位邮编	1000××
申领单位地址	北京市朝阳区某某街5号		
备注说明		生育津贴次序号	

单位负责人:李×　　　填报人:伍×　　　填报日期:2020 年 7 月 18 日

注　解

1. 在( )中划√进行选择。
2. 在分娩时采用产钳助产、胎吸、剖宫分娩的,在生育类别中选难产。
3. 选择退休、死亡、其他产假终止原因的,应填写产假提前终止日期。
4. 生育津贴次序号由社保经办机构经办人员填写。
5. 引、流产或2016年1月1日以后分娩的申领人员填写此表,此日期前分娩的人员,请填写原登记表格。
6. 此表不可用于同时以引、流产和分娩原因申领生育津贴。
7. 包含产前15天:按分娩前实际休假天数填写,未休假填写"0",最多不超过15天。
8. 产假包含30天奖励假:按分娩后实际休假天数填写,未休假填写"0",最多不超过30天。
9. 备注栏注明未说明的其他情况。
10. 此表一式二份,单位、经办机构各一份。

第三步:审核。

生育支付部业务岗将依据材料和登记表进行审核,若审核通过,需要参保单位填写"北京市参保职工生育津贴支付月报表",并接受支付部审核。

支付月报表填写方法如表8-6所示。

表8-6　北京市参保职工生育津贴支付月报表

2020 年 8 月

统一社会信用代码(组织机构代码):
填报单位(盖章):

项　目	人　数	月缴费工资基数合计(元)	产假天数合计(天)	金额合计(元)
甲	1	2	3	4
合　计	1	8 450	128	36 050.33
新增职工生育津贴	1	8 450	128	36 053.33
变更生育津贴				

单位负责人:×××　填报人:×××　联系电话:××××××××　填报日期:2020 年 8 月 22 日

第四步：支付。

支付部审核通过后，对其进行统一汇总产生汇总表转交同级财政，同时上报接受上级审核，审核通过后将会收到财政拨款。

月报汇总表填写方法如表 8-7 所示。

表 8-7　北京市参保职工生育津贴支付月报汇总表

报表日期：　　　　年　　月

医保经办机构名称(盖章)：　　　　　　　　　　　　　　　　　　　　单位：个、人、元

单位数	生育津贴合计	新增职工生育津贴				变更生育津贴	
		人数	月缴费工资基数	产假天数	金额	人次	金额
1	2＝6＋8	3	4	5	6	7	8
1	24 750	1	6 187.5	128	24 750		

业务负责人：×××　　　　　业务经办人：××　　　转财务日期：2020 年 8 月 21 日
　　　　　　　　　　　　　　财务经办人：××　　　接收日期：2020 年 8 月 21 日

> **注　解**
>
> 1. 此表是"北京市参保职工生育津贴支付月报表"的汇总。
> 2. 平衡关系：2 栏＝6＋8 栏。
> 3. 此表一式两份，医保经办机构业务、财务各一份。

第五步：支付部将在申报的次月划款给参保单位，参保单位再将费用付给职工。

2. 医疗费用

第一步：提供材料。

小姜应把与生育有关的门、急诊和住院的医疗费用明细、处方、原始收据和相关证明材料交给本单位的医保业务负责人。

第二步：申报。

用人单位依据所提供的单据填写"北京市生育保险手工报销医疗费用申报结算汇总单"，提交区(县)的医保经办机构的医保部。

汇总单的具体填写方法如表 8-8 所示。

第三步：审核。

医保部对汇总单进行审核结算，然后打印"北京市生育保险医疗费用支付通知单"交生育支付部，让其以此为依据给参保单位的职工进行医疗费用的支付，同时反馈"北京市生育保险手工报销医疗费用支付明细汇总单"与"北京市生育保险手工报销医疗费用拒付明细汇总单"给申报单位。

通知单与明细汇总单的填写方法如表 8-9、表 8-10 和表 8-11 所示。

第四步：支付。

支付部依据通知单进行支付，参保单位在收到支付款项后再转发给小姜。

表 8-8　北京市生育保险手工报销医疗费用申报结算汇总单

单位名称：(盖章)××××　　社会保险登记证号：9111010590××××××××　　缴费区(县)：××区

单位：元

序号	患者姓名	医疗保险手册号	公民身份号码	就诊医院名称	合计	门(急)诊费用			住院费用			单据数(张)
						小计	本埠	外埠	小计	本埠	外埠	
					(1)	(2)	(3)	(4)	(5)	(6)	(7)	
1	姜×	×××××× ×××××× ××××××	×××××× ××××××	四川省×市××医院	20 000	5 000	1 000	4 000	15 000	0	15 000	30
2												
本页小计	—	—	—	—	20 000	5 000	1 000	4 000	15 000	0	15 000	30
合计	—	—	—	—	20 000	5 000	1 000	4 000	15 000	0	15 000	30

联系电话：××××××××　　　　填报人：×××　　　　　　2020 年 9 月 10 日

表 8-9　北京市生育保险医疗费用支付通知单(一)(用人单位)

医保经办机构(盖章)：××区医保部　　　　　　　　　　　　　　　　　　　　单位：元

序号	社保登记证号	单位名称	支付金额合计	生育医疗费						计划生育手术医疗费	
				小计		门(急)诊医疗费		住院医疗费			
				人次	金额	人次	金额	人次	金额	人次	金额
1	×××××× ××××××	××××	8 000	1	8 000	1	3 000	1	5 000	0	0
2											
本页小计	—	—	8 000	1	8 000	1	3 000	1	5 000	0	0
合计	—	—	8 000	1	8 000	1	3 000	1	5 000	0	0

医保经办机构经办人：××××　　医保经办机构负责人：×××　　信息传递时间：2020 年 9 月 10 日
社保经办机构经办人：×××　　　社保经办机构负责人：×××　　信息接收时间：2020 年 9 月 10 日

表 8-10　北京市生育保险手工报销医疗费用支付明细汇总单

支付时间：2020 年 9 月 10 日

单位名称：××××　　　　　社保登记证号：9111010590××××××

医保经办机构（盖章）：××区医保部　　　　　　　　　　　　单位：元

序号	姓名	医疗保险手册号	参保人员缴费区（县）	交易时期	申报总金额	基金支付金额	基金不予支付金额		
							小计	自费金额	拒付金额（明细附后）
					(1)	(2)	(3)	(4)	(5)
1	姜×	××××××××××	××区	2020.7.4	20 000	8 000	12 000	4 000	8 000
2									
本页小计	—	—	—	—	20 000	8 000	12 000	4 000	8 000
合计	—	—	—	—	20 000	8 000	12 000	4 000	8 000

审核结算签章：　　　　　　　　　　　日期：2020 年 9 月 10 日

表 8-11　北京市生育保险手工报销医疗费用拒付明细汇总单

单位名称：××××　　　　　　社保登记证号：9111010590×××××××

医保经办机构（盖章）：××区医保部　　缴费区（县）：××区

单位：元

序号	姓名	医疗保险手册号	申报总金额	拒付项目名称	拒付金额	拒付原因
1	姜×	××××××××××	20 000	门诊与住院费用	12 000	有自费和超额消费
2						
合计	—	—	—			

审核结算签章：　　　　　　　　　　　日期：2020 年 9 月 10 日

模块 8.3　业务实训与演练

　　小刘已经 29 岁，拥有北京城镇户口，在北京市一个食品加工厂上班，自身收入不是很高，后来与同在一厂工作的来自外地农村的小芳结婚，结婚时小芳 22 岁。结婚后不久小芳就怀孕了，由于担心加工厂里的化学物品伤害胎儿，小芳就辞职在家待产。10 个月后，胎儿发育较大，为了母子平安，医生建议进行剖腹产。为了让爱人少受苦，小刘花了不少钱。经过一番折腾，九斤重的宝宝顺利生产。宝宝抱回家，小刘计算了一下生孩子的费用，仅算产前检查费和分娩时的医疗费用，合计 12 845 元。自从爱人怀孕后一直不上班，家里所有的收入就是他每月 3 200 元的工资，双方父母也生活不富裕，这次生孩子几乎花掉了他们的积蓄，现在经济上较为紧张。小刘知道厂里一直以来都给自己参加生育保险，他想知道能否报销一部分？你觉得呢？生育保险政策能否帮助小刘减轻经济负担？

项目 9

医疗保险待遇支付

学习内容

模块 9.1　知识要点的回顾
模块 9.2　业务演示与讲解
模块 9.3　业务实训与演练

实训目标

本项目是社会保险支付业务中的医疗保险待遇支付部分,主要内容为对参保人员的医疗费用进行单据收集、审核和支付。由于目前医疗保险费用主要实行实时结算,因此医疗保险支付业务主要发生在医疗保障局和医院之间,用人单位所涉医保费用主要是异地就医或门、急诊等特殊情况下的手工报销。手工报销的主要流程也是费用单据收集、业务表格填写、单据和表格的审核、支付等业务,每一部分业务都填写相对应的业务表格,所以各业务之间的关联性非常强,每个参保人员发生诊疗费用的情况又复杂多样,这就要求业务办理人员在工作过程中要具备医学专业知识,认真、细心、耐心和负责。

学习本项目能够:
- 了解医疗保险待遇支付人员的主要业务职责;
- 掌握医疗保险待遇支付的政策规定;
- 根据情景处理医疗保险待遇支付业务、填写相应的表格和办理相关手续。

工作任务

1. 任务导入

老邵为北京某国有企业的部门负责人,到 2020 年 9 月就满 60 周岁,可以办理退休,老邵最近几年身体一直不太好,本人也在2020年8月向单位申请退休。就在单位的社会保险业务经办人正在为老邵办理退休手续时,老邵中风了。老邵在门诊诊断后,马上办了住院手续,在医院共住了三个月,准备出院时老邵的家人去查看了医疗费用,查出共计花费85 670元,其中门诊费用为3 600元,在住院费用中自费药为3 500元,分类半自费药费为2 000元。在老邵看病期间,老邵的家人积攒了一堆费用发生的单据,医生告诉老邵的家人好好保存这些费用单据,等到出院结算后可以拿到老邵单位去报销。若你是老邵的医疗报销顾问,该如何处理老邵这次医疗费用报销?

2. 任务分析

(1) 医疗保险待遇支付的基本规定:确定老邵能够享受的待遇。

(2) 参保人员发生医疗费用后如何进行医药费用的报销:参保人员、参保单位社保业务负责人、医疗保障局的医疗保险支付部门之间的各种责任分工。

模块9.1　知识要点的回顾

9.1.1　待遇支付的相关规定

1. 统筹基金的规定

依据《国务院关于建立城镇职工基本医疗保险制度的决定》(国发〔1998〕44号),基本医疗保险原则上以地级以上行政区(包括地、市、州、盟)为统筹单位,也可以县或市为统筹单位,北京、天津、上海3个直辖市原则上在全市范围内实行统筹。所有用人单位及其职工都要按照属地管理原则参加所在统筹地区的基本医疗保险,执行统一政策,实行基本医疗保险基金的统一筹集、使用和管理。铁路、电力、远洋运输等跨地区、生产流动性较大的企业及其职工,可以相对集中的方式异地参加统筹地区的基本医疗保险。

此规定意味着医疗保险待遇支付政策往往在统筹区内执行统一的支付标准。

2. 统筹基金与个人账户资金的使用

单位所缴纳的统筹基金和个人账户要明确各自的支付范围,分别核算,不得互相挤占。统筹基金有起付标准和最高支付限额,起付标准原则上控制在当地职工年平均工资的10%左右,最高支付限额原则上控制在当地职工年平均工资的4倍左右。起付标准以下的医疗费用,从个人账户中支付或由个人自付。起付标准以上、最高支付限额以下的医疗费用,主要从统筹基金中支付,个人也要负担一定比例。超过最高支付限额的医疗费用,可以通过商业医疗保险等途径解决。统筹基金的具体起付标准、最高支付限额以及在起付标准以上和最高支付限额以下医疗费用的个人负担比例,由统筹地区根据以收定支、收支平衡的原则确定。

(1) 统筹基金。

统筹基金又被称为"医疗保险统筹基金",指统筹地区所有用人单位为职工缴纳的医疗保险费中,扣除划入个人账户后的其余部分。医疗保险统筹基金属于全体参保人员,由医保经办机构集中管理,统一调剂使用,主要用于支付参保职工发生的医药费、手术费、护理费、基本检查费等。医疗保险统筹基金实行专项储存、专款专用,任何单位和任何个人都不得挪用。

统筹基金的支付方式,目前一般采取以下方式进行结算:第一种,患者看病时自己直接向医院付费,然后由患者与医保机构结算,利用统筹基金支付应该医保支付的费用;第二种,患者看病时不直接付费,由医院与医保机构直接利用统筹基金进行实时结算;第三种,医保机构与医院采用定额预算管理,医保机构逐月拨付统筹基金给医院,年终总结算。目前北京地区的医保费用主要采用第二种方式,正在尝试第三种方式付费,特殊情况下使用第一种方式。

医保基金管理机构、患者、医疗服务机构和定点药店之间在费用结算方式上主要有患者垫付再通过用人单位报销和医院与医疗服务机构或定点药店进行结算两种,前者称为手工报销,后者称为实时结算。在信息技术不发达或管理水平相对不高的地区,患者就医时多先行垫付,然后再通过用人单位持票据和数据到医保基金管理机构进行报销。在信息技术发达或管理水平相对较高的地区则实现实时结算,即患者只需向医疗服务机构或定点药店支付自己应付的费用,医疗服务机构或定点药店则向医保基金管理机构进行数据传送,经审核通过后后者把费用实时给前者。对于跨统筹区就医,目前国家推行出了联通部、省、市、县四级的国家异地就医结算系统,对于异地安置退休人员、长期异地居住人员、长期异地工作人员以及符合异地就医转诊条件的人员等四类群体的异地住院费用实行直接结算。

(2) 个人账户。

参加医疗保险的人员每一个人都有一个自己的账户,账户的资金由个人缴费的全部和用人单位缴费的部分组成,用来支付个人所应自付的医药费用。

关于个人账户的资金国家并没有明确的规定,只是要由医保经办机构负责统筹基金的管理与使用。目前主要有两种账户管理形式:"医保经办机构直接管理"和"通过银行系统管理"。第一种方式,医保经办机构自建计算机网络系统,为参保人发放个人账户卡,进行直接的管理,参保人持卡只能够就医、购药,除此之外不能支配其个人账户的资金。若职工发生流动则需要办理资金转移。参保人持卡所发生的一切费用都由医保经办机构通过网络系统直接与医疗机构进行结算费用,医保经办机构在与医疗机构结算费用过程中要对是否合理诊治和用药进行监督和审核。第二种方式,通过银行系统来管理个人账户,由银行为参保人办理医保存折或医保卡,医保经办机构通过银行定期将资金划拨到每个参保人的银行存折的户头上,参保人只能用此存折取钱而不能存钱,参保人可取其中的资金进行就医、购药。由于资金可由参保者支配,因此对账户的使用情况进行监督、审核功能较弱。但当职工发生流动时,医保存折账户的资金可不用办理转移,继续自行使用,即直接提现用于其他消费支出。

北京地区的医保个人账户则属于第二种管理方式。

(3) 起付线。

起付线又被称为起付标准,指在统筹基金支付前按规定必须由个人负担的医疗费用额度,也就是通常所说的进入统筹基金支付的"门槛",或统筹基金开始支付前的最低限额,参保者要先自付费用的最高额度。对于起付线的标准,国家要求原则上控制在当地职工年平均工资的10%左右。由于医疗费用的发生存在门诊、急诊与住院的差别,因此起付线有两条,即门诊、急诊起付线和住院费用起付线。

以北京城镇职工目前的门诊、急诊和住院费用起付线的标准为例来说明此点,具体标准如表9-1所示。

表9-1 门诊、急诊与住院费用的起付线标准

单位:元

	起付线	
	门诊、急诊	住院费用
在职职工	1 800	1 300
退休人员	1 300	1 300

依据北京市基本医疗保险待遇支付的规定,门诊、急诊的医疗费用与到定点零售药店购药的费用,首先用"个人账户"的资金进行支付,超过了起付线后,才由大额医疗统筹基金来支付。针对参保人员类别的不同,起付线的标准也不一样。对于住院费用,首先用"个人账户"的资金进行支付,然后再用基本统筹基金来支付,也因参保人员类别的不同而有不同的起付线。

职工(在职、退休)医保、城镇居民(老年人、无业居民)大病医疗保险第一次住院的起付线均为1 300元,在一个年度内第二次及以后住院起付线为650元。学生儿童大病医疗保险的起付标准第一次及以后均为650元。

(4) 最高支付限额。

最高支付限额又被称为封顶线,指参保者超过起付线部分用统筹基金支付的最高限额。最高支付限额国家要求原则上控制在当地职工年平均工资的4倍左右。超过最高支付限额的部分,统筹基金不再支付,应寻找其他途径进行分担。

以北京目前的门、急诊和住院费用为例说明最高支付限额,具体标准如表9-2所示。

表9-2 门急诊与住院费用的最高支付额

单位:元

	最高支付限额	
	门诊、急诊	住院费用
大额统筹	20 000	400 000
基本统筹	0	100 000

参保人员在一个年度内累计超过起付线的门诊、急诊医疗费用和超过基本医疗保险统筹基金最高支付限额(不含起付标准以下以及个人负担部分)的医疗费用,一般由大额医疗统筹基金按一定比例进行支付。若大额医疗统筹资金不足支付时,市财政给予适当补贴。大额医疗费用互助资金在一个年度内累计支付职工和退休人员门诊、急诊医疗费用的最高数额为2万元。参加城镇职工基本医疗保险的人员,住院(包括门诊特殊病)发生的超过基本医疗保险统筹基金最高支付限额以上,大额医疗互助资金最高支付限额以下的医疗费用,在职职工报销比例为85%,退休人员报销比例为90%。

基本统筹基金支付在起付线以上和最高支付限额之间,基本医疗保险统筹基金最高支付限额为10万元,住院大额医疗互助资金最高支付限额调整为40万元。参加城乡居民大

病医疗保险的老年人和无业人员,住院(包括门诊特殊病)发生的医疗费用,一个年度内大病医疗保险基金最高支付限额调整为25万元,连续参保人员门诊可报销3 000元。

(5) 个人自付、个人支付比例和个人先支付。

个人自付:在实际发生的住院医疗费用中,属城镇基本医疗保险支付范围,但按照政策规定应由个人部分支付的费用。一般是指参保人支付起付线以下部分、起付线以上按比例应自付的部分和超出最高限额部分的费用。

个人支付比例:参保人员在使用统筹基金时,依据政策规定对每一段费用个人按比例应支付的费用。

个人先支付:门、急诊费用发生或在使用乙类药品、特殊检查治疗以及报销异地就诊的基本医疗费用时,先由个人支付的费用。

离休人员、老红军的医疗待遇不变,医疗费用按原资金渠道解决,支付确有困难的,由同级人民政府帮助解决。离休人员、老红军的医疗管理办法由省、自治区、直辖市人民政府制定。二等乙级以上革命伤残军人的医疗待遇不变,医疗费用按原资金渠道解决,由医疗保障局单独列账管理。医疗费支付不足部分,由当地人民政府帮助解决。他们无起付线、无封顶线、无个人账户资金、无个人自付部分,几乎不付任何费用。

国家公务员在参加基本医疗保险的基础上,享受公务员医疗补助政策,具体办法另行制定。

(6) 统筹支付。

参保人员在发生医疗费用时,依据医疗保险规定的药品、诊疗项目、诊疗设施等费用可由统筹基金按照一定比例支付。

以北京为例,门诊报销比例如表9-3所示;住院报销比例如表9-4所示。

表9-3 基本医保人员就医时的门诊报销比例

人员类别	在职职工		退休职工		
			70周岁以下		70周岁以上
	医院	社区	医院	社区	
普通人员	70%	90%	85%	90%	90%
退休预提人员	—	—	88%	92%	92%
一至四级残疾军人	100%	100%	100%	100%	100%
五至六级残疾军人	85%	91%	92.5%		95%

表9-4 城镇职工就医时的住院费用报销比例

医院级别	支付区间	支付比例	
		在职	退休
三级医院	起付线—3万元	85%	95.5%
	3万—4万元	90%	97%
	4万—10万元	95%	98.5%
	10万—50万元	85%	90%

(续表)

医院级别	支付区间	支付比例	
		在职	退休
二级医院	起付线—3万元	87%	96.1%
	3万—4万元	92%	97.6%
	4万—10万元	97%	99.1%
	10万—50万元	85%	90%
一级医院	起付线—3万元	90%	97%
	3万—4万元	95%	98.5%
	4万—10万元	97%	99.1%
	10万—50万元	85%	90%

练 习

某职工现年45岁，从2001年就参加了医疗保险和大病统筹。在2020年3月因病在三级住院。住院前看门诊花费共计5 000元，住院60天，共计花费住院费14万元。在这次医疗过程中职工个人需要支付多少，统筹需要支付多少，大额需要支付多少？

（7）自费。

自费是指在实际发生的住院医疗费用中，按照有关规定不属于城镇基本医疗保险支付范围而全部由个人支付的费用。具体是指参保人员在使用不属于基本医疗保险范围的药品、检查治疗项目及服务项目时，由个人支付的费用。

（8）特殊病。

慢性病常指慢性肾功能衰竭（尿毒症期）、白血病、各种恶性肿瘤、肾脏移植、器官移植后排异反应等疾病。重病确认需凭本人申请和医院的疾病诊断证明，经医院医保办初审后，由医保经办机构确认后可享受特殊病支付办法；若未经重新确认的将停止享受重病人群待遇。

9.1.2 费用发生的相关管理

医疗保险费用的支付方式可分为后付制和预付制。前者是指按服务项目付费，后者是指总额预算包干、按人头付费、按病种付费、工资制。具体可分为5种。

（1）按服务项目付费：医保经办机构以医疗服务的发生服务项目和量向其支付费用，属于事后付费。

（2）按人头付费：医保经办机构按合同规定的时间，根据接受医疗服务的被保险人人数和规定的收费标准，预先支付医疗服务费用的支付方式。在此期间，医疗机构负责提供合同规定范围内的一切医疗服务，不再另行收费，属于包干制。

（3）总额预算制：医保局对服务地区的人口密度、人口死亡率、医院的规模、服务数量和质量、设备设施情况等因素进行综合考察与测算后，按照与医院协商确定的年度预算总额支付医疗费用的方式。又被称为总额预算包干制。

（4）按病种付费，亦称按疾病诊断分类定额支付。这种方式是根据国际疾病分类法，将住院病人分为若干组，同时将病人的疾病按诊断、年龄、性别等分为若干组，对每一组的不同级别分别制定价格标准，按照这种价格对该组某级疾病治疗的全过程进行一次性支付。

（5）工资制（薪金支付制）。医保局根据医疗服务机构医务人员所提供的服务向他们发工资，以补偿医疗机构的人力资源消耗。

目前北京主要采用第一种和第四种，参照第二种和第三种强化对医院的管理和监督。

依据《国务院关于建立城镇职工基本医疗保险制度的决定》（国发〔1998〕44号），基本医疗保险统筹基金的使用只发生在一定的范围内，即发生在一定的医院或药店、一定的药品范围内、一定的诊疗项目与医疗服务设施上。

人保部会同卫生部、财政部等有关部门制定的基本医疗服务的范围、标准和医药费用结算办法，确定国家基本医疗保险药品目录、诊疗项目、医疗服务设施标准及相应的管理办法。各省、自治区、直辖市劳动保障行政管理部门根据国家规定，会同有关部门制定本地区相应的实施标准和办法。

1. 定点医疗机构（包括中医医院）和定点药店管理

基本医疗保险实行定点医疗机构（包括中医医院）和定点药店管理。人保部会同卫生部、财政部等有关部门制定定点医疗机构和定点药店的资格审定办法。医保局要根据中西医并举，基层、专科和综合医疗机构兼顾，方便职工就医的原则，负责确定定点医疗机构和定点药店，并同定点医疗机构和定点药店签订合同，明确各自的责任、权利和义务。在确定定点医疗机构和定点药店时，要引进竞争机制，职工可选择若干定点医疗机构就医、购药，也可持处方在若干定点药店购药。国家药品监督管理局会同有关部门制定定点药店购药药事事故处理办法。

依据《关于印发城镇职工基本医疗保险定点医疗机构和定点零售药店服务协议文本的通知》（劳社部函〔2000〕3号）的规定，各统筹地区医保局负责认定基本医疗保险定点医疗机构和定点零售药店的资格。医保局与定点医疗机构、定点零售药店签订服务协议。在协议执行中，医保局应严格履行协议规定的职责，并监督定点单位遵守协议的有关条款。定点医疗机构或定点零售药店如果严重违反协议且影响到公共利益时，医保局可以单方面解除协议，并做好有关善后工作。

北京则是由医疗保障局来确定定点医疗机构和定点零售药店，并签订医疗保险服务协议。

下面是一例定点医疗机构违反双方签订的服务协议后，社保局所给予的惩罚措施。

关于对××市××区××××医院违反有关规定处理的通报

×××办发〔2020〕××号　　颁布时间：2020年××月××日

各区、县各有关定点医疗机构：

根据《××市基本医疗保险规定》和有关本市基本医疗保险定点医疗机构管理办法的规定，现对××市××区××××医院骗取医疗保险基金的行为处理通报如下：

一、××市××区××××医院违反基本医疗保险规定，以参加医疗保险人员的名义给未参加医疗保险的人员开具可报销的医疗费收据，并将部分医保不能报销的医疗费用调换成可报销项目，严重违反了医疗保险规定，根据《××市基本医疗保险规定》第×××

> 条规定,处理决定:取消××市××区××××医院基本医疗保险定点医疗机构资格。
> 　　二、2020年××月××日××市医疗保险事务管理中心解除与××市××区××××医院签订的医疗保险服务协议;××区医疗保障局在××月××日前以公告形式通知在××市××区××××医院就医的参保人员,并妥善解决他们的就医问题。各区、县医保经办机构不再支付参保人员××月××日以后在××市××区××××医院发生的医疗费用。
> ××市医疗保障局
2020年××月××日

　　依据《关于印发〈城镇职工基本医疗保险定点医疗机构管理暂行办法〉的通知》(劳社部发〔1999〕14号)文件,经卫生行政部门批准并取得医疗机构执业许可证的医疗机构,以及经军队主管部门批准开展对外服务的军队医疗机构,可以申请定点资格,具体类别如下。

① 综合医院、中医医院、中西医结合医院、民族医院、专科医院。
② 中心卫生院、乡(镇)卫生院、街道卫生院、妇幼保健院(所)。
③ 综合门诊部、专科门诊部、中医门诊部、中西医结合门诊部、民族医门诊部。
④ 诊所、中医诊所、民族医诊所、卫生所、医务室。
⑤ 专科疾病防治院(所、站)。
⑥ 经地级以上卫生行政部门批准设置的社区卫生服务中心(站)。

另外,定点医疗机构还应具备以下条件。

① 符合区域医疗机构设置规划。
② 符合医疗机构评审标准。
③ 遵守国家有关医疗服务管理的法律、法规和标准,有健全和完善的医疗服务管理制度。
④ 严格执行国家、省(自治区、直辖市)物价部门规定的医疗服务和药品的价格政策,经物价部门监督检查合格。
⑤ 严格执行城镇职工基本医疗保险制度的有关政策规定,建立了与基本医疗保险管理相适应的内部管理制度,配备了必要的管理人员和设备。

医疗机构向统筹地区医保局提出书面申请,要求提供以下各项材料。

① 执业许可证副本。
② 大型医疗仪器设备清单。
③ 上一年度业务收支情况和门诊、住院诊疗服务量(包括门诊诊疗人次、平均每一诊疗人次医疗费、住院人数、出院者平均住院日、平均每一出院者住院医疗费、出院者平均每天住院医疗费等),以及可承担医疗保险服务的能力。
④ 医疗机构评审合格的证明材料。
⑤ 药品监督管理和物价部门监督检查合格的证明材料。
⑥ 由医保局规定的其他材料。

医保局根据医疗机构的申请及提供的各项材料对医疗机构的定点资格进行审查。审查合格的发给定点医疗机构资格证书,并向社会公布,供参保人员选择。

参保人员在获得定点资格的医疗机构范围内,提出个人就医的定点医疗机构选择意向,由所在单位汇总后,统一报统筹地区医保局。医保局根据参保人的选择意向统筹确定定点医疗机构。参保人员一般可选择3至5家不同层次的医疗机构,其中至少应包括1至2家基层医疗机构(包括一级医院以及各类卫生院、门诊部、诊所、卫生所、医务室和社区卫生服务中心)。有管理能力的地区可扩大参保人员选择定点医疗机构的数量。

参保人员对就医的定点医疗机构,可在选定后提出更改要求,由统筹地区医保经办机构办理变更手续。

除急诊和急救外,参保人员在非选定的定点医疗机构就医发生的费用,不得由基本医疗保险基金支付。另外,参保人员在不同等级的定点医疗机构就医,个人负担医疗费用的比例可有所差别,以鼓励参保人员到基层定点医疗机构就医。

以北京为例,参保人员原则上可在单位和居住地所在区(县)的基本医疗保险定点医疗机构范围内选择四家个人就医的定点医疗机构,其中必须有一家基层医疗机构,如一级医院、社区卫生服务站或厂矿、高校等对内服务的定点医疗机构。其中,定点中医和定点专科医院不用选,参保人可持医保卡直接就医。此外,北京确定了19家A类医院,对于这19家A类医院参保人员不用选,可持医保卡或社保卡直接就医。

2. 诊疗项目与医疗服务设施

依据《关于印发〈城镇职工基本医疗保险诊疗项目管理、医疗服务设施范围和支付标准意见〉的通知》(劳社部发〔1999〕22号)的规定,原劳动和社会保障部负责组织制定国家基本医疗保险诊疗项目范围,采用排除法分别规定基本医疗保险不予支付费用的诊疗项目范围和基本医疗保险支付部分费用的诊疗项目范围。基本医疗保险不予支付费用的诊疗项目,主要是一些非临床诊疗必需、效果不确定的诊疗项目以及属于特需医疗服务的诊疗项目。基本医疗保险支付部分费用的诊疗项目,主要是一些临床诊疗必需、效果确定但容易滥用或费用昂贵的诊疗项目。

对于国家基本医疗保险诊疗项目范围规定的基本医疗保险不予支付费用的诊疗项目,地方可适当增补,但不得删减。对于国家基本医疗保险诊疗项目范围规定的基本医疗保险支付部分费用的诊疗项目,各省可根据实际适当调整,但必须严格控制调整的范围和幅度。

对于各省基本医疗保险诊疗项目目录中所列的基本医疗保险支付部分费用的诊疗项目,各统筹地区医保局要根据当地实际规定具体的个人自付比例,并可结合区域卫生规划、医院级别与专科特点、临床适应证、医疗技术人员资格等限定使用和制定相应的审批办法。

举例:某地区对定点医疗机构诊疗项目内容的规定。

关于《定点医疗机构诊疗项目内容的规定》的通知

××医保办发(2020)××号　　颁布时间:2020年××月××日

各区、县各定点医疗机构:

根据原××市医疗保障局《关于印发〈××市机构诊疗项目的管理办法〉》,经研究,将定点医疗机构的特色诊疗项目纳入报销范围。现印发《定点医疗机构诊疗项目内容的规定》,请各区、县医保经办机构及有关定点医疗机构认真执行。

本通知自2020年××月××日起执行。

××市医疗保障局

二〇二〇年××月××日

具体的部分项目内容的规定如表9-5所示。

表9-5 部分诊疗项目目录

物价编码	诊疗项目名称	计量单位	收费标准(元)	物价备注	医疗保险支付类别	参保人员自负比例
×××××××× 耳廓假性囊肿穿刺压迫治疗	冷热湿敷(大)	次	60	含敷料费、药费	甲类	
	冷热湿敷(中)	次	40	含敷料费、药费	甲类	
	冷热湿敷(小)	次	20	含敷料费、药费	甲类	
××××××××	磁共振脑功能成像(灌注)后处理	人次	100		乙类	8%
	磁共振脑功能成像(弥散)后处理	人次	100		乙类	8%
	口腔局部冲洗上药	人次	6	含上药、冲洗	甲类	

国家有关基本医疗保险诊疗项目范围参照国家的官方文件。

3. 药品范围

依据《关于印发〈城镇职工基本医疗保险用药范围管理暂行办法〉的通知》(社部发〔1999〕15号)的规定,基本医疗保险用药范围通过制定《基本医疗保险药品目录》(以下简称《药品目录》)进行管理。

《药品目录》所列药品包括西药、中成药(含民族药)、中药饮片(含民族药)。西药和中成药列入基本医疗保险基金准予支付的药品目录,药品名称采用通用名,并标明剂型。中药饮片列入基本医疗保险基金不予支付的药品目录,药品名称采用药典名。

《药品目录》中的西药和中成药被分为"甲类目录"(简称甲类)和"乙类目录"(简称乙类)。"甲类"的药品是临床治疗必需,使用广泛,疗效好,同类药品中价格低的药品。"乙类"的药品是可供临床治疗选择使用,疗效好,同类药品中比"甲类目录"药品价格略高的药品。

"甲类目录"由国家统一制定,各地不得调整。"乙类目录"由国家制定,各省、自治区、直辖市可根据当地经济水平、医疗需求和用药习惯适当进行调整,增加和减少的品种数之和不得超过国家制定的"乙类目录"药品总数的15%。

基本医疗保险参保人员使用《药品目录》中的药品,所发生的费用按以下原则支付。使用"甲类目录"的药品所发生的费用,按基本医疗保险的规定支付。使用"乙类目录"的药品所发生的费用,先由参保人员自付一定比例,再按基本医疗保险的规定支付。个人自付的具体比例,由统筹地区规定,报省、自治区、直辖市劳动保障行政部门备案。

4. 享受医疗保险待遇的条件

对于在职职工,企业或个人按时足额缴纳了医保费,参保人员即可享受规定范围内的医疗保险待遇。

对于退休人员则有一定的条件限制,以北京为例说明。

在北京退休人员若要享受医疗保险待遇有以下要求。

①"老人":2001年4月1日前已退休的人员不缴纳基本医疗保险费,直接以退休人员

身份参保。

②"新人":2001年4月1日后参加工作,累计缴纳基本医疗保险费男满25年、女满20年的,按照国家规定办理了退休手续,按月领取基本养老金或者退休费的人员,享受退休人员的基本医疗保险待遇,不再缴纳基本医疗保险费。

③"中人":2001年4月1日以前参加工作、2001年3月31日以后退休,缴纳基本医疗保险费不满第②款规定年限的,由本人一次性补足应当由用人单位和个人缴纳的基本医疗保险费和用人单位应缴纳的大额医疗费用互助资金后,享受退休人员的基本医疗保险待遇,不再缴纳基本医疗保险费。

9.1.3 办理医疗费用报销的基本业务流程

1. 职责分工

医疗统筹基金的运转涉及4个主体:参保人、参保单位、医疗服务机构、医疗保障局及其医保经办机构。

一般医疗费用的报销由医保经办机构与定点医疗机构和定点零售药店直接实时结算,定点医疗机构和定点零售药店与参保人直接结算,不存在费用报销过程中参保单位的参与。但在有些地方不具备直接结算条件,就只能先由参保人员或用人单位垫付,然后由医保经办机构与参保人员或用人单位结算。

(1) 医疗保障局的职责内容。

医疗保障局按有关规定确定定点医疗机构和定点零售药店,并与之签订服务协议,发放定点标牌。医疗保障局组织缴费单位和个人对定点医疗机构进行选择和登记。一方面指导缴费单位的基本医疗保险专管员(或缴费个人)填写基本医疗保险待遇审批表,按规定进行审核,并向参保人员发放基本医疗保险卡;另一方面同时将参保人员的相关信息及时提供给定点医疗机构和定点零售药店,按照有关法规和协议对定点医疗机构和定点零售药店进行监督检查,对查出的问题及时处理。另外,接受定点医疗机构、定点零售药店的费用申报以及参保人员因急诊、经批准的转诊转院等特殊情况而发生的费用申报,并按有关规定进行审核。医保经办机构核准后向待遇支付环节传送核准通知,对未被核准者发送拒付通知。

医疗保障局、银行、缴费单位、参保人、定点医疗机构和定点零售药店等之间会发生业务联系。

(2) 缴费单位的医保业务经办人的职责内容。

除了对本单位职工的医疗保险费进行代扣代缴外,医保业务经办人还拥有代理参保人去医保经办机构办理门、急诊费用或特殊情况下医疗费用的手工报销。

① 用人单位应随时汇总参保人员年度内发生医疗保险费用的相关材料(其中累计的门诊、急诊、未收入院的急诊留观医疗费用必须超过大额医疗费用互助资金起付标准),并以个人医疗费用的发生时间为顺序进行排列。

② 用人单位在申报跨区(县)转移医疗保险关系的参保人员医疗费用时,应将参保人员在原区(县)、原单位年度内未申报的医疗费用一同申报。

③ 用人单位在申报参保人员急诊留观并收入院前七天费用(含入院当天急诊费用)、家庭病床费用、异地安置医疗费用、全额现金垫付的住院及三种特殊病费用时,必须填写"医疗

保险手工报销费用审批表",同时附参保人员的医疗保险卡。

具体业务内容如下。

① 填写"手工报销医疗费用申报结算汇总表"和"手工报销费用审批表",并盖单位公章。

② 搜集整理参保人医疗费用发生的原始收据、医疗保险专用处方底方、检查化验治疗明细单、医学诊断证明书等材料,并按照要求进行分类整理。

③ 用人单位到医保经办机构进行申报报销。

④ 若报销成功,医保经办机构的医保支付部把所报销的费用转到缴费单位的账户上,缴费单位需负责把此费用转付给参保人。

(3) 定点医疗机构和定点零售药店的职责内容。

严格遵守双方的服务协议,对所发生的医疗费用及时地与个人、医保经办机构进行费用的结算。具体内容如下。

① 定点医疗机构要为参保人员及时结算各种医疗费用。

② 对住院期间或患"三种特殊病"门诊治疗期间跨区(县)转移医疗保险关系的参保人员发生的医疗费用,定点医疗机构要向新的参保地医保经办机构申报结算。

③ 对已经明确为医疗事故的、由医疗事故引起的并发症及后遗症的医疗费用,定点医疗机构不得向医保经办机构申报;对申报费用后确定为医疗事故的,应及时通知有关区(县)医保经办机构并办理退费手续。

2. 医疗报销

(1) 在职人员费用报销。

医疗费用的结算一般有两种形式,一种为手工报销,一种为持医保卡实时结算。手工报销在医保卡普及后往往在特殊情况下才使用。

① 手工报销。

医疗费用的手工报销一般发生在参保人员异地就医或费用全额垫付的情况,此时医院与参保人员直接进行现金结算,再由参保人员通过单位业务经办人员与医疗保障局进行报销结算。其具体的操作流程如图9-1所示。

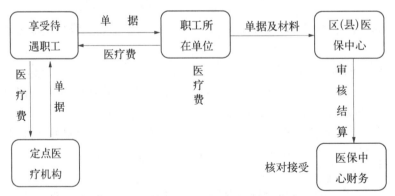

图9-1 在职职工门、急诊费用报销流程图

第一,参保人员把异地就医与看急诊时所拿到的处方、收据及明细单交给单位的社保经办人员,单位的社保经办人员需要注意,不同的医疗保险费用需要报送的材料要求不同。

具体内容如下。

若是急诊、急诊留观费用,需要有以下材料。
- 盖有急诊章的急诊科(室)急诊处方或盖有急诊章的北京市医疗保险专用处方。
- 收据。
- 检查、治疗费用明细。
- 诊断证明或留观证明。

若是急诊留观并收入院前七天(含住院当天急诊)费用,需要有以下材料。
- 盖有急诊章的急诊科(室)急诊处方或盖有急诊章的北京市医疗保险专用处方。
- 收据。
- 检查、治疗费用明细。
- 急诊留观证明。
- 出院诊断证明。
- 医保卡。

若是参保人员全额现金垫付的门诊特殊病费用,需要有以下材料。
- 北京市医疗保险专用处方底方。
- 收据。
- 检查、治疗费用明细。
- 医保卡。

若是异地安置医疗费用,需要有以下材料。
- 处方底方。
- 医疗费用结算单。
- 医疗费用收据。
- 医疗保险异地安置(外转医院)申报审批单。
- 外埠定点医疗机构的诊断证明或出院证明。
- 申报住院、三种特殊病费用时,需附医疗保险卡。

第二,单位的社保经办人员对参保人员的单据进行整理,收据与处方一一对应,并粘贴在一起。西药、中成药都要有明细。门诊治疗费超过一定额度的要打印明细,治疗费无论金额大小均需打印明细。因此,单位若拥有医疗报销知识的经办人员会直接把不可能报销的单据拿出,可减轻医疗保障局的审核负担。

第三,拿着整理后的费用单据和参保人员的医保卡去医疗保险事务管理中心申报。

需要注意的是:一方面,就诊医院处方只能在该医院药房或本市医疗保险定点药房配取,无外配处方(即没有医院加盖外购章或门诊办公室章的专用处方的处方)或自行购药,一律不予报销;另一方面,根据病情急缓的不同或病种的不同,对用药量也有不同的要求,同日同种疾病一次就诊,否则不予报销。

第四,医疗保障局对不能实时结算的异地安置就医、急诊费用、参保人员全垫付费用要进行审核,具体如下。
- 参保单位将一年度内的报销单据整理补全后,送到医保经办机构的收单处。
- 收单处负责接受和整理有关单据,将单据送审核办公室后,由专业医生、药师进行审核、比对。

- 专业医生、药师检查收据、药方和明细单的一致性,用药是否在目录范围内,故只有收据和药方没有明细单的单据不能通过审核。若想通过就需要再去医院补明细单,明细单常用的有药方药品费用明细单、检查治疗费明细单等。这是因为使用医保报销范围内的大型医用设备检查、治疗时,若单项检查、治疗费用在200元以上的需个人负担8%;单项费用达到或超过500元的贵重医用材料(含一次性医疗器械、一次性进口医用材料等)个人负担50%。使用医保报销范围内药品时,凡注明"需个人部分负担"的药品,严格按个人负担的比例执行,具体个人负担的比例分10%、50%两种。凡注明有药品适应证限定范围的,严格按范围内支付。超出范围用药则一律为自费。其次,审核所有费用是否发生在医保卡上登记的定点医院,或全市统一的定点医疗机构,若不是所有费用无论多少也不能报销。还有,所发生的费用是否医保专用处方,若不是也无法报销。除此之外,诊断的结果与所开的处方用药是否相符,否则也通不过。当然,费用审核的标准就是要合规定,不混报,更不能采取开虚假票据等非法手段进行报销。若参保人员的费用符合报销标准,医保处的负责人扣除自费部分后,将可报销部分汇总填写审核表,工作人员进行最后的确认。

第五,支付报销款。完成医疗费用通过审核和结算后报财务处,由财务处通过银行将报销的医疗费用拨入到医保存折账户上或单位的医疗保险账户上,再由单位把费用拨付给个人,目前前者用的方式最多,同时将相关的材料返还给用人单位或定点医疗机构。

② 实时结算。

若参保人员就医时进行实时结算,其基本流程如图9-2所示。

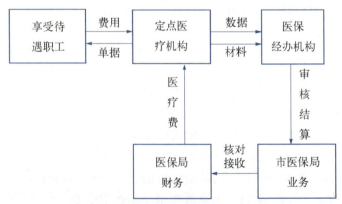

图 9-2 在职职工住院的费用支付流程图

第一,参保人员持医保卡应到本人选定的定点医院就医,也可去定点专科、定点中医医院、综合类的医院就医,如在北京即为19家A类中的任意一家。若是急诊可到就近的北京市基本医疗保险定点医院就医。

第二,就医时出示医保卡。以北京为例,若是北京市公费医疗照顾人员需出示医疗照顾人员就医凭证,若办理住院手续需同时出示此证和医疗证;若是北京市医疗保险参保患者要出示医保卡,若医保卡因结算或报销原因被滞留在区医保中心或定点医疗机构,患者需出示北京市基本医疗保险参保人员临时就诊证明及居民身份证;若是离休干部要出示北京市离休干部医疗手册。

第三,持卡看病付费,若住院则需要同时按医院规定缴纳一定的预付款(用于支付起付线以下、自费及自付费用)并与医院签订自费协议,以防因自费项目问题发生纠纷。

第四，费用发生后，个人与医院直接结账。属个人应承担的医疗费用由个人与医院结清，属医疗保险支付的费用由医院与区医保中心结算。如果单位欠缴医疗保险费，则个人应与医院全额现金结账，待单位补齐欠费后，再由单位到区医保中心申报结算。

第五，参保人员因病情需市内转诊转院时，须经就医的二、三级定点医院副主任医师以上人员填写"北京市医疗保险转诊单"，由医院医保部门核准。

(2) 退休人员的医疗费用报销。

退休人员参加医疗保险有在职转退休的业务，需要填写的相关表格如下。

- "人员增加表"、"人员减少表"和"基本医疗保险参保人员在职转退休明细表"。
- 医保卡。
- 国家建设征用土地安置的占地农转工退休人员须提供相关材料。
- 不满足医保缴费年限（男 25 年、女 20 年）但符合补缴条件的，同时提供"补缴表"。

注意：在职转退休人员需要把在职医保卡做卡同步，使其转变为退休人员状态；参保人员达到国家规定的退休年龄（男 60 岁、女 50 岁、女干部 55 岁）的当月，由其所在单位先为其办理养老保险退休审批和医疗保险缴费年限的认定，同月办理医保的在职转退休手续。三资企业办理在职转退休手续时提交"人员减少表"。

费用报销同在职职工的材料和流程要求是一样的，只是起付标准不同。在手工报销方面与在职职工不同的是，由街道的社保所来代替单位的社保业务经办人；实时结算的流程则是一样的。

总之，不同的机构在医疗费用发生过程中将承担不同的责任。

对于实行医保卡的地区，医保卡的使用将会使医疗费用进行实时结算，即无论住院、门诊、急诊或药店购药所发生的费用，通过医保卡，医保局或医保经办机构、参保人员与医院直接进行费用的结算，参保人员不用再通过用人单位或社保所或职介／人才服务中心进行费用审核与结算。

下面就某些市的有关医保卡在医疗保险支付业务中的使用要求进行说明：

第一，医保卡是采用带触点的集成电路卡（IC 卡），里面有参保人的基本信息，故本人去定点医院就医时一定要带上此卡，否则医疗费用将无法结算。由于本人没有携带医保卡所产生的医疗费用全部由个人承担。现可用激活的电子卡替代。

第二，若出现医保卡损坏、丢失等情况，都要直接与医保中心联系，并获得相应的通行单或证明进行就医，医疗费用需要先由个人自付，再去医保中心进行零星报销。

第三，医保卡每月都有最高的门、急诊次数，超过将会封卡；封卡后需要到医保中心接受审核，审核通过后可恢复使用。

第四，医保卡不能借于他人使用，否则若被发现将接受惩罚。

使用医保卡后最突出的特征就是参保人员的医疗费用一般情况下不用再经过单位这个环节，同时也不用参保人员与医保中心直接交涉，除非医保卡的使用出现问题。

9.1.4 技能要求

(1) 应用政策的能力：能够确定医疗保险待遇的基本条件。
(2) 能够搜集材料、整理相关材料和进行相应的业务报销。
(3) 掌握支付业务中各种表格的指标内涵，并能根据社保软件进行基本信息的填写。

9.1.5 实训环境

(1) 医疗费用发生的数据。
(2) 医疗保险软件。
(3) 支付业务的各种表格。

9.1.6 岗位名称

(1) 登记岗:变更、转移等业务。
(2) 支付岗:支付、清算、封存、注销个人账户。
(3) 财务岗:支付业务的确定和清算的审核与确定。

模块 9.2 业务演示与讲解

老邵为北京某国有企业的部门负责人,到 2020 年 9 月就满 60 周岁,可以办理退休,老邵最近几年身体一直不太好,本人也在 2020 年 8 月向单位申请退休。就在单位的社会保险业务经办人正在为老邵办理退休手续时,老邵中风了。老邵在门诊诊断后,马上办了住院手续,在医院共住了三个月,准备出院时老邵的家人去查看了医疗费用,查出共计花费85 670 元,其中门诊费用为 3 600 元,在住院费用中自费药为 3 500 元,分类半自费药费为2 000元。在老邵看病期间,老邵的家人积攒了一堆费用发生的单据,医生告诉老邵的家人好好保存这些费用单据,等到出院结算后可以拿到老邵单位去报销。若你是老邵的医疗报销顾问,该如何处理老邵这次医疗费用报销?

9.2.1 费用结算方式的确定

在医院结算方式中,不同的人员类别有不同的付费方式,出院时也有不同的结算方式。老邵不属于公费医疗、一般的大病统筹、工伤保险、外地医保或农民工医保,而是属于北京市基本医疗保险。因享受北京市基本医疗保险,入院时老邵一定要出示医保卡,并按要求预交自费部分金额,住院期间发生的自费费用超出了预交部分,住院处催欠人员会发出催款书,出院时,结清自费部分才能离院。

老邵入院时以在职职工身份预交了 15 000 元,现在医院通知其办出院手续,老邵依据医疗保障局公布的报销标准,进行了计算:到住院处窗口处进行结算,老邵应被退回的费用如下。

因在三级医院看门诊住院。

门诊费:北京市 2020 年在职职工门诊费起付线为 1 800 元,大额医疗费用互助资金支付70%,个人支付30%,其分担金额为:个人自付=(3 600−1 800)×30%=540(元),大额互助费用支付=(3 600−1 800)×70%=1 260(元)。

老邵门诊费需自付=1 800+540=2 340(元)。

住院费:北京市 2020 年在职职工住院费起付线为 1 300 元,基本医疗基金报销在三级医院住院费用的报销比例如表 9-6 所示。

表 9-6　在职职工三级医院住院费用的报销比例

医疗费用金额段	三级医院报销比例	
	统筹支付	个人负担
起付标准—3 万元	85%	15%
3 万—4 万元	90%	10%
4 万—10 万元	95%	5%

依据此表，老邵住院费的报销比例如下。

① 起付线以下的部分＝1 300 元。

基本医保统筹基金报销部分。

② 起付标准至 3 万元的部分：个人自付＝(30 000－1 300)×15%＝4 305(元)

医保基金＝(30 000－1 300)×85%＝24 395(元)

③ 3 万—4 万元的部分：个人自付＝(40 000－30 000)×10%＝1 000(元)

医保基金＝(40 000－30 000)×90%＝9 000(元)

④ 4 万元以上的部分：个人自付＝(85 670－40 000－3 500(自费)－2 000×40%

(40%自费)－3 600(门诊))×5%＝1 888.5(元)

医保基金＝(85 670－40 000－3 500－2 000×40%－3 600)×95%＝35 881.5(元)

合计：个人自付金额共计＝1 300＋4 305＋1 000＋1 888.5＋3 500＋800＝12 793.5(元)。

由此老邵还应补缴医疗费用 133.5 元，因为 15 000－12 793.5(住院自付)－2 340(门诊自付)＝－133.5(元)。

但老邵的家人去做费用结算时，却与老邵依照政策标准进行的计算有差别。

医院的计算结果如下：

门诊费：北京市 2020 年在职职工门诊费起付线为 1 800 元，大额医疗费用互助资金支付 70%，个人支付 30%，故合计应为：

个人自付＝(3 600－1 800)×30%＝540(元)，大额互助费用支付＝(3 600－1 800)×70%＝1 260(元)。

老邵门诊费需自付＝1 800＋540＝2 340(元)。

住院费：北京市 2020 年退休职工的住院费起付线为 1 300 元，退休职工在三级医院住院费用的报销比例如表 9-7 所示。

表 9-7　退休职工三级医院住院费用的报销比例

医疗费用金额段	三级医院报销比例	
	统筹支付	个人负担
起付标准—3 万元	95.5%	4.5%
3 万—4 万元	97%	3%
4 万—10 万元	98.5%	1.5%

依据此表，老邵住院费的报销比例如下。

① 老邵需要自费和半自费的费用＝3 500＋2 000×40％＝3 500＋800＝4 300(元)

　　老邵能够报销的部分＝85 670－4 300(自费)－3 600(门诊)＝77 770(元)

② 起付线以下的部分＝1 300元

基本医保统筹基金报销部分如下。

③ 起付标准至3万元的部分：个人自付＝(30 000－1 300)×4.5％＝1 291.5(元)

　　　　　　　　　　　　医保基金＝(30 000－1 300)×95.5％＝27 408.5(元)

④ 3万—4万元的部分：个人自付＝(40 000－30 000)×3％＝300(元)

　　　　　　　　　　医保基金＝(40 000－30 000)×97％＝9 700(元)

⑤ 4万元以上的部分：个人自付＝(77 770－40 000)×1.5％＝566.55(元)

　　　　　　　　　医保基金＝(77 770－40 000)×98.5％＝37 203.45(元)

合计：个人自付住院金额共计＝1 300＋1 291.5＋300＋566.55＝3 458.05(元)

　　　个人自付＋住院个人自付＋门诊个人自付＝4 300＋3 458.05＋2 340＝10 098.05(元)

由此医院应退老邵医疗费用＝15 000－10 098.05＝4 901.95(元)。

由此医院应退老邵医疗费用4 901.95元。

分析如下：

第一，老邵若完全退休，医保费能报销的将比目前医院结算的还要多。老邵看门诊时是在职职工身份，因此以在职职工身份报门诊。当住院三个月后出院时他已经是退休职工，因此以退休人员身份报住院费用。

第二，由于2020年北京市区内基本实现了医保卡就医，故老邵与医院实时结算完毕后，不用再交任何费用单据到单位进行报销。医院会直接把所发生的费用上传给医保经办机构，医保经办机构审核通过后将会把费用直接打到医院的账户上。

9.2.2　费用报销过程

现假设老邵手中有需要手工报销的医疗费用的单据，那么他出院后需要做的业务内容如下。

第一步：自查处方单据是否合乎报销要求。

门诊的医保报销需要的单据名单有：医疗保险专用处方底方，收据(若在收据表中有超过200元的费用需要提供明细；所有收据或明细都应有医院公章)，检查、治疗费用明细。

第二步：整理、录入和提交。

用人单位的社会保险经办人员对参保人员的单据进行整理，以挂号费、收据、对应的费用清单、处方、检查化验报告进行票据分组，然后再依照时间先后顺序把各组进行排列，最后粘贴在一起。

一般顺序分类标准如下。

- "专用收据＋处方底方＋药品明细"。
- "定点药店发票＋外购处方＋药品明细"。
- "专用收据＋检查/治疗费用明细"。
- "留观单据＋急诊留观证明"。

整理完毕以后，从医疗保障局的网站上下载医疗报销软件，按照软件的说明安装并打开，进行医疗费用录入，在录入中根据票据上是否有"已上传"和"未上传"的标志进行分别录入。一般已上传的票据录在"已上传费用信息管理——已上传费用录入"，未上传的票据录在"医疗费用录入——普通门诊费用录入",软件页面样式如图 9-3 所示。

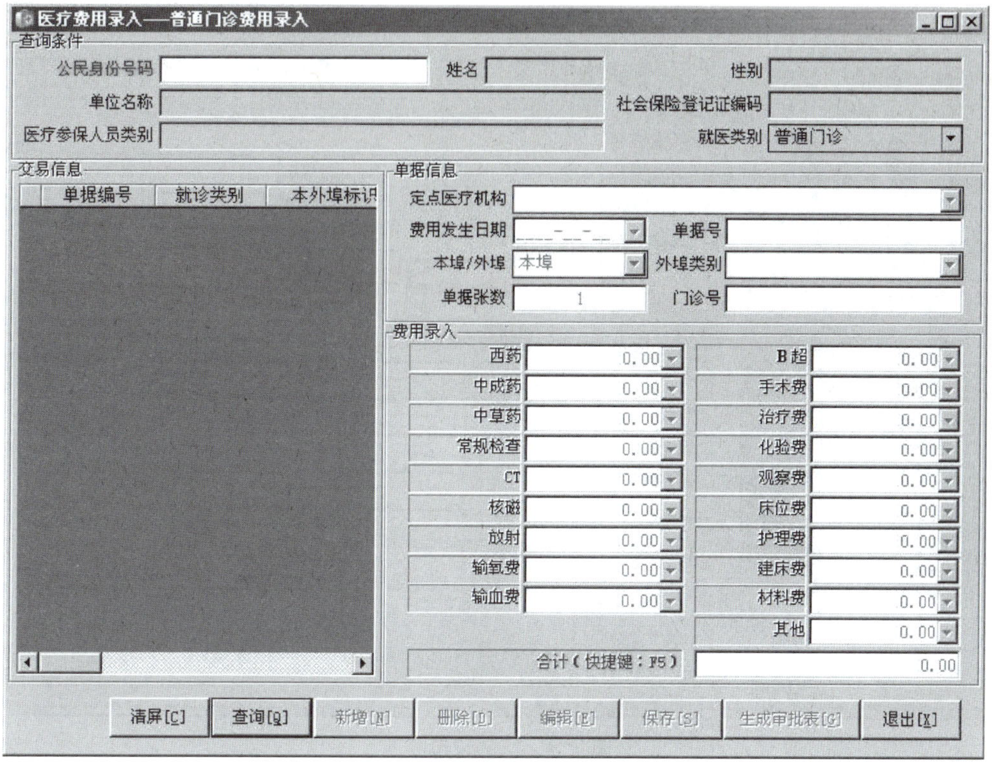

图 9-3 普通门诊费用录入表

资料来源:图片采集于北京市企业版的医保软件。

录入要求如下。
- 费用发生日期:票据上的日期。
- 单据号:收据右上角的条形码号码,一个 14—18 位的数字。
- 本埠:默认为本埠。
- 外埠类别:选择其中一个。
- 单据张数。
- 门诊号:收据上的条形码下面的号码。
- 费用录入:依据收据上的费用明细进行录入。
- 合计金额后保存。

接着单击"新增"录下一张收据,如此重复以上步骤,直至报销员工的所有票据录完。

全部录完以后生成审核表并盖章,并用移动硬盘导出相关的数据。

若发生全额垫付住院费用,需要通过单位进行报销则填写软件中"住院费用录入",如图 9-4 所示。

最后,单位经办人拿着整理后的费用单据、审核表、参保人员的医保卡去医保经办机构提交材料进行申报。

第三步:审核、结算和反馈。

医保经办机构的专业人员对所报材料进行费用审核,并在北京市医疗保险手工报销费

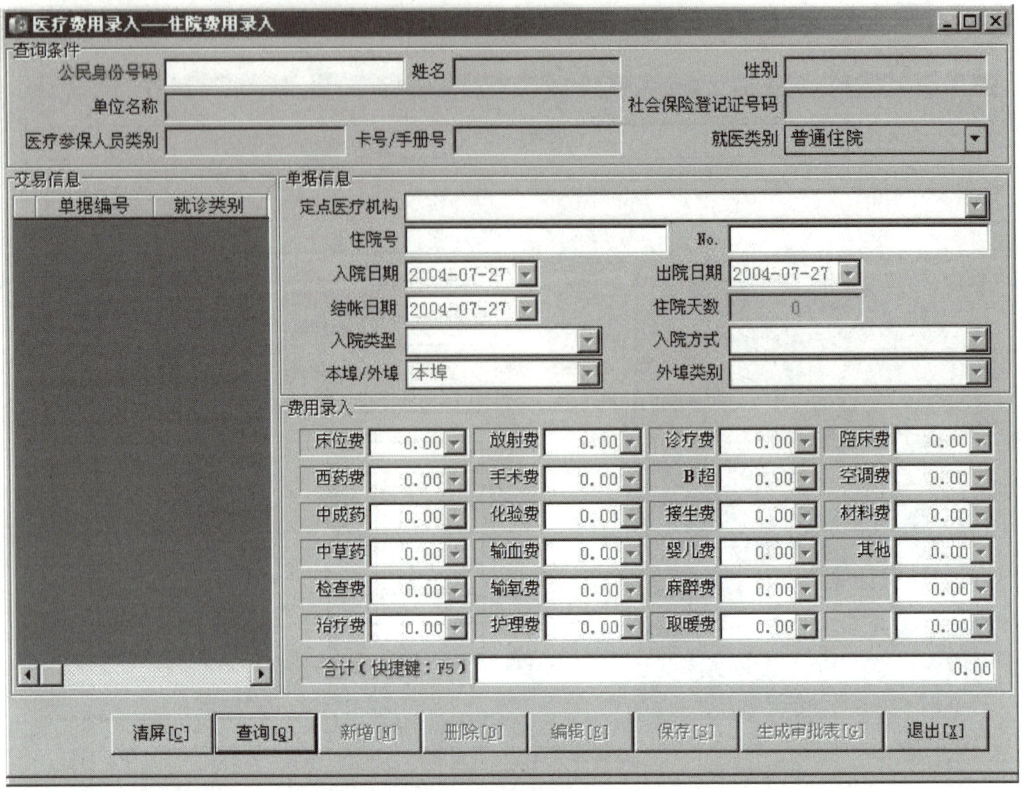

图 9-4　住院费用录入

资料来源：图片采集于北京市企业版的医保软件。

用结算支付明细表上加盖区(县)医保经办机构章，对手工报销费用拒付的部分要填写拒付表并详细填写拒付项目及拒付原因；对费用审批表加盖区(县)医保经办机构章。

第四步：费用返回。

医保经办机构在返回给参保单位各种盖过公章的资料后，将会把结算费用打入参保单位，参保单位再转移给职工本人。

模块 9.3　业务实训与演练

9.3.1　业务训练(一)

> 退休后的老邵如何处理自己的门诊和住院费。
>
> 老邵出院后成为社会化管理的退休人员，因为还没有完全康复，所以不时会去医院复诊拿药。到了年终，老邵发现自己已经花了很大一笔钱。由于老伴一直没有收入，老邵想知道北京有没有对像他这样家庭困难的人员发生医疗费用后的补贴政策？若有如何处理？麻烦你为老邵出出主意。

9.3.2 业务训练(二)

老张是一退休职工,大半夜里胆囊炎又犯了,老伴像往常一样连忙又把他送到他们常去的医院的急诊室,急诊医生看了后建议老张住院动手术切除胆囊。但是,老张不愿意变得"没胆"就没听医生的建议,要求同往常一样开药输液就行。医生没办法就给其开了急诊诊断证明,并开了几天的药。到了第二天输完液吃了药,老张的病不但不见好,反而更加严重了。医生说必须得住院动手术,目前的病已经具有了抗药性。老张痛得实在受不了就让老伴办了住院手续,准备动手术。一周后老张出院了,拿到结算单时,发现自己付了两次起付线以下的钱,老张就纳闷是不是医院算错了?你觉得呢?若结算错了,他该怎么办呢?

9.3.3 业务训练(三)

异地发生的医疗费用怎么办?

小胡同志是北京一家企业驻长沙的长期驻外职工,2020年9月因为骑车不小心摔倒导致右腿骨折。骨折后在长沙一所三级医院养伤。小胡长期以来都有胃溃疡,这次骨折后只能天天坐着或躺着,不能活动导致东西吃不下,胃溃疡的老毛病又犯了,于是住院一边养骨折病,一边治胃病。一个月后,小胡出院了,医院给其结算了一大笔医药费,其中有门诊费、有住院费。小胡想知道这一笔钱如何报销?

若你是小胡单位的社保业务经办人,你会怎么做?

9.3.4 业务训练(四)

思考:医保费用报销、工伤费用报销和计划生育费用报销在政策规定、操作流程上有差别吗?

参 考 文 献

[1] 褚福灵.社会保障职位实训教程[M].北京:中国劳动社会保障出版社,2008.
[2] 康士勇.社会保障管理实务[M].2版.北京:中国劳动社会保障出版社,2003.
[3] 李秀娟,吕一刚.医疗保险:患者就医指南[M].上海:上海交通大学出版社,2005.
[4] 夏敬.社会保险理论与实务[M].大连:东北财经大学出版社,2006.

参考网站

[1] 北京市人力资源和社会保障局,http://rsj.beijing.gov.cn/
[2] 全国各省或市的人力资源和社会保障厅(局)官网
[3] 劳动法宝网,http://www.51labour.com/
[4] 我要社保网,www.51shebao.com
[5] 北京市人民政府,http://www.beijing.gov.cn/
[6] 中华人民共和国人力资源和社会保障部网,http://www.mohrss.gov.cn/
[7] 国家医疗保障局,http://www.nhsa.gov.cn/
[8] 北京市医疗保障局,http://ybj.beijing.gov.cn/

附　　录

附录 A　工伤保险行业风险分类表

行业类别	行　业　名　称	基准费率
一类	软件和信息技术服务业,货币金融服务,资本市场服务,保险业,其他金融业,科技推广和应用服务业,社会工作,广播、电视、电影和影视录音制作业,中国共产党机关,国家机构,人民政协、民主党派,社会保障,群众团体、社会团体和其他成员组织,基层群众自治组织,国际组织	0.2%
二类	批发业,零售业,仓储业,邮政业,住宿业,餐饮业,电信、广播电视和卫星传输服务,互联网和相关服务,房地产业,租赁业,商务服务业,研究和试验发展,专业技术服务业,居民服务业,其他服务业,教育,卫生,新闻和出版业,文化艺术业	0.4%
三类	农副食品加工业,食品制造业,酒、饮料和精制茶制造业,烟草制品业,纺织业,木材加工和木、竹、藤、棕、草制品业,文教、工美、体育和娱乐用品制造业,计算机、通信和其他电子设备制造业,仪器仪表制造业,其他制造业,水的生产和供应业,机动车、电子产品和日用产品修理业,水利管理业,生态保护和环境治理业,公共设施管理业,娱乐业	0.7%
四类	农业,畜牧业,农、林、牧、渔服务业,纺织服装、服饰业,皮革、毛皮、羽毛及其制品和制鞋业,印刷和记录媒介复制业,医药制造业,化学纤维制造业,橡胶和塑料制品业,金属制品业,通用设备制造业,专用设备制造业,汽车制造业,铁路、船舶、航空航天和其他运输设备制造业,电气机械和器材制造业,废弃资源综合利用业,金属制品、机械和设备修理业,电力、热力生产和供应业,燃气生产和供应业,铁路运输业,航空运输业,管道运输业,体育	0.9%
五类	林业,开采辅助活动,家具制造业,造纸和纸制品业,建筑安装业,建筑装饰和其他建筑业,道路运输业,水上运输业,装卸搬运和运输代理业	1.1%
六类	渔业,化学原料和化学制品制造业,非金属矿物制品业,黑色金属冶炼和压延加工业,有色金属冶炼和压延加工业,房屋建筑业,土木工程建筑业	1.3%
七类	石油和天然气开采业,其他采矿业,石油加工、炼焦和核燃料加工业	1.6%
八类	煤炭开采和洗选业,黑色金属矿采选业,有色金属矿采选业,非金属矿采选业	1.9%

注：① 依据人力资源社会保障部、财政部的《关于调整工伤保险费率政策的通知》（人社部发〔2015〕71号），2015年7月22日通过费率浮动的办法确定每个行业内的费率档次。一类行业分为三个档次，即在基准费率的基础上，可向上浮动至120%、150%，二类至八类行业分为五个档次，即在基准费率的基础上，可分别向上浮动至120%、150%或向下浮动至80%、50%。

② 依据《国务院办公厅关于印发降低社会保险费率综合方案的通知》（国办发〔2019〕13号），自2019年5月1日起，延长阶段性降低工伤保险费率的期限至2020年4月30日，工伤保险基金累计结余可支付月数在18至23个月的统筹地区可以现行费率为基础下调20%，累计结余可支付月数在24个月以上的统筹地区可以现行费率为基础下调50%。

附录 B 北京市历年社会平均工资、缴费基数和缴费比例一览表

年度	上年社会月平均工资	上年最低工资标准	缴费基数上限	城镇人员缴费基数下限 养老失业工伤	城镇人员缴费基数下限 医疗生育	农业户口人员 养老失业缴费基数	农业户口人员 工伤生育基数下限	农业户口人员医疗 农民工基数	农业户口人员医疗 农村劳动力基数下限	养老缴费比例 单位缴纳 统筹基数	养老缴费比例 单位缴纳 单位划转	养老缴费比例 个人缴纳	失业缴费比例 单位缴纳	失业缴费比例 个人缴纳	工伤缴费比例	生育缴费比例	医疗缴费比例 城镇人员农村劳动力 单位缴纳	医疗缴费比例 城镇人员农村劳动力 个人缴纳	医疗缴费比例 城镇人员农村劳动力 划入账户	医疗缴费比例 外埠农民工	医疗缴费比例 本市农民工
1992年10—12月	240	144	480	144	—	—	—	—	—	18%	—	—	—	—	—	—	—	—	—	—	—
1993年1—12月	284	170	567	170	—	—	—	—	—	18%	—	2%	—	—	—	—	—	—	—	—	—
1994年1—12月	377	226	1 131	226	—	—	—	—	—	18%	—	2%	1%（1994年6月—1999年10月）	每人每月2元（1994年6月—1999年10月）	—	—	—	—	—	—	—
1995年1—12月	545	327	1 635	327	—	—	—	—	—	18%	—	2%	1%	每人每月2元	—	—	—	—	—	—	—
1996年1—3月	679	407	2 036	407	—	—	—	—	—	19%	—	5%	1%	每人每月2元	—	—	—	—	—	—	—
1996年4—12月	679	327	1 635	327	—	—	—	—	—	19%	—	5%	1%	每人每月2元	—	—	—	—	—	—	—
1997年1—12月	798	407	2 036	407	—	—	—	—	—	19%	—	5%	1.50%	0.5%，农业户口个人不缴纳	—	—	—	—	—	—	—
1998年1—6月	918	479	2 395	479	—	—	—	—	—	19%	—	5%	1.50%	0.5%，农业户口个人不缴纳	—	—	—	—	—	—	—

(续表)

年度	上年社会月平均工资	上年最低工资标准	缴费基数上限	城镇人员缴费基数下限 养老失业工伤	城镇人员缴费基数下限 医疗生育	农业户口人员缴费基数 养老失业缴费基数下限	农业户口人员缴费基数 工伤生育基数下限	农业户口人员缴费基数 农民工基数	农业户口人员缴费基数 农村劳动力基数下限	养老缴费比例 单位缴纳 统筹基数	养老缴费比例 单位缴纳 单位划转	养老缴费比例 个人缴纳	失业缴费比例 单位缴纳	失业缴费比例 个人缴纳	工伤缴费比例	生育缴费比例	医疗缴费人员和城镇人员农村劳动力 单位缴纳	医疗缴费人员和城镇人员农村劳动力 个人缴纳	医疗缴费人员和城镇人员农村劳动力 划入账户	外埠农民工	本市农民工
1998年7—12月	918	290	2 395	290	—	—	—	—	—	13%	6%	5%			—	—	—	—	—	—	—
1999年1—12月	1 024	310	2 755	310	—	310	—	—	—	14%	5%	6%			—	—	—	—	—	—	—
2000年1—12月	1 148	400	3 071	400	—	400	—	—	—						—	—	—	—	—	—	—
2001年1—12月	1 311	412	3 444	412	787	412	—	—	—	15%	4%	7%			—	—	—	—	—	—	—
2002年1—3月	1 508	435	3 932	435	787	435	—	—	—				1.50%	0.5%, 农业户口个人不缴纳	—	—	—	—	—	—	—
2002年4—12月	1 508	435	3 932	435	905	435	—	—	—						—	—	—	—	—	—	—
2003年1—3月	1 508	435	3 932	435	905	435	1 036	—	—						—	—	—	—	—	—	—
2003年4月—2004年3月	1 727	465	5 182	465	1 036	465	1 202	1 202	1 202	17%	3%	8%			工伤自2004年1月按浮动费率0.5%,	—	在职人员9%+1%	在职人员2%+3元; 退休人员3元	35岁以下划转0.8%, 35—45岁划转1%, 45岁以上划转2%; 退休人员70岁以下划转100元/月; 71岁以上划转110元/月(自	单位缴费1.8%+0.2%(自	—
2004年4月—2005年3月	2 004	465	6 011	465	1 202	465	1 202	1 202	1 202							生育保险自2005年7月开始缴纳,单					

(续表)

年度	上年社会月平均工资	上年最低工资标准	缴费基数上限	城镇人员缴费基数下限		农业户口人员缴费基数				养老缴费比例			失业缴费比例		工伤缴费比例	生育缴费比例	医疗缴费比例			
				养老失业工伤	医疗生育	养老失业缴费基数	工伤生育基数下限	农民工基数	农村劳动力基数下限	统筹基数	单位缴纳划转	个人缴纳	单位缴纳	个人缴纳			城镇人员和农村劳动力		外埠农民工	本市农民工
																	单位缴纳	个人缴纳	划入账户		
2005年4—12月	2 362	545	7 087	545	1 417	545	1 417			20%	20%	8%	1.50%	0.5%，农业户口个人不缴纳	1%，个人不缴费	单位缴纳0.8%，个人不缴费				2004年9月至2008年12月，个人不缴纳	单位缴费1.8%+0.2%（自2004年9月—2008年12月），个人不缴纳
2006年1—3月	2 362	580	7 087	545	1 417	545	1 417	1 417	1 417						2%，个人不缴费						
2006年4月—2007年3月	2 734	580	8 202	580	1 640	580	1 640	1 640	1 640												
2007年4月—2008年3月	3 008	640	9 024	1 203	1 805	640	1 805	1 805	1 805												
2008年4月—2009年3月	3 322	730	9 966	1 329	1 993	730	1 993	1 993	1 993											单位缴费0.9%+0.1%（自2009年1月至今），个人不缴纳	单位缴费0.9%+0.1%（自2009年1月至今），个人不缴纳
2009年4月—2010年3月	3 726	800	11 178	1 490	2 236	800	2 236	2 236	2 236				1%	0.2%，农业户口个人不缴纳							
2010年4月—2011年3月	4 037	800	12 111	1 615	2 422	800	2 422	2 422	2 422												
2011年4月—2011年6月	4 201	1 160	12 603	1 680	2 521	1 160	2 521	2 521	2 521—12 603												

（续表）

年度	上年社会月平均工资	上年最低工资标准	缴费基数上限	城镇人员缴费基数下限		农业户口人员缴费基数下限				养老缴费比例			失业缴费比例		工伤缴费比例	生育缴费比例	医疗缴费比例				
										单位缴纳		个人缴纳	单位缴纳	个人缴纳			城镇农村劳动力			外埠农民工	本市农民工
				养老失业工伤	医疗生育	养老失业缴费基数下限	工伤生育基数下限	农民工基数	农村劳动力基数下限	统筹基数	单位划转						单位缴纳	个人缴纳	划入账户		
2011年7月—2012年3月（工伤与医疗生育基数相同）	4 201	1 160	12 603	1 680	2 521	1 680—12 603	2 521		2 521—12 603	20%	0%	8%	1%	0.2%，农业户口人不缴纳	浮动费率	单位缴纳0.8%，个人不缴纳	在职人员9%+1%；退休人员不缴纳	在职人员2%+3元，退休人员3元	同上	单位：在职人员9%+1%；个人：在职人员2%+3元	同上
2012年4月—2013年3月（工伤与医疗生育基数相同）	4 672	1 260	14 016	1 869	2 803	与城镇职工缴费基数相同				20%	0%	8%	1%	0.2%，农业户口人不缴纳	浮动费率	单位缴纳0.8%，个人不缴纳	在职人员9%+1%；退休人员不缴纳	在职人员2%+3元，退休人员3元	同上	同上	同上
2013年4月—2014年3月（工伤与医疗生育基数相同）	5 223	1 400	15 669	2 089	3 134	与城镇职工缴费基数相同				20%	0%	8%	1%	0.2%，农业户口人不缴纳	浮动费率	单位缴纳0.8%，个人不缴费	同上	同上	同上	同上	同上
2014年4月—2014年6月（工伤与医疗生育基数相同）	5 223	1 560	15 669	2 089	3 134	与城镇职工缴费基数相同				20%	0%	8%	1%	0.2%，农业户口人不缴纳	浮动费率	单位缴纳0.8%，个人不缴费	同上	同上	同上	同上	同上

(续表)

年度	上年社会月平均工资	上年最低工资标准	缴费基数上限	城镇人员缴费基数下限		农业户口人员缴费基数				养老缴费比例			失业缴费比例		工伤缴费比例	生育缴费比例	医疗缴费比例			外埠农民工	本市农民工
				养老失业工伤	医疗生育	养老失业缴费基数	工伤生育基数下限	农民工基数	农村劳动力基数下限	单位缴纳统筹基数	单位划转	个人缴纳	单位缴纳	个人缴纳			城镇人员和农村劳动力		划入账户		
																	单位缴纳	个人缴纳			
2014年7月—2015年6月（2014年10月起机关事业养老,工伤与医疗生育基数相同）	5 793	1 560	17 379	2 371	3 476	与城镇职工缴费基数相同				20%	0%	8%	1%	0.2%，农业户口个人不缴纳	浮动费率	单位缴纳0.8%，个人不缴费				同上	同上
2015年7月—2016年4月（机关事业养老,工伤与医疗生育基数相同）	6 463	1 720	19 389	2 585	3 878	与城镇职工缴费基数相同				20%	0%	8%	1%	0.2%，农业户口个人不缴纳	浮动费率	单位缴纳0.8%，个人不缴费				同上	同上
2016年5月—2016年6月（机关事业养老,工伤与医疗生育基数相同）	6 463	1 720	19 389	2 585	3 878	与城镇职工缴费基数相同				19%，机关事业20%	0%	8%	0.8%	0.2%，农业户口个人不缴纳	浮动费率	单位缴纳0.8%，个人不缴费	同上	同上	同上	同上	同上
2016年7月—2017年6月（机关事业养老,工伤与医疗生育基数相同）	7 086	1 890	21 258	2 834	4 252	与城镇职工缴费基数相同				19%，机关事业20%	0%	8%	0.8%	0.2%，农业户口个人不缴纳	浮动费率	单位缴纳0.8%，个人不缴费	同上	同上	同上	同上	同上

(续表)

年度	上年社会月平均工资	上年最低工资标准	缴费基数上限	城镇人员缴费基数下限		农业户口人员缴费基数				养老缴费比例			失业缴费比例		工伤缴费比例	生育缴费比例	医疗缴费人员和城镇农村劳动力			医疗缴费比例 外埠农民工	本市农民工
				养老失业工伤	医疗生育	养老失业缴费基数	工伤生育基数下限	农民工基数	农村劳动力基数下限	单位缴纳统筹基数	单位划转	个人缴纳	单位缴纳	个人缴纳			单位缴纳	个人缴纳	划入账户		
2017年7月—2018年6月（机关事业养老、工伤与医疗生育基数相同）	7 706	2 000	23 118	3 082	4 624	与城镇职工缴费基数相同				19%，机关事业20%	0%	8%	0.8%	0.2%，农业户口个人不缴纳	浮动费率	单位缴纳0.8%，个人不缴费	同上	同上	同上	同上	同上
2018年7月—2019年4月（机关事业养老、工伤与医疗生育基数相同）	8 467	2 000	25 401	3 387	5 080	与城镇职工缴费基数相同				19%，机关事业20%	0%	8%	0.8%	0.2%，农业户口个人不缴纳	浮动费率	单位缴纳0.8%，个人不缴费	同上	同上	同上	同上	同上
2019年5月—2019年6月（机关事业养老、工伤与医疗生育基数相同）	8 467	2 120	25 401	3 387	5 080	与城镇职工缴费基数相同				16%	0%	8%	0.8%	0.2%，农业户口个人不缴纳	浮动费率	单位缴纳0.8%，个人不缴费	同上	同上	同上	同上	同上
2019年7月—2019年11月	7 855/9 262	2 200	养老失业工伤 23 565 医疗生育 27 786	养老失业 3 613 机关养老工伤 4 713	5 557	与城镇职工缴费基数相同				16%	0%	8%	0.8%	0.2%，农业户口个人不缴纳	浮动费率	单位缴纳0.8%，个人不缴费	同上	同上	同上	同上	同上

(续表)

年度	上年社会月平均工资	上年最低工资标准	缴费基数上限	城镇人员缴费基数下限		农业户口人员缴费基数					养老缴费比例			失业缴费比例		工伤缴费比例	生育缴费比例	医疗缴费比例和城镇人员农村劳动力			外埠农民工	本市农民工
				养老失业工伤	医疗生育	养老失业缴费基数	工伤生育基数下限	医疗基数	农民工基数	农村劳动力基数下限	单位缴纳统筹基数	单位划转	个人缴纳	单位缴纳	个人缴纳	工伤缴费比例	生育缴费比例	单位缴纳	个人缴纳	划入账户		
2019年12月—2020年6月	7 855/9 262	2 200	养老失业工伤 23 565 医疗生育 27 786	养老失业工伤 3 613 机关养老工伤 4 713	5 557	与城镇职工缴费基数相同					16%	0%	8%	0.8%	0.2%，农业户口个人不缴纳	浮动费率，2020年5月至6月，现费率统一下调20%	合并到医疗	医疗（生育）在职人员9.8%+1%；退休人员不缴纳	医疗（生育）在职人员2%+3元；退休人员3元	同上	同上	同城镇人员一样
2020年7月—2021年6月	8 847/9 910	2 200	养老失业工伤 26 541 医疗生育 29 731	养老失业工伤 3 613 机关养老工伤 4 713	5 360	与城镇职工缴费基数相同					16%	0%	8%	0.8%，自2021年5月起调整为0.5%	0.2%，农业户口个人不缴纳；自2001年5月起城镇和农村户籍均缴纳0.5%	同上	合并到医疗	2020年7月至12月同上，2021年1月至2021年6月医疗（生育）在职人员9.8%；退休人员不缴纳	同上	同上	同城镇人员一样	

附录 C 人民币银行利率表历史数据

时　间	项　目	年利率(%)	时　间	项　目	年利率(%)	时　间	项　目	年利率(%)
1955 年 10 月 1 日	活期	2.88	2007 年 7 月 21 日	活期	0.81	2012 年 6 月 6 日	活期	0.44
	一年定期	7.92		一年定期	3.33		一年定期	3.5
1996 年 5 月 1 日	活期	2.97	2007 年 8 月 22 日	活期	0.81	2012 年 7 月 6 日	活期	0.35
	一年定期	9.18		一年定期	3.6		一年定期	3.25
1996 年 8 月 23 日	活期	1.98	2007 年 9 月 15 日	活期	0.81	2014 年 11 月 22 日	活期	0.35
	一年定期	7.47		一年定期	3.87		一年定期	3
1997 年 10 月 23 日	活期	1.71	2007 年 12 月 21 日	活期	0.72	2015 年 3 月 1 日	活期	0.35
	一年定期	5.67		一年定期	4.14		一年定期	2.75
1998 年 3 月 25 日	活期	1.71	2008 年 10 月 9 日	活期	0.72	2015 年 5 月 11 日	活期	0.35
	一年定期	5.22		一年定期	3.87		一年定期	2.5
1998 年 7 月 1 日	活期	1.44	2008 年 10 月 30 日	活期	0.72	2015 年 6 月 28 日	活期	0.35
	一年定期	4.77		一年定期	3.6		一年定期	2.25
1998 年 12 月 7 日	活期	1.44	2008 年 11 月 27 日	活期	0.36	2015 年 8 月 26 日	活期	0.35
	一年定期	3.78		一年定期	2.52		一年定期	2
1999 年 6 月 10 日	活期	0.99	2008 年 12 月 23 日	活期	0.36	2015 年 10 月 24 日	活期	0.3
	一年定期	2.25		一年定期	2.25		一年定期	1.75
2002 年 2 月 21 日	活期	0.72	2010 年 10 月 20 日	活期	0.36	2016 年	记账利率	8.31
	一年定期	1.98		一年定期	2.5	2017 年	记账利率	7.12
2004 年 10 月 29 日	活期	0.72	2010 年 12 月 26 日	活期	0.36	2018 年	记账利率	8.29
	一年定期	2.25		一年定期	2.75	2019 年	记账利率	7.61
2006 年 8 月 19 日	活期	0.72	2011 年 2 月 9 日	活期	0.4	2020 年	记账利率	6.04
	一年定期	2.52		一年定期	3			
2007 年 3 月 18 日	活期	0.72	2011 年 4 月 6 日	活期	0.5			
	一年定期	2.79		一年定期	3.25			
2007 年 5 月 19 日	活期	0.72	2011 年 7 月 7 日	活期	0.5			
	一年定期	3.06		一年定期	3.5			

注：摘自中国银行网（http://www.boc.cn/）。

附录 D 个人账户养老金计发月数表

退休年龄(周岁)	计发月数(月)	退休年龄(周岁)	计发月数(月)
40	233	56	164
41	230	57	158
42	226	58	152
43	223	59	145
44	220	60	139
45	216	61	132
46	212	62	125
47	208	63	117
48	204	64	109
49	199	65	101
50	195	66	93
51	190	67	84
52	185	68	75
53	180	69	65
54	175	70	56
55	170		

附录 E 北京市 1985—2019 年社会平均工资

年 度	全市职工月平均工资(元)	全市职工年平均工资(元)	年 度	全市职工月平均工资(元)	全市职工年平均工资(元)
1985	112	1 343	2003	2 004	24 045
1986	124	1 488	2004	2 362	28 348
1987	139	1 670	2005	2 734	32 808
1988	167	2 000	2006	3 008	36 097
1989	193	2 312	2007	3 322	39 867
1990	221	2 653	2008	3 726	44 715
1991	240	2 877	2009	4 037	48 444
1992	284	3 402	2010	4 201	50 415
1993	377	4 523	2011	4 672	56 061
1994	545	6 540	2012	5 223	62 677
1995	679	8 144	2013	5 793	69 521
1996	798	9 579	2014	6 463	77 560
1997	918	11 019	2015	7 086	85 038
1998	1 024	12 285	2016	7 706	92 477
1999	1 148	13 778	2017	8 467	111 599
2000	1 311	15 726	2018	7 855/9 262	94 258
2001	1 508	18 092	2019	8 847/9 910	106 168
2002	1 727	20 728			

图书在版编目(CIP)数据

社保业务经办实务/张慧霞编著. —2版. —上海：复旦大学出版社，2021.9
（卓越.人力资源管理和社会保障系列教材）
ISBN 978-7-309-15553-2

Ⅰ.①社… Ⅱ.①张… Ⅲ.①社会保障-教材 Ⅳ.①C913.7

中国版本图书馆 CIP 数据核字(2021)第 049263 号

社保业务经办实务(第二版)
SHEBAO YEWU JINGBAN SHIWU(DI ER BAN)
张慧霞　编著
责任编辑/岑品杰　李小敏

复旦大学出版社有限公司出版发行
上海市国权路 579 号　邮编：200433
网址：fupnet@ fudanpress.com　http://www.fudanpress.com
门市零售：86-21-65102580　　团体订购：86-21-65104505
出版部电话：86-21-65642845
浙江临安曙光印务有限公司

开本 787×1092　1/16　印张 19　字数 462 千
2021 年 9 月第 2 版第 1 次印刷

ISBN 978-7-309-15553-2/C·407
定价：49.00 元

如有印装质量问题，请向复旦大学出版社有限公司出版部调换。
版权所有　　侵权必究